中華文化

從北大到台大

余秋雨 著

自序

我以整整一年的時間，為北京大學中文系、歷史系、哲學系、藝術學院的部分學生，開設了一門課程，內容是中華文化史。這門課程的進行方式比較特殊：一，師生之間有很多討論，每次課後學生又會提出很多文化問題要我快速問答，名曰「閃問」；二，全部課程都由香港鳳凰衛視播出。

我們的課程在電視台播出的第一個月，就有很多讀者來信要求出書；從第二個月開始，參與課程的一些北大學生已經成了「亞明星」，不少觀眾能夠隨口說出他們的名字。一位台灣教授問我：「男學生都那麼帥氣，女學生都那麼漂亮，學問和口才都十分了得，是不是你特意挑選的？」我說：「沒有挑選，這是青春的自然美色。當這種美色與古老話題聯在一起的時候，新舊之間互相映襯，產生了一種特殊的魅力。」

這本書的初版在大陸很受歡迎，短短的時間內就銷售了十二萬冊。據讀者反映，大家最感興趣的居然是「閃問」部分。台灣最重量級的出版家高希均教授、王力行女士讀了之後竭力主張此書在台灣出版，又建議加入台灣大學學生對我的「閃問」。我覺得這是一個好主意，就把我的初版書稿交給一部分台灣大學學生傳閱，然後請他們提出問題。台大學生提出的問題很快就來了，我一一作答。與此同時，我又補充了與北大學生的一些問答。

相比之下，北大學生的問題比較銳利、重大、活躍、有趣，台大學生的問題比較含蓄、雅致、誠懇、天眞。我努力用完全相同的態度來回答兩邊的問題，但是，提問者的不同口氣也悄悄地左右了我的口氣。好在大家都知道，我心中歷來缺少政治座標，因此說重說輕都是出於文化。我把與兩所大學學生的問答，放在全書之前。

由於兩所大學學生的共同參與，我這本書的新版就變成了現在的書名——《中華文化：從北大到台大》。

書中的主體內容，就是我在北大開設的課程。這是一部我心中的中華文化史。但是這部中華文化史與同類著作不同，是我對當代人「文化記憶」的探尋。這種探尋，包括「已經擁有的文化記憶」和「應該擁有的文化記憶」兩個部分。為了弄清這兩個部分，我在講課現場對北大學生進行了一次次測試。

本書表明，我主張當代人「應該擁有的文化記憶」，比較側重於早期。理由是，那個時期創建了中華文化的奠基元素，安頓了中華文化的精神魂魄。相比之下，後來那些漫長的歷史走廊，儘管故事多多，則不妨快步走過。這種格局，我在《尋覓中華》一書中已經有過書面表述。《尋覓中華》的台灣版，收在爾雅出版社的《新文化苦旅》中。

我與兩所大學的學生進行了那麼深入的心靈交流，感到十分愉快。文化可以滋潤生命，生命也可以滋潤文化。中華文化的前途，就看有多少年輕而又美好的生命來滋潤它。如果沒有今天的滋潤，那麼，即便是奉為天書聖典，它也只能風化。

余秋雨

二〇一〇年八月二十三日

目錄

目錄

目錄

第一部分

閃問

北大的閃問

◉問　社會上一直在進行著有關於中醫的激烈討論，反對的一派認為中醫就是僞科學，另外一派則認為中醫不能取締。請問秋雨老師，對此您有什麼看法？

◉答　世界歷史上人口最多的族群，是由中醫佑護下來的，佑護的時間比科學的時間長得多。科學不會這麼狹隘，把自己一時解釋不了的「存在狀態」判定為僞科學。

當天文學還沒有發現很多行星的時候，那些行星就已經存在了。未被天文學關照的行星，並不是一種非科學的存在。

◉問　龍的形象在西方傳統文化中是一個比較邪惡的形象，國內有學者主張，為了避免不必要的文化誤讀，龍不應該繼續作為中國文化的圖騰，應該換一個圖騰。您怎麼看這個問題？

◉答　我們不能因為別人的脆弱目光而脆弱起來。一個強大的族群的早期圖騰總是凶猛的。不少國家以狼、熊、獅、鷲作為民族象徵，絲毫沒有要改的意思。中國商代青銅器上饕餮圖紋比龍更為獰厲，但我們為此而自豪。為了不讓外國人刺眼，把老祖宗的徽號都要改？老祖宗正是預見到會有這樣的後代，才早早地把圖騰強化。記住，圖騰不是給外國人看的，主要是給子孫看的。

◉**問** 社會上一直有人提出要抵制外國節日來弘揚我們的傳統文化，您對這個問題是怎麼樣看的？

◉**答** 元旦也不過了？勞動節、婦女節、兒童節都不過了？按照這個邏輯，遲早，西裝也不能穿了，電影、電視也不能看了，電話、手機也不能用了。我想提醒一句：過節是人們自己的選擇，一個人自己「抵制」是他的自由，但是，要別人一起「抵制」是強制，要全國民眾一起「抵制」則是專制。我們怎麼可以為了民族主義而走向專制主義？

◉**問** 秋雨老師，您如何看秦始皇陵墓的挖掘？您認為應該繼續進行呢，還是讓它安安靜靜地埋藏在地下，我們永遠不要去打擾它？

◉**答** 暫時不要挖掘，因為我總覺得條件還不具備，而人類也不能把什麼事都在自己一代都做完。留下一些猜測，留下一些對自己的懷疑，留下一些對古人的敬畏，留下一些對後代的期望，這才讓歷史神祕貫通。但是，我也不主張「永遠不去打擾」，因為這樣就會對後代做出強制命令，而後代的一切我們都無法預計。

◉問　包括王朔在內的一批人聲稱，眾多紅學家對《紅樓夢》的解讀實在是無聊之舉，您認為呢？

◉答　我也有同感，因為那畢竟是小說，而不少紅學家卻把它當做真實歷史在研究，在意會，在考證。其實，對於一種真正的藝術來說，它的最珍貴部分是無法研究的。這就像對一個人，可以研究他的籍貫、家史、身高、體重、血壓，卻無法研究他神祕的眼神。藝術的「眼神」，在靈感乍臨的虛構部位、創造部位。

藝術虛構是一種偉大的權利。如果把這種權利全部轉讓給學術，一個民族就太可悲了。

◉問　歷史劇往往有兩個傾向能吸引觀眾注意力，第一個方面就是從某種戲說，從鬧著好玩的角度來吸引觀眾；另外一個角度就是貼近歷史，講的主要是權謀以及成功之道。您是怎麼看待這兩個傾向的？

◉答　這兩個傾向古已有之，但藝術不是歷史教科書，它的本質更接近於遊戲，因此我更寄情於「戲說」，儘管現在「戲說」的等級還有待於提高。

莎士比亞前期寫了不少更貼近歷史的歷史劇，但時至今日，世界上哪一個國家的劇團會去演這些戲？帶著厚厚的說明書弄清了歷史背景再進劇場，這還算是看戲嗎？

把歷史交還給歷史，讓虛構來主宰藝術。

◉問 秋雨老師怎麼看現代公務員熱？

◉答 這與謀生的安全性有關，很正常。但就我個人而言，卻主張擇業的個性，哪怕是冒險。所謂自由，最後要看個人的支配時間的多寡。把安全與自由相比，在擇業上，我偏向後者。

◉問 最近幾年很多官員因為重大事故被問責下崗，對這件事情您有什麼看法？

◉答 應該。中國的官本位主義太強大了，應該讓更多的人目睹做官的巨大風險。我只希望，在文化、宣傳部門也要有「重大事故」的論定。例如，很多傳媒像得了傳染病似的一起造假，這種傳媒的負責人和上級領導應該被問責下崗；又如，花費巨大的納稅人資金打造了一台宣揚「政績」的演出，而最後沒有多少觀眾自願買票進入劇場，這也應該看成是「重大事故」；再如，一座城市的文化渣滓通過官方渠道嚴重戕害了一個文化創造者，相關官員冷眼旁觀不聞不問，這樣的官員也必須受到責任處罰……

我甚至認為，在大學裡，教授們大肆抄襲他人論文，某些學科的教育質量已經長期跌破高校的底線，或有些專業的畢業生一直找不到工作等，也都應該視為重大事故而讓有關責任人被問責下崗。

下崗就是下崗，不要變成「同級別調動」，使「問責」變成了官場巡遊。

◉問 好像文化領域一直有三四個人在不斷地攻擊您，每次都是抛出一個危言聳聽的新聞，然後全國報紙轉載，而您總是不予反駁。後來風潮過去，那些報紙也沒有態度，只等待著下一個危言聳聽。對此，您能說幾句嗎？

◉答 一共五個人，後來退出一個，剩下四個。以前都是我的狂熱崇拜者，但崇拜過了頭，一個盜印我的書，一個抄襲我的書，都受到我的斥責，他們就轉身成了攻擊我的人。由於我國法律在實際執行中不把誹謗罪、誣陷罪、侮辱罪列入刑事案件，更由於我國的媒體為了刺激發行量太喜歡炒作名人的負面新聞而不必承擔任何罪責，他們這四個人十幾年來如入無人之境。攻擊我已成為他們穩定的謀生職業，也成了一種到處炫耀的社會身分。

他們最想與我「辯論」，我當然不給他們機會。我以無言的方式，把他們鎖定在他們的等級裡。對此，前輩學者王元化先生給我寫來一封短信，說：「十幾年來，他們除了罵你，沒寫過其他任何像樣的文字，而你，除了沒有回罵，卻寫下了一切。這就夠了。」

感謝王元化先生。

◉問 對於上個世紀八十年代，您有什麼話要說？對於當下中國眾多文化人的八十年代情結您又是怎麼看的？

◉答　那確實是一個不錯的年代。由於「文革」災難剛剛結束，大家記憶猶新，因此是非清楚，大道彰然，即使爭論也明明白白。不像後來，記憶漸淡，那些小人又重新活躍起來咬人、毀人。

八十年代由於小人的集體冬眠，在文化上進入了一個大思考、大決裂、大創建時期，一片意氣風發。直到今天，我們還會穿過身邊密密麻麻的小人陣仗而夢回那個年代，一次次熱淚盈眶。

◉問　成年人似乎面臨著來自小孩子的挑戰，電視上小學生可以挑戰成年人，也有越來越多的成年人在使用愈加頻繁的電腦影響下提筆忘字，念不對語音，說不好成語，寫不對筆順。更多的成年人在歷史年號、典故知識的記憶上也比不上自己的孩子。您認為，成年人應如何面對基礎文化知識的重新修補？

◉答　成年人的記憶力當然沒有小孩子好，忘記一些文化知識是正常的，不必羞愧。成年人勝過小孩子的最大優勢，就是人生體驗，其中包括審美體驗。這比語音、成語之類重要得多，我們正是在這些地方，可以當之無愧地成為孩子們的老師。

你的問題讓我產生一種擔憂。這些年來，文化界有些人似乎越來越熱中於一些技術性的文化細節，而完全不在乎對大道、文脈、時運、詩魂、意境、心靈、感覺的體驗了，這眞是文化的一種可怕墮落。記住，文化之神永遠大於文化之形，文化之道永遠大於文化之術。對此，萬萬不可顚倒。

◉問 有越來越多的節目將目標放在小孩子身上，很多選秀節目將小孩子變得很成人化，很「不小孩」，而家長的縱容與製作人的刻意引導進一步擴大了這種「小孩早熟」的現象，您怎麼看？

◉答 不希望小孩反常早熟，也不希望有太多的小孩進入選秀節目。成人沒有理由如此侵擾幼者，喧鬧的社會沒有權利過早地玷汙純淨的童年。

純淨的童年對人的一生來說都是無價之寶。揠苗助長是一種最殘酷的傷害。每次看到五六歲的孩子在電視裡模仿成人情感的節目，我都想伸手撥電話向公安局報案，因為有人在明目張膽地破壞《婦女兒童權益保護法》。

◉問 我們發現現在許多電視劇，都是老片重拍。您覺得反覆地重拍是不是表示我們現在創作者的原創力枯竭呢？

◉答 除了極少數例外，我不喜歡老片重拍。在觀眾的審美心理學上，老片有一種「先期號召力」，但是，觀眾在觀看時的對比和厭倦，必然超過這種先期號召力。更尖銳的問題是：那些老片產生在思想禁錮的時代，在精神上很難引起當代觀眾共鳴。如果要共鳴，那就要對老片進行大規模的改編。既然如此，為什麼不乾脆拍個新片？

◉問 國內外的媒體更加關注於章子怡、劉翔這些媒體明星，而忽略了其他的社會精英分子，比如說科學家。這些您是怎麼看的？

◉答 很正常。如果科學家也變得像影視、體育明星那樣受媒體關注，世界就犯病了。請注意，受媒體關注是一種犧牲。只有章子怡、劉翔他們的犧牲，才有科學家們的安靜。

◉問 韓寒與陳丹青在做客某電視台節目的時候，對中國現代文學進行了評判，認為現代文學史上公認的一些大師比如冰心、茅盾等人根本不是什麼大師，而是在時代背景下被過譽。為此遭到網友的暴怒型攻擊，認為韓寒侮辱大師，不尊重文學。其後韓寒也寫了多篇博文論述此事，言「你的大師不是我的大師」。您對此怎麼看？

◉答 「中國現代文學史」這門課太政治化，又太誇張，應該容忍後人作一點不同的判斷。任何不同的判斷都不應該成為「定論」而獲得「公認」，因為「定論」和「公認」之類的概念在多元文化的時代顯得非常不合時宜。

我在上世紀八十年代初曾開設過一門現代文學史課，打破通行的格局，只憑我自己的藝術感覺選擇作家，結果認為較好的中國現代作家只有魯迅、沈從文、曹禺三人。八十年代鼓勵對一切問題進行重新思索，因此我的這種大膽之舉也沒有受到非議，你們北大老一代的王瑤教授看了我的講稿後還寫來熱情的長信大加稱讚呢。

這些年我多次去美國講課，凡是在紐約開講，高齡的夏志清教授都會來聽。在幾次聚餐時，他對我說，他不喜歡老舍的小說。我說，我不喜歡他老人家推薦過的錢鍾書的小說，智慧過剩；我也不太喜歡張愛玲小說中那股太故意的陰沉氣息。我們兩人總是說得高聲大笑。

記得有一次王元化先生對我說，一九二一年成立的文學研究會，裡邊的人都很好，但筆下卻缺少才氣，比較平庸，他問我有沒有同感。我很有同感，但其中牽涉到的作家就多了，除了茅盾，還有鄭振鐸、葉聖陶、許地山、王統照、郭紹虞等。這不是對前輩不恭，而是維護自己進行文化判斷的權利。

很多年前招收博士生，有一位考生明確表示對莎士比亞的不滿，我非常欣喜，予以錄取，儘管我還是喜歡莎士比亞的。但我也很清楚，梅特林克、易卜生他們正是因為反對莎士比亞劇中那種毒藥、暗殺、決鬥，而是主張表現「平常人的平常事」，才走出了歐洲文學的新局面。

說了這麼多，我是想借此鼓勵你們，不要成為被教科書控制一輩子而放棄了自身文化感覺的人。更不要因為別人表達了與教科書不一樣的想法，就「暴怒」。你們千萬不要成為思維僵滯、情緒激烈的族群。

◉問

一九一九年的時候，馬克斯·韋伯在慕尼黑做過一個非常著名的演講，號召當時德國的青年以政治為業。聯繫我自己在政府部門實習的經歷，曾經有一個領導跟我說，政治是世界上最重要的一個事業，但是我現在看周圍的同學很多都是熱中於進投資銀行，進諮詢公司，喜歡投身於政治、從基層做起的北大、清華的同學還是非常少，我就非常疑惑，政治還是不是世界上最重要的一個事業？

◉答 我不認為政治是世界上最重要的一個事業。從來不是，儘管有時看起來像是。中國由於幾千年的封建集權統治，沉澱成兩種心理：本能地覬覦官場，又本能地仇視官場。這兩種心理看似對立其實出於同根，都不利於人文理性的建立。馬克斯·韋伯是一個社會學家，又站在第一次世界大戰剛剛結束的歐洲，說那樣的話很可以理解的。他身後的德國歷史證明，那種主張有可能造成巨大的社會災難。我始終認為，一個社會，「以政治為業」的人越少越好。

◉問 前段時間有一個清華學生，因為工作不太順利就去賣炒粉，也有北大同學去賣肉也被炒得沸沸揚揚。您覺得他們在當前激烈的競爭條件下，自己去選擇這樣的職業真的是一件丟臉的事情嗎？

◉答 當然不丟臉。如果他們真行，也許能把相關的食品業整合起來。真正丟臉的，是那種拿了名校學歷卻無所作為，又想讓別人尊敬的人。

人生最大的陷阱，是自欺欺人。要想走出這個陷阱，需要支付巨大的勇敢，因為社會早已習慣於接受「自欺欺人」。有一些「自欺欺人」，還包含著父母的心血、老師的設計，因此想要走出來會傷筋動骨。今天中國的所謂名校，有可能躲藏著最多「自欺欺人」的成分。

◉問　秋雨老師多次曾提到我們對歷史的態度。其中包括我們在多大程度上可以信任歷史，包括上個世紀早期的時候，像傅斯年、顧頡剛他們「古史辨」就提出對古史有一個重新的考量。那麼我的問題是：我們應該在什麼樣的程度上認為歷史可以構成我們生活的根基？我們在多大程度上可以信史而不是疑史？

◉答　一般書中和口中的歷史很難信任，因為歷來的高層史官把它宮廷化了，底層藝人把它故事化了，大多民眾把它情緒化了。出此三「化」能有幾人？

相關資料，看看可以，主要是尋找自己心中的歷史。自己的感覺，自己的判斷，自己的經驗，能讓我們信任一種獨特而又可靠的邏輯。由此我可以借用我的同鄉王陽明先生的語言結構來表述一種主張：心外無史。

至於那些歷史學家的「古史辨」，戳穿了很多歷史的虛假性，這是有價值的，但他們自己也掉到眞實性的泥坑中去了。那些史料考證，可以洗刷別人的虛假，但它們本身就是可靠的嗎？

◉問　我們發現，在網上炮擊名人的現象好像越來越多。但是我們感覺這些名人的行為即使眞像爆料的那樣，也並不嚴重，不至於遭到這麼強烈的譴責，您覺得這種現象正常嗎？

◉答　無端地攻擊他人，永遠是一種罪惡。以為攻擊名人可以脫罪，其實是一種暴民心理。「文革」早就由紅衛兵、造反派試練過了，他們當時殘害的對象，叫做「三名三高」，簡單說來，就是名人。

攻擊名人的道德缺失，是一些眞正道德缺失的人藉著名人在完成一種自我精神補償。他們見財、見色、見權都會產生一種犯罪衝動，無處宣泄，只能通過對名人的幻想來勉強寄託。跟在後面起鬨的衆人，是想在自己羨慕和崇拜的對象背後尋找陰影，那也是一種精神補償。

如果要想控制這種現象，只能企盼法律。

問 我們一直在談論歷史，有一句話叫做「盛世修史」。現在中國湧動的對歷史的近乎狂熱式的推崇，是不是表明了我們現代湧動的某種民族主義的思潮，或者是我們對於中國的崛起有一點點浮躁的某些現狀呢？

答 眞正的盛世是向前看的，因此不太「修史」。狂熱地尋找歷史話語，多半也是為了獲得群體性的精神安慰。而且，這種安慰是幻想式的，片面裁取的，迎合無知的，譁衆取寵式的。因此，這樣的「歷史熱」，如同民間節慶祭祖的炮竹煙火，轉眼即逝。

有良知的智者，應該在人們忘記歷史時獨自走向廢墟，或者，在人人大談歷史時悄悄離開，去思考民族的痼疾。

問 您認為在中國這個發展中國家，如何在民主和多數人的暴政之間求得平衡點？

答

「多數人暴政」是一個深刻的政治概念。「多數人」極易盲從，「多數人」無法實證，「多數人」難以反駁，但「多數人」又常常被看做「民主」。這是我在「文革」災難中反覆看到的事實，幾乎顛覆了我以前接受的所有政治常識。一切反對民主卻又要偽裝民主的人，都會利用暴民，製造「民粹」。我敢斷言，人類滅亡的原因，除了自然災害外，一定是暴民受到了挑唆而廣泛失控。

我曾在一個演講中說過：「民粹」對於民主的傷害，超過專制。因為專制使人嚮往民主，「民粹」使人誤會民主。

問

我們在給孩子們介紹中國文明的那些歷史和經典著作的時候，是應該把它們改寫成非常淺顯、非常明白的小故事講給他們呢，還是保持它原來的形態，讓孩子們去背誦《三字經》《論語》呢？這似乎需要進行取捨，秋雨老師怎麼看？

答

兩種途徑都可以要一點。最難的是對經典作出精彩的「現代闡釋」，這不僅僅是對孩子的問題。歐洲從文藝復興到啓蒙主義時期，出現了一大批「現代闡釋」大師，使維納斯、拉奧孔等古代藝術作品，以及古希臘的哲學著作獲得普及的現代生命。其實，後來他們對但丁、莎士比亞、歌德、貝多芬、畢卡索的闡釋也很成功。

闡釋，是現代良知與古代情況的對話，也是現代對古代的一種選擇。這個工程，不亞於一項重大的學術研究。中國近代一直沒有出現類似於歐洲的闡釋者群體，有一些學力深厚的學者開始做了，如王國維、陳寅恪，但他們沒有把闡釋之橋通向普通民眾，因此還只是學術性闡釋而不是社會性闡釋。

◉問 我們生活在一個安逸的年代，屬於政治、經濟、科技的盛世。我所擔憂的是，我們許多文化精神卻在流逝、在消退，我們是否需要再有一個戰亂的時代，才能迎來再一次的文化繁榮？

◉答 以為戰亂能推進文化精神，是一種致命的誤會。這種誤會，大多是我們的歷史教科書和各種影視作品種下的惡果。

戰亂，永遠是文明的最大摧殘者。人類十分之九以上的文明，都毀於戰亂。如果說有正面成果，那就像地震災難會帶來抗震救災的大愛精神，但我們不能為了培植這種大愛精神而期待地震。

戰亂確實有可能激發英勇氣概，但更多的卻是非人道的殘忍。而要消除這種殘忍在人們心靈裡留下的毒素，往往要花費遠比戰亂更長的時間。墨子說，一心只想發動戰爭的只能是統治集團，他們會用千言萬語論述戰爭的必要性，而對普通民眾而言，則沒有任何理由接受戰爭。因此，他提出，為了普天下的「兼愛」，必須堅持「非攻」。

◉問　古今中外有很多的名家、名士進行創作時都帶有某些怪癖，比如說李白，每當他寫詩之前都要喝酒，海明威創作的時候一定要站在寫字台前面，古龍在寫作之前必須把手洗得很乾淨，乾淨得甚至都脫皮等。這些怪癖包括我們講過的魏晉名士們也有很多奇怪的行為方式，您覺得在中國現在這個環境下還能容得下這些有怪癖的才子嗎？

◉答　不少傑出的藝術創造者確實有一種特立獨行的生活方式，有時甚至表現為神經質。這不僅應該被寬容，而且應該被欣賞，就像欣賞窗外一棵長相奇特的樹，奇特到不像正常的樹；或者欣賞天邊一朵怪異的雲，怪異到讓我們不相信自己的眼睛。長期以來，中國人的群體生態造成了在生活習慣上互相窺視、互相衡量、互相偷笑的惡癖，只容得下平庸人物的尋常生態，給很多傑出人物帶來了大大小小的不幸，還說人家是「怪癖」。

我認為，即使不是藝術家，不是名人，也可以有多種奇特的生活方式。這不可恥，可恥的是偷窺他們，又容不下他們的人。大而言之，一個把平庸的一致當做生態標準的民族，是可怕的。

至於你所說的李白喜歡喝酒，海明威站著寫作等，根本說不上奇特，而是很正常。藝術家太正常是讓人遺憾的，但我相信他們一定還有不少隱潛的怪異，沒讓大家知道。

◉問　前一陣子發生過一件很不幸的事情，在某個城市街邊的銀行旁，一個歹徒突然衝到人群裡對一個女孩捅了一刀，搶了她的包就跑了。那個女孩倒在地上一直在流血，但是在這個人來人往的街頭，卻沒有一個人理會那個女孩，直到最後那個女孩流血過多致死。我覺得這實在是一件很讓人傷心的事情，不知道您怎麼看待這件事情？

◉答 這件事，是一個城市的恥辱。很多路人也許會解釋，他們不了解事情的前因後果和人物關係，不便介入。但是，鮮血就是命令，生命就是命令。孟子說，看到一個小孩要掉到井裡去了，任何人都會近乎本能地把他拉住，而不會問那是誰家的孩子。孟子認為，拉不拉小孩，是人和禽獸的區別。

在我看來，中國人在公共空間發生的災難，至少有一半是因為旁觀者的冷漠才造成的。這個毛病不改，總有一天大家會在更大的災難中束手無策。

◉問 現在的城市越來越像工地，不斷在拆，不斷地建，我們似乎難以找到安身之所，更別提心中的安穩了。請問余老師，您怎麼看目前包裹在「現代化進程」中的大拆大建？

◉答 我們原來的生態實在太落後、太簡陋了，可以用「髒、亂、差」三字來概括。因此，「現代化進程」是必須的，大拆大建是免不了的。忍一忍吧，過幾年就安靜了。

在這個問題上，不少文化人給大家製造了一個誤會。他們總是宣稱，我們是從和睦的古典社會一步跨入喧鬧的現代社會的，因此誘使大家進入了一個

「是古典，還是現代」的僞命題之中。

其實，我以一個「過來人」的身分告訴大家，「古典」早已過去，至少在我曾祖父的時代就過去了。而且那時的「古典」也不精彩。後來，兵荒馬亂、連年災害、階級鬥爭、政治運動，多數中國人陷於最低劣的生態之中，現在的「大拆大建」，是針對這種生態而來的。

即使被現在一批文人描繪得精彩絕倫的上海「石庫門」房子，也是一種低劣生態，我長期生活其間，深有體會。狹小而陰暗的房間和樓梯，處處都可以互窺和偷聽；沒有衛生間，天天早上是一片「倒馬桶」的呼聲，整個城區臭氣熏天；沒有煤氣，家家戶戶都在生煤球爐，因此臭氣又裹卷在嗆鼻的煤煙中，使人張不開眼……

中國民衆有權利過得好一點，千萬不要為了寫文章、玩文化，去僞造和美化過往的生態。我們的前輩一直沒有找到像樣的安身之所，不要把我們的虛假強加給他們。

◉問 前段時間曾經有人聲稱他要為富人說話，為窮人辦事，不知道秋雨老師是否贊同這種觀點？

◉答 我理解他的善良意圖。在今天世界各地，富裕雖然令人羨慕卻缺少話語支持，貧困雖然令人同情卻缺少實質幫助。因此，「為富人說話，為窮人辦事」的說法，有某種針對性。

但是，如果把這兩句話進行理論琢磨，就立即顯得簡陋了。天下看來最不需要你辦事的地方，一定還有難辦之事；天下看來最不需要你講話的地方，一定還有難言之痛。那麼，官員的宿命就只能是：隨說隨辦，無論貧富。

◉問 請問秋雨老師，對於京城的一些新的地標項目，比如說鳥巢、水立方以及中央電視台新樓，您的觀感如何？梁思成先生如果活在當下，一定會感慨北京城將城不城，因為長安街一路走過，可能就是萬國博覽會，您如何看待這個老城裡出現的光怪陸離的各類現代建築呢？

◉答 我在建築上的觀點與你不一樣。作為一個大國的首都，有資格走在世界現代建築的最前沿。梁思成先生如果活在當下，也會贊成。

對一座偉大的城市來說，最好能留下一些昔日的記憶，但更重要的是展現面向未來的活力。

◉問 一位教授在論述「自由」這個話題的時候，他首先解釋了理性，他把人類的理性分為兩種，第一種叫科學思維，第二種我們姑且叫它意志，或者叫私性，然後他就談到宗教信仰，有一些知識分子公開地宣稱自己是什麼什麼教徒，實際上這構成了對人類理性的壓迫的一種可能，或者是對人的自由的干涉的危險，我不知道您覺得是不是這樣的？

◉答 我不贊成他的看法。一個知識分子公開承認自己的信仰，不會構成對他人自由的壓迫和干涉。時至今日，自以為「知識分子」的人數越來越多，每個人的話語權越來越小，眞正有影響力的「公衆人物」集中在政治界、企業界、娛樂界，幾乎挨不到知識分子的事。有少數知識分子由於專業原因出了一點名，也根本沒有獲得一個健全公民社會中「公衆人物」應有的基本權利，也就是說，他們從來不具備獨立的、不可替代的社會影響力。因此，我勸社會各界，不要再以誇張的手法在當代知識分子中僞造這種幻想式的「公衆人物」。知識分子如果自己也這麼幻想，那就比唐吉訶德還可笑了。

◉問

中國人不僅有一種彩民心態，還有一種評獎的心態，特別關注評獎，尤其關注諾貝爾獎，屢次有學者指出這個獎更多地關注了實驗性的科學，技術性的科學，沒有關注基礎性的科學，比如像數學沒有放進來，還有人認為這是一種斯德哥爾摩式的傲慢與偏見，那麼您如何看待國人現在如此熱捧諾貝爾獎呢？

◉答

中國人關注諾貝爾獎的熱忱，並不大。你所說的學者議論，人數很少。任何獎都有自己的局限，議論議論它也是可以的。至於國內評獎，倒是有點過熱。那是有關部門在做最無奈的表面文章。你稍加觀察就會發現，那些大有作為的行業和部門從來不熱中於評獎，評獎最起勁的，往往是一些比較尷尬的角落。因此，今後你們如果頻頻得獎了，就要考慮趕快更換職業。

◉問 我們這裡有很多教授喜歡在名片上把「博士生導師」寫成頭銜，被國際學者們嘲笑。您怎麼看待這樣的事？

◉答 這確實有點可笑，但已經成為習慣。中國的名片頭銜中有很多好笑的內容，例如「副局級巡視員（本單位沒有正局級）」，後面這個括號就很有趣。又如，很多演員的名片上都印著「國家一級演員」的頭銜，我一直弄不明白「國家」兩字放在這裡是什麼意思。是指自己屬於官方？還是指自己經過國家級的評選？這顯然不可能，因為我到處打聽，好像「國家」沒有這麼一個評選機構。更奇怪的是，我怎麼從來沒有看見名片上印「國家二級演員」？我在北京還得到過一張名片，上面印著「世界文藝家協會主席」，這倒比較輕鬆，因為是「世界」，沒有哪個國家能審定他。

聽說還有「國家一級作家」的稱號，那就更滑稽了，不知是誰評的。我想，如果哪個出版社敢於出一套「國家一級作家叢書」，哪個劇場敢於組織幾輪「國家一級演員專場」，那肯定要讓國家大大貼一筆錢了。原來，「國家」的含義在這裡。

◉問 您在五一二地震之後寫作〈含淚勸告請願災民〉的初衷是什麼，您又如何面對誤讀與質疑？

◉答 五一二地震後，我與國內一些「文化人」產生了嚴重的觀念分歧。他們認為：一、這次地震是上帝對中國人的譴責；二、發生的原因主要是人禍，而不是天災；三、倒塌那麼多房屋，主要是建築質量，因此災民必須把地震現場當做控訴官員的現場；四、死亡人數、救援、捐款，都帶有很大虛假性。

我認為：一、這明明是天災，不是人禍；二、十三億中國人沒有做錯什麼，沒有理由受到誰的懲罰；三、這麼高的地震級別，倒塌房子已經不是「建築質量」所能解釋的了；四、在這次抗震救災中，中國人在整體上表現得不錯。

這種嚴重分歧，我從一開始就已經用多篇文章與他們反覆辯論。後來，看到有一些遇難學生的家長在請願要求懲罰建築承包商和相關官員，我的辯論對手們興奮異常的時候，我就對那些家長作出了勸告，希望他們聽從心理醫生的安排，先回帳篷休息。我發表的眞實意見是：

第一，呼籲政府部門虛心聽取這些家長的意見，盡可能保留廢墟證據，以便以後做法律鑑定。但我又告訴災民：由於這次震級實在太高，倒塌房屋實在太多，搶救過程中翻動實在太大，要對倒塌房屋的建築質量做出法律鑑定很不容易，世界上其他地震發生的國家也沒有做過，因此不能急；

第二，堰塞湖隨時可能決堤，幾十萬人都在緊急轉移，災區防疫又是火燒眉毛的大事，我請求家長們出於安全考慮不要繼續擠在那裡請願了，應該把法律的事交給律師來解決；

第三，同時我又責斥那些挑唆者：你們要反對政府，完全可以換一個地方，換一個時間，為什麼要唆使這些可憐的父母充當你們的政治棋子？你們還有人道底線嗎？

果然，我對家長們的勸慰立即遭到這幾個人的圍攻，很多網民不知事情眞相，也以為我在反對家長請願，跟著他們一起聲討我。但我心裡非常清楚，我做的一點兒也沒有錯。我本來不太關心政治，經過這件事情終於明白，那些以文人面目出現的政客實在太過分了。他們居然不知道，災民需要精神治療，而不是精神挑撥。我做過比較，這樣的人，在全世界其他受災的國家都沒有。

◉問

將中國的第一顆探月飛行器命名為「嫦娥」，似乎是對中國文化的一種彰顯和宣傳。但是，仔細想來，將中國古典文化和藝術中最具浪漫情調的意象之一，中國的阿弗洛狄特「嫦娥」與一顆沒有美感的金屬機器聯繫在一起，發人深思。現代科技其實對傳統文化藝術正順理成章地侵蝕。不僅是一種思維方式的侵蝕，甚至是文化想像的替換。「嫦娥」之類，在我們下一代人、再下一代人的心目中，就可以是某種高技術產品的意象了，泛著冷冷的金屬光……這並非危言聳聽……

◉答

你的想法太保守了，不像你的年齡。一個古典形象的最大魅力在於超越時空，而超越時空的最佳狀態是融入新的時空，而不是讓新時空中的一切對自己「肅靜」、「迴避」。

另外，我們也應該容忍歷史的幽默。我第一次看到倫敦皇家莎士比亞劇團穿著滿台牛仔服演莎士比亞，一下子適應不了，但在看了半小時之後就為莎士比亞高興了，發現他眞的有能力穿越時空，而且，我彷彿也看到他在劇場上空爽朗大笑。

你們那麼年輕，千萬不要成為因循守舊、咬文嚼字式的老古板。人類史上一切有價值的靈魂都是可以互相對話的，他們都會像飛天一樣自由翱翔，這不是誰「侵蝕」了誰，也不是誰「戰勝」了誰。這是一種互相「侵蝕」和互相「戰勝」，結果指向人類的完整，藝術的永恆。

◉問

不得不說中國電影，尤其是大製作，為什麼那樣偏愛武俠和古裝戲？很多人將之歸為對「童話」的回歸，武俠是「成人的童話」，而我更願意指出這些片子的一種特質——異時空。電影不斷地講述古代，難道是當代生活的貧乏不足以生長想像麼？作為造夢工程的電影，只能在講述與現實無關的「異時空」時，才能製造出讓人獲得審美愉悅和觀賞快感的「童話」麼？對比好萊塢，當代生活照樣可以插上想像的翅膀，獲得自由舒展。電影造夢，為什麼不能直接給當下的生活鬆綁？中國電影中的「現實生活」意象，為什麼總要和「現實主義」聯繫在一起？

◉答

很抱歉，我必須指出，你提問題的語言方式太拗，聽起來很費勁。

以古代武俠編織現代童話，是中國藝術需要經歷的一個美麗階段。因為只有這樣的階段，才能使我們在藝術上眞正超拔歷史主義、現實主義的局限。

用你的概念，只有琢磨了「異時空」，才能知道我們身邊的時空。但是我相信，這個階段不會沉湎很久，觀眾也沒有長期陪伴的耐心。藝術家們在翻越一個山口後不會老是賴在這個山口不走了。他們很快就會游蕩別處，觀眾們等著跟隨他們走新路吧。

這一段時間的古代武俠童話題材熱潮，也暴露了我們電影藝術家的一個大毛病：實在不會「質樸敘事」。這是缺少文學原創力的證據，一時補不起來。那麼多大同小異的炫麗場面，那麼多零碎的感覺和哲理，展覽得眼花撩亂又蒼白無力。如果他們要想走上更高的台階，必須花大力氣修練「質樸敘事」的功夫。應該明白，最驚人的想像力，也是以「質樸敘事」為基座的，例如《魔戒》、《哈利波特》，敘事功能一流。

◉問

中國傳統文化藝術中的瑰寶，古琴一直是很高層的藝術形式，它伴隨著一個階層——文人士大夫階層，並且隨著中國社會變革，士大夫階層退出歷史舞台而跟著逐漸步入墳墓。但最近幾年古琴回熱，看起來形勢大好，琴也成為大型音樂會的寵兒，但是，古琴的聲音不斷通過一層又一層的擴音設備回響在人們耳邊的同時，又使得古琴音樂精華——極其微妙處（比如細微的吟猱之音）丟失，從文化的層次上說，更抽離了它深刻的文化屬性。古琴音樂從來不為悅耳，流行音樂則一定是和「好聽」分不開的。高雅藝術走向大眾，還是高雅藝術的變質和死亡？

答 又太保守。古琴在古代的地位，顯然被誇張了。數量少得可憐的文人士大夫的高雅生態，顯然也被理想化了。

在中國古代，絕大多數文人都試圖通過科舉考試做官，整日忙忙顛顛，吹簫彈琴對他們來說只是「風雅餘事」。多數也不過是擺弄一下罷了。

因此，要說古代文人彈古琴沒有表演性，那是我們善良的想像，至於我們看到古畫中那種「深山撫琴」的意境，更是一種幻想。一大堆不可缺少的僕役、琴童躲到哪塊巨石後面去了？等到明末江南有一些官僚文人有能力養琴師了，當時也是不惜四處通知、長期張羅，竭力打造著一個個表演場面。阮大鋮家裡就是如此，已經是非常熱鬧了。我們不能用臆想中的古代，來批判現代創作。

現代音樂創作中能發現中國傳統音樂的特殊美色，應該鼓勵。但如果要把古琴曲與民間的原生態音樂相比，我更鍾情後者。這一點，我與音樂界的朋友譚盾先生有近似的看法。

問 藝術形式的創新和維持，往往是一個魚和熊掌不可兼得的命題。中國古典詩詞講求格律，本來是為其「音樂」美，但是，如今，語言已經發生了很大的變化，遵守格律，則不一定和堅持詩歌的「音樂」美統一了。本來合二為一的目標，如今已經不再一致。而且，今人學習古詩詞，用今天的語言，也很難再直接、生動、純粹地感受到它們原初的美，就像是兵馬俑一類的出土文物，我們看到的，已經褪去了油彩，所以很多人誤以為失去顏色的灰色調，就是那個時代的意象。再者，即使今人完全按照詩韻來作詩，那麼我們也彷彿是一個盲人在手杖上繪出五色斑斕的圖案來，有和無，有什麼實質意義呢？

◉答｜你的表達方式也是太「繞」，聽起來不太明白，但我大致領會了你的意思。你認為古詩有當時的音律美，但不必在現代依樣畫葫蘆了。我贊成你的想法。

這裡可以談談我自己的經歷。你們可能不知道，我也能寫一手比較醇厚的古典詩詞。我從小就背誦大量古詩，感謝中學語文老師刁攀桂、穆尼使我有了這方面的鑒別能力，更感謝大學時代的陳汝衡、盛鍾健、范民聲老師嚴格地教會了我寫作古典詩詞的技巧。後來，陳、盛、范三位古文專家都對我寫出的古典詩詞給予了很鼓勵的評價。

但我現在完全不寫了，因為那些詞語方式，與我的真實心情產生了阻隔。前幾年，馬鞍山市要在李白去世處立一塊碑，市民投票讓我書寫碑文。我提出，如果用辭賦體或文言文來寫，對我來說是舉手之勞，但我要用現代散文來寫，才能真實表達我對李白、對長江、對中外遊客要說的話。他們同意了，我很高興。

請注意，只要寫好了，現代散文也會有一種語言節奏，可以句句入心，句句在口。這種語言節奏，未必比古代音律差。

◉問　秋雨老師，記得開始做這個節目的時候，您說過，如果把文化知識和看文化的眼光來比較，您更希望我們接受您看文化的眼光。在這一年的時間裡，您的這種眼光確實深深地影響著我們，我們也能感覺到自己的成長。我想問您的是，這一年的相處下來，您對我們還有什麼希望和建議嗎？

◉答　我很高興這一年與你們的相處。我已說過多次，本來我對中國的經濟很樂觀，但對中國的文化不樂觀；自從結識你們，我在文化上也稍稍樂觀一點了。當然，還只是「稍稍」。

對你們的希望和建議，這一年我零零星星已有不少表述，概括起來是三句話——

第一，把善良當做生命的根。這聽起來是老生常談，但我別有所指。你們從過去和現在都會聽到很多動人的口號、漂亮的主張，包括那些國際通行的理念，這些都會理所當然地吸引年輕人的心，然而必須注意提出者的「善良指數」。他們如果以詆毀他人、造謠中傷、歪曲事實、幸災樂禍為基本手段，那就千萬不要追隨。這是我在「文革」中取得的經驗。現在不少投機者連「文革」造反派都不如，完全是拿著一些動人的政治口號在扮演某種角色，你們一定要防範和警惕。不管遇到什麼情況，都要把善良作為生命之根，並以此來衡量世間百態。

第二，把創造當做文化的魂。這是針對當前風行的文化保守主義和復古主義而言的。沒有面向未來的創造，中華文化便沒有前途，我們的生命也沒有意義。這些年，文化的誤導、政治的需要、大學的風氣、民間的無知，造成了對古老話語和故事的盲目崇拜，這是中華文化面臨轉型和邁進時遇到的一個大泥潭。希望你們能夠看清這一點，快速地移身到創造者的立場上來。為此，你們要增強對傳統文化的解讀能力和評判能力，增強對一切創新信號、異態信號、陌生信號、後代信號的敏感能力和吸取能力，千萬不要成為裝模作樣的「偽骨董」。更重要的是，你們雖然出身北大，我更希望你們不要滿足於成為文化的講述者和評論者，而應該力爭創造一點什麼，從事文學創作、推動創意產業都可以。

第三，把自己當做獨立的人。這就是說，不要盲從已有結論，不要盲從既定規範，不要盲從官方思維，不要盲從傳媒誤導，不要盲從眾口喧譁，不要盲從多數意見。你們要知道，你們在大學裡的所學、所讀、所聽，絕大多數都是前人和別人的想法，整個兒是一個「異己的沼澤地」，明明已經被吞沒了還覺得「水草豐美」。只有獨立的人格，才有自由的思想。而一個人要喚醒並加固獨立的人格，實在是一件很艱難的事。但是，這件事一定要做，否則，只能使平庸的文壇更加平庸，使雜亂的精神更加雜亂。在當前，年輕人更需要從網民的情緒潮汐中自我解救，獨立寒秋，冷眼江湖，廁身人海，中流砥柱，只有這樣，才有可能抓住那一點點獨立。平心而論，生於今日而求獨立，遠比老子、孔子、屈原、李白他們的獨立更困難，也更可貴。

這三句話，是我歷盡半輩子風霜的自處之道，自衛之道，敝帚自珍，且轉贈你們參考。人與人之間，生存環境可以千差萬別，但生命哲學卻處處相通。我與你們深談了整整一年，彼此的生命也有了關聯，因此臨別直言，如同家人。

◉問　余教授，正如您所指出的，文化在這些年越講越多，也越講越亂了。打開電視，來到書店，到處都在講文化。好像只要用文言文寫的，寫在一百多年前的東西，都成了中華文化的寶貝。文化成了一個漫無邊際的沼澤地，好像處處都可以進入，又處處都可能淪陷，淪陷得連一根頭髮也不會留下。我想問，文化到底是什麼？

◉答　二十年前，誰會講幾句英語就算有文化。現在，誰能背幾段文言文就算有文化。其實，英國的白癡也會講英語，古代的流氓也懂文言文。

不要把文化的魂魄打碎了。文化是什麼？我給它下了一個最簡短的定義：文化，是一種精神價值和生活方式。它通過積累和引導，創建集體人格。

按照這個定義，所謂中華文化，就是中國人的那種精神價值、生活方式和集體人格。

那些小小的文化碎片，當然也在文化範疇之內，卻無關文化的整體魂魄。

◉問　我們北大有不少外國留學生。他們老與我們辯論，認為很多講述中華文化的學者總是把全人類的共同價值說成是中華文化的獨特價值。例如「己所不欲，勿施於人」，同樣的意思在其他很多宗教的典籍中也能找到。至於「剛健有為」、「自強不息」、「海納百川」、「經世致用」之類，一旦翻譯成外語，其實就是各民族都可能具備的常識，很難為中國文化所專美。余教授，您對世界自古至今的各種文明都很熟悉，想必經常在作對比和區分。請問，中華文化不與別人重複的特殊優勢是什麼？

◉答

那些外國留學生說的很對。我前些年去美國哈佛大學、耶魯大學、哥倫比亞大學等地演講時，當地教授也有這種看法，覺得很多中國文人把人類普世價值和中國獨特文化搞混了。我認為，中華文化在本性上有別於其他文化的有三個「道」——

a) 在目的論上，確立了「禮儀之道」；

b) 在人格論上，確立了「君子之道」；

c) 在方法論上，確立了「中庸之道」。

這三個「道」，是中華文化獨有的經脈。

先講「禮儀之道」。這是儒家先人把「大道之行也天下為公」、「仁愛」、「至德」、「謙讓」、「恭敬」等等最想宣導的社會品質設計成了一系列公共的行為儀式。這種公共的行為儀式統稱之為「禮」，帶有某種強制性、統一性，便於普及，更便於遺傳。由此，中華民族長期被稱之為「禮儀之邦」。在中華文化中，作為藝術的「樂」，是「禮」的陪襯和美化。而所謂「禮崩樂壞」，則是最大的文化災難。

再講「君子之道」。歐洲學者榮格（Carl Gustav Jung）說，一切文化都沉澱為人格。這個道理，遙遠的古人也已知道，都把不同的文化體現為不同的人格理想。有的民族的人格理想是巨人，有的民族的人格理想是先知，有的民族的人格理想是覺者，有的民族的人格理想是紳士，有的民族的人格理想是騎士，有的民族的人格理想是武士，中華民族的人格理想是君子。君子沒有明確定義，它是在與小人的對比中劃出一層層內涵和外延的。中華文化幾千年的一個重大成果，就是只要是中國人，都把「君子」看作是最高評價，而把「小人」看作是最低評價。也就是說，寧肯敗落也要做君子；寧肯被稱為壞人也不願被稱為小人。君子有一系列標準，例如，「君子成人之美」、「君子坦蕩蕩」、「君子求諸己」、「君子懷德」、「君子和而不同」、「溫良恭儉讓」等等。小人，則正好相反。

最後講「中庸之道」。那也就是君子們的行為方式，故稱方法論。中庸之道的本質是反對一切極端主義。它認為各種極端主義雖然聽起來痛快卻必然引發災難，既為別人製造災難又為自己製造災難。因此，必須用一種「彈性哲學」來尋找一條規避災難的路，恰當的路，合適的路，連處於極端的人也被照顧的路。中國歷史上也經常會出現極端主義的階段，例如就近來說，有義和團、文革，但時間都不長，占主導地位的還是中庸之道。在我看來，中華文化能夠成為人類四大古文化中唯一沒有中斷和湮滅的倖存者，中庸之道起了關鍵作用。

以上三「道」，目的論、人格論、方法論齊全，正好構成三足鼎立、三位一體的一種大文化。

◉問 近年來又把「國學」捧上了天，對此，我們北大倒是比較謹慎。我注意到，您在講述中華文化時從來沒有用過「國學」這兩個字。您是刻意回避嗎？為什麼？

◉答 「國學」，別人用這兩個字我不反對，也不反感，但我自己不用。理由有四個——

第一，自漢代以來在中國文化發展中占據極大地位的佛學，算不算「國學」？如果算，人家明明是從印度傳過來的，至今佛學中很多關鍵字還是梵文音譯，把它說成「國學」總覺得勉強；如果不算，那麼，中國兩千年來最普及的民間信仰就不見了，最高妙的禪悅智慧就不見了。何況從朱熹到王陽明，儒學後期在理論架構上都受到佛學的深遠影響。那該怎麼辦呢？可見，一說「國學」，徒生煩惱。

第二，「國」是政治概念，幾千年來變化很大，我們到底取哪段時間的「國」？很多人喜歡說屈原是「愛國詩人」，這裡的「國」是指楚國，對抗的是秦國，但大家知道，恰恰是這個秦國後來統一了中國，與今天所說的「國」更貼近一些。有更長的時間，「國」的概念以朝廷、社稷的面貌出現，主要表現在「胡漢對峙」之中，但後來隨著胡漢文化和胡漢血緣的融合（例如唐王室就帶有很多鮮卑血緣），更由於少數民族入主中原，「國」的邊沿早已變更。按照現在中國的範圍，連以前的契丹文化、西夏文化、南詔文化、西藏文化等等都應該納入「國學」的範圍。但是，「國學」提出者的本意似乎並不是這樣，大體是以儒學為本位的。這就面臨著一個兩難：如果要戴上「國」字的堂皇帽子，就很難推卸這個字必然帶來的政治責任、地域責任和群體責任；如果只想張揚漢文化之中的一、二個流派，那就不要戴這麼大的帽子，否則麻煩重重。

第三，自近代以來，「國學」的宣導者們是以西方文化為對峙方位的。這在列強兇猛、國破家亡的時代有一定的正義性。但即使這樣也已經遇到悖論：這些宣導者本身的學問根基，遠遠超出于中國傳統文化之外。如所周知，正是西方「物競天擇」的進化論、俯瞰全球的地理學、日新月異的科學觀，使他們不能不把目光重新投向中國傳統文化，但是，這個目光卻不是中國傳統文化本身所能訓練出來的。因此，恰恰是「國學」的宣導者們以自己的生命證明了，身處現代，一「國」之「學」不足以立身濟世。而且，他們又證明了，古今中外的文化完全可以在一個人身上和諧融合，不必表演自己在學問上的單一固守。

第四，我不敢動用「國學」這個概念，還因為裡邊隱藏著一些愛國主義情緒。愛國主義無可厚非，但當它悄悄地浸染到一個學術命題之中，就有點隱憂。例如，我如果說「傳統文化中的糟粕和垃圾」，大家聽起來還能接受，但是如果改說「國學中的糟粕和垃圾」，就可能要引起不少人的牴觸了。然而，糟粕和垃圾是確實存在的，而且數量很大，我有責任不斷地指出來加以清理。為了完成這份責任，又要顧及人們的愛國主義敏感，我只能免說「國學」。

先說這四個理由吧，其實還可以再說下去，但太費事了。簡單說來，我不喜歡給文化戴一頂硬梆梆的大帽子。看著神氣，卻處處不舒服。其實，小而言之，那些「國酒」、「國飲」、「國劇」、「國畫」、「國球」、「國服」都遇到了這個問題。

◉問 那麼是否可以判斷，現在媒體間經常把京劇封為「國粹」，余教授也不太喜歡？

◉答 您的判斷很英明，我不喜歡。「粹」的意思是精華，國之精華，那還了得！京劇界的很多朋友文化程度不高，聽人家這麼一捧，也真以為自己的劇種是中國文化的最高代表了。

京劇發達於十九世紀五、六十年代，那時候中國最後一個王朝已經氣息奄奄，中華文化也在整體上走向衰敗。中華文化數千年的最高精華，怎麼可能出現在這樣的年月？春秋戰國秦漢魏晉唐宋元明都到哪裡去了，怎麼把文化的最高精華獨獨留到了慈禧太后時代？其實，即使把視野縮小到戲曲史，比京劇更有資格被稱為「粹」的應該是崑劇。在我寫的《中國戲劇史》中，崑劇的篇幅要比京劇多幾十倍。但是，按照王國維先生的觀點，比崑劇更「粹」的是元雜劇，他的理由也很充分。平心而論，京劇的唱腔確實很好，表演也還不錯，但是文學編劇卻實在不怎麼樣，嚴重影響了它的整體人文素質。整天圍著它喊「國粹」，過分了。那麼，乾脆進一步，把崑劇、元雜劇全都說成「國粹」又怎麼樣？不行。以「國」字壓頂的文化精華全都集中在戲曲領域，怎麼說得過去？

很多文物鑒賞家會高喊，趕快把戲曲擱到後邊去，前面還有更重要的「國粹」：商周青銅、良渚美玉、漢代石雕、敦煌壁畫、宋代官窯、元代青花……，這還沒有說到音樂、詩詞、繪畫、建築呢。這麼一排列，我想，那些熱中於把京劇封為「國粹」的人，也許會開始慎重一點。

拿著國家的牌號進行文化分封，只會誤導中國文化走向世界的腳步。例如，我自己是比較喜歡京劇唱腔的，但十幾年前就有一個美國的演出商找到我，說：「您認識不認識中國文化部門的領導，能不能轉告他們，我們美國觀眾，與他們想像的不一樣，絕大多數都不喜歡看京劇，所以賣票非常艱難。」同樣的話，我在國外聽到不止一次。但是在國內，總有不少人在宣揚，外國人怎麼為之而癡迷，而沉醉，而瘋狂。

◉問 聽得出來，余教授對於我們國家文化部門對待文化遺產的做法，並不完全認同，是嗎？

◉答｜不錯，有很大一部分無法認同。多年來文化領域保守主義、復古主義盛行，使文化創新難以成為主流。「保護文化遺產」的工作當然應該做，但是請注意，「保護」這兩個字，相對於破壞，具有正面意義，相對於改革，卻很可能產生負面作用。

例如，再從我所熟悉的戲劇領域講，中國那麼多地方劇種，都被一攬子「保護」了，還設定了一批批「傳人」。初一聽，是好事，其實這些地方劇種絕大多數都失去了觀眾，失去了正常營業的能力，正需要淘汰一批、改革一批、創新一批。淘汰，是為創新留出空間。藝術的生命在於新陳代謝、吐故納新，每十年都應該有一批劇種下崗，再有一批新劇種出爐。連最偉大的元雜劇也只活了幾十年，到時候轟然倒地，死也死得像英雄一般。怎麼可能像現在的不少地方劇種，像植物人一樣「保護」著，打著強心針，死不了，也活不好。這些地方劇種，大多歷史不長，一九四九年之前還是流浪小戲班，唱腔單薄，劇碼簡陋，放到今天，除了改革毫無出路。這麼簡單的道理，人人都看到了，但是突然它們全都當作「國寶」、「省寶」、「市寶」被「保護」，早先的一些藝人全都被封為「藝術泰斗」、「一代經典」，正常的文化選擇過程被阻斷，一切都亂了。

也許有人會說，「我們在做保護，並不妨礙別人的創新啊！」但是，當那樣的「保護」成為一種主流的體制行為，多方文化資源就被它占領了。我所說的還不僅僅是經費資源，其中還包括名位資源、傳播資源等等。結果就形成了一個大家都看到了的奇怪局面：缺少資源的創新力量形不成氣候，被保護的文化又沒有活力。那麼，成氣候、有活力的是誰呢？只能是那些低俗、惡搞的節目了。

說一句尖銳的話，文化部門的很多領導者並不清楚文化創新是怎麼回事，更不清楚應該如何來面對那些自己非常陌生的文化信號。他們「保護」來，「保護」去，就是保護住了一個不願重新學習的自己，耽誤了文化發展很多年。

◉問

文化發展被耽誤，一個重大標誌就是難於出現文化上的大作品、大人物。到底原因何在？我們北大的部分同學曾經設定過一些「可能的原因」，讓大家根據主次來排序。我們非常想聽聽余教授的排序。文化上出不了大作品、大人物的「可能的原因」，有以下六個——

一、文化走向商業，金錢控制了創造，也束縛了創造；

二、文化走向官場，作家協會、文聯裡的職位高低成了很多人競爭的目標，更何況還有人民代表、政協委員的名額要爭奪；

三、文人相輕，互相嫉妒、互相排斥，誰也成不了大樹；

四、各地領導文化的官員大多是工程師或行政幹部出身，審美水準普遍不高；

五、中國觀眾只習慣于平視和俯視，享受與自己同等級的悲歡嬉鬧，不習慣於仰視；

六、現在中國的文化傳媒，權力極大而水準不高，攪亂了文化的價值等級。

◉答

余教授，您認為最重要的原因是哪一個？

在我心目中只有一個原因，沒有第二、第三。那也就是最後一個原因，劣質文化傳媒。它是中國文化無法出現大作品、大人物的第一原因。傳媒也有好的，例如四川汶川大地震發生後，中國傳媒的水準曾受到外國同行的高度肯定。我這裡專指那些自恃有財有勢，不斷舉著「正義」的旗號殘害文化和文化人的劣質文化傳媒。

中國的文化傳媒權力極大，遠遠超過外國。原因是：第一，它們都有官方背景；第二，它們沒有對立面，構不成反駁和制衡；第三，它們不代表個體人格，因此從來不必糾錯、道歉、謝罪，更不可能被判刑；第四，它們又享有傳媒的權利，可以裝扮出客觀性、正義性的形象，在社會上通行無阻；第五，由於身處經濟大發展時期，又缺少真正的競爭者，它們的廣告收入十分雄厚，財大氣粗；第六，由於它們如此讓人害怕，任何力量都不敢對抗它們，而只會趨附它們，參與它們，結果圍著它們構成了一個個顯形和隱形的龐大利益集團。於是，那些傳媒可以在酒水笑鬧間快速決定捧紅一個人或毀掉一個人，真可謂無敵於天下。

那些傳媒唯一受到的制約，是上級在政治言論審查上劃出了一些邊界。為此，有一些不甘枯燥的報刊故意去擦撞這些邊界，目的是贏得更大的發行量。但是，為此支付的代價卻極小，至多讓一個當值的負責人「同級調動」。其實，這只是集團倫理和政治姿態之間的遊戲，與懲罰無關。

在政治言論上尚且如此，在文化上這些報刊更是遇不到任何邊界了，可以徹底地肆無忌憚、信口雌黃。請大家回想一下，幾十年過去了，這些不斷在攻擊文化創造者的劣質文化傳媒，在哪一點上曾給文化創造者帶來一點點正面的啓發？曾給文化建設帶來一點點有益的推動？全國那麼多受它們傷害的文化創造者，又有誰在法律上告贏過這些劣質文化傳媒？

由於劣質文化傳媒的極度強大，它們的不少編輯記者就懶得學習，不求上進，更說不上良知底線，這就把中國文化從根子上扭歪了。

我們無數次看到，一群藝術家花費一年時間好不容易排了一台戲，艱難地籌措經費到哪一個城市演出。首演的第二天，只要某個傳媒一個剛剛大學畢業的年輕記者隨手寫幾句負面評論，整個演出全砸了。因為絕大多數文化創作在今天的「成敗」就看媒體評價，其他報刊又沒有心思就一個戲去與這張報紙對抗，而受害的外地劇團也沒有財力和人脈來左右輿論。那個年輕記者，極有可能基本不懂藝術，因為我們今天的大學嚴重缺少審美教學。即使學過一點藝術理論和藝術知識，也離藝術感覺十分遙遠。但是，他就「四兩撥千斤」地壓垮了一群藝術家，而這群藝術家很可能是第一次進入這座城市，也很可能這是他們一生最後一次演出。這群藝術家毫無辦法，最多只能向「劇協」投訴。「劇協」不會管這種事，也不敢得罪媒體，即使看到藝術家們流的那麼多眼淚於心不忍，抖抖瑟瑟給傳媒打一個電話。傳媒肯定嗤之以鼻，完全不加理會。這樣的事情，在中國年年月月都在發生。那個年輕記者由此嘗到甜頭，越來越敢於在文化藝術界隨手鞭笞，因而漸有名聲，沒出三年就升任了部主任。以後藝術家們要投訴，最高也就投訴到他那裡。

我們都看到，這二十年來，那些藝術界的醜聞、緋聞都是誰在操作？劣質文化傳媒。那些低俗噁心的節目是誰推出來的？劣質文化傳媒。那些誹謗和惡搞是誰在興風作浪？劣質文化傳媒。那些謠言和圍啄是誰在組建？劣質文化傳媒。那些優秀的創作、深刻的突破是誰在故意冷落？劣質文化傳媒。那些新興的精英、明日的大師是誰在毀損？劣質文化傳媒。但是，等著看吧，等到這些事情造成了神人共憤的惡果，上級要追查的時候，這些劣質文化傳媒必定把責任和惡名推到某個藝人身上，它們自己又成了討伐者。那些成了替罪羊的藝人，可能言行不當，但他們手上一無報紙，二無電台，完全沒有權力，有口難辯。

根據我這番帶有一點憤怒的敘述，你們一定看出來了，中國文化嚴重貶值的原因，主要就是劣質文化傳媒的日趨囂張。你們北大學生擬定的其他原因，例如商業化、官場化、文人相輕等等，全是靠著這些劣質文化傳媒才放大千倍萬倍的。如果不是這些劣質文化傳媒在煽風點火，「文人相輕」在今天的中國又能起什麼作用？

也許有人會問：海外也有公共傳媒喜歡胡鬧，為什麼不至於那麼嚴重地傷害文化？我的回答是：海外那些胡鬧的公共傳媒，不擁有行政權力背景，而且還有其他傳媒與它們對峙。胡鬧者若能自認胡鬧，危害還算不大；明明胡鬧而又裝扮成「知識分子良知」，這就變成了一場文化病疫。

◉問｜我們都知道，余教授的憤怒與切身感受有關。南方有一家著名的週報長期以來一直在以整版整版的大篇幅攻擊您，直到最近。對於這樣的傳媒，您一點也沒有辦法嗎？

◉答｜我曾兩次南下廣州，找到那裡最有實力的兩位律師和一位退職法官，詢問能不能起訴那家報紙。這三位法律界人士都異口同聲地說：官司不可能打贏，因為它是「政府喉舌」，民間勢力更大。

我說：「我的父親在文革中歷盡苦難而沒有死，最後卻是看著他們誹謗我的文章極度憤怒而去世的。我妻子失去工作，也與他們的誹謗有關，而她又是那麼重要的一位表演藝術家。」

三位法律界人士歎了口氣，仍然搖頭，說：「沒用，您贏不了他們。」

◉問｜但在根本上，您早已贏了它們。我們這代年輕人為什麼特別尊敬您？除了別的原因外，還有一個原因就是您面對各種誹謗所表現出來的鎮定和從容。對於這種特殊經驗，您有什麼話要告訴我們嗎？

◉答 這個問題前些天已經討論過，但是我確實還想補充幾句。你們走出校門後，如果為中國文化的重建做了一些像樣的事而受到矚目，那就一定會遭來誹謗。因為我們的腳下，畢竟是一塊發生過白色恐怖、紅色恐怖、階級鬥爭和文革災難的土地。但是別怕，只管低頭做自己的事，千萬不要與他們辯論。與誹謗進行辯論，是對誹謗的第一肯定。你們心頭只須記住一條規則就夠了：誹謗越凶，越證明你的成就讓人不安；誹謗越久，越證明你的魅力經久未減。

◉問 謝謝珍貴的教言，您不僅是我們的學問之師，而且也是我們的人生之師。記得兩年前您在香港鳳凰衛視開設的「秋雨時分」談話節目中也送給我們一段教言，至今印象深刻。您說，在大學裡學文學的學生，應該多學創作，少學研究，不學批判。您當時給出的理由是：「文學很美，你還來不及與她戀愛就開始審判她，恐怕一輩子都沒有緣分了。」這個比喻很漂亮。但是，我們中文系的教學中還是把批判放在很重要的位子，您能再開導幾句嗎？

◉答 「批評」和「批判」，在英文裡都叫 criticize，但在中文裡的意思有點不一樣，主要區別就在那個「判」字。如果僅僅是「批評」，再尖銳也有一個平等的前提；「判」在中文裡的感覺就不同了，成了一種居高臨下、一槌定案的「準法庭」。我反對在文學和文化上開設這種「準法庭」。如果沒有「準法庭」的驕橫，用用「批判」的概念也可以。

你們如果繼續要學習和摹仿「準法庭」式的批判，得到的好處一定會很多。一是會快速成名，而且贏來「文化鬥士」的美名；二是讓人覺得你們的專業水準至少與批判對象差不多，而批判對象可以隨意尋找，找得等級越高越划算；三是批判文章是很多媒體爭搶的目標，而創作和研究的成果則不容易發表；四是批判的架勢一擺出，這輩子誰也不敢來惹你們了。由於上面這四大好處，很多年輕人都在學習那一種批判，這不難理解；但是，如果你們真把我當老師，那就聽我一句話：不要走這條路。

近百年來中國文化步履艱難、幾近消亡，主要原因是批判太多，建設太少。稍有建設，也立即被批判掉了。現代中國曾普及過一種哲學：「破字當頭，立也就在其中了。」這就是說，毀滅就是建設，破壞即是正義。基於這種思維，任何批判、毀滅、破壞都成了神聖的壯舉，完全不受法律、證據、理性、常識的制約。「文革」中的造反派就是這種思維的實踐者，結果怎麼樣，可以問問你們的父母親。

任何惡習，總會保留一種習慣性的快感吸引力。中國社會在批判的問題上毒癮很深，頗難消除，而每次毒癮重發的時候又總會找一個響亮的藉口，這就太容易讓你們上當了。只有我們這些上年紀的人，見過太多，才會透過那些藉口，發現那只不過是舊年毒癮。以我為例，一開始看到南方那家週報在偽造我的「文革歷史」時居然完全無視法律、證據、理性、常識，深感詫異，後來他們終於抬出了上海已經年邁的六、七個造反派首領一起參與「批判」，才讓我恍然大悟。天下的「批判」大同小異，一旦進入就會散發出一種聲響和氣味吸引同類。那是幾代「造反派」聚會的小天地，完全不分左派和右派，可真說「天下癮君子是一家」。

要掙脫這片大地的毒癮，必須與自己的欲望進行反覆搏鬥。我相信你們，做一個文學創造者吧，哪怕是寫一首短詩、一篇小說、一個劇本都是好的。我們的文學太需要耕種，不需要刀戟。

◉問 余教授，我們都能理解您的一片苦心，一番善意。但是，有一個技術性的問題需要向您諮詢，如果四周都是批判的刀戟、惡意的破壞，我們能否用批判的方式來反擊？

◉答 以批判對批判，有可能變成一場混戰，也有可能變成一場對弈，兩種效果都不好。對於這個問題，周恩來在「文革」中所採取的一個措施，可以成為正面範例。大家知道，「文革」是一場全國規模的大批判，甚至連學校、教材、課堂也批判了，上海還有人還寫了一個戲，宣揚中學生只能離開學校到邊疆去做「新苗」，鼓動全面的停課廢學。周恩來不同意這種批判，但鑒於當時的形勢，他也沒有提出「反批判」，而只是在林彪事件之後組織教師為復課編教材。只要開始編教材，當時都被趕到農村去了的教師們就必須回校；有了教材和教師，復課也有了可能。這就是用建設的方式，對那些否定教學的言論，作出了根本的否定，卻沒有形成一場批判大戰。至於編教材的內容，周恩來也用建設的方式否定了對方。當時的中文系教材，按照極端主義分子的意見，只能用毛澤東詩詞和「革命樣板戲」唱詞。這在當時，周恩來很難提出反對，卻巧妙地組織編寫魯迅作品的教材。理由是，魯迅是眞正的文學家，毛澤東也肯定過，而且早已去世，作品內容與當下的政治運動無關，能勉強作為正常的文學教材的起點。我有幸參加這個魯迅教材編寫組，深深體會到，即便置身破壞的狂潮中，也能以建設來對付破壞。對於周恩來的這些措施，當時的極端主義分子也無可奈何，他們只能等到幾十年後，人們都已失憶，才在南方那家週報上批判教材編寫，並把教材編寫組說成是「文革寫作組」。但是，時至今日，我們應該放過他們，只記得周恩來就可以了。

◉問　您說「即便置身破壞的狂潮中，也能以建設來對付破壞」，這句話很經典，值得我們牢記。但是我覺得批判也有兩種不同的類型，例如魯迅，在小說《阿Q正傳》、《藥》、《孔乙己》、《祝福》中批判中國的國民性，十分深刻；但同時他又在雜文中批判文化界很多人士，頗多爭議。我們一位老師說，他同時喜歡作為小說家的魯迅和作為雜文家的魯迅，請問余老師，您也是這樣嗎？

◉答　魯迅對國民性的批判，是一種文學化的整體研究，並沒有對哪個文化人物造成具體傷害，也沒有出現「準法庭」式的審判話語，不屬於中國社會所普及的那種批判概念。但他寫雜文批判一個個有名有姓的文化人士就不同了，儘管很多觀點並不錯，但傷害已經造成，而且不太公平。因此，我喜歡寫小說的魯迅，而不太喜歡寫雜文的魯迅。

為了表達某種重要的理念，隨手傷害了一個無辜的文化創造者，乍一看可以原諒，其實也是應該避免的。更何況，很多人在傷害別人的時候並沒有重要的理念要表達。我認為，全人類最重要的理念就是愛和善。為了這個理念，就不應該傷害無辜，包括對名譽權的傷害。中國古人說得對：「世有百惡，惡中之惡，為毀人也」。

必須說明的是，雖然我不喜歡魯迅對文化界同行的尖刻批判，但也承認他與極端主義者完全不同。魯迅畢竟在文化上有過重大建樹，證明他有正面的文化理想，他的那種批判只是那些建樹和理想腳下的陰影。極端主義分子卻完全沒有建樹，只有破壞，不存在任何正面意義。

◉問 我聽一位年長的老師說，您在二十年前辭職的時候，上級已經讓您選擇兩個職位：國家文化部副部長兼中國藝術研究院院長，或上海市分管文化的副市長。如果當時您接受任何一個任命，二十多年下來，不知會提升到什麼高位了。我代表很多同學一起問您：如果讓您來領導全國的文化工作，面對目前的文化滯塞狀態，將會採取哪些大思路來改變？

◉答 對於當年的所謂「任職」，既然沒有成為事實，就不要輕信。但是，對於您和很多同學一起提出的問題，我可以斗膽作一個回答。如果讓我對今天中國的文化工作提出建議，我會有以下幾條大思路——

第一，不再鼓勵文化復古主義思潮，為文化創新留出切實空間。中國當前的文化敏感，不能再以那麼大的比重停留在古代謀術、宮廷鬥爭、國粹迷思、老戲重拍上，而應該把主要精力放在創建中國文化在二十一世紀的全新生命，創建中國文化與世界文化的對話系統。

第二，大力縮減已經體制化了的排場文化和虛假文化。減去絕大多數早已失去信用的文藝評獎，那也就撤除了大量文藝工作者長期以來盲目競爭的虛假目標。可以保留「文聯」和「作協」，但要坦陳它們與當前第一線的文藝創作已經關係不大，是一種職業工會性質的年長者生活安頓機構。這種坦陳，可以免使它們被賦予本身並不勝任的職權而廣受指責。

第三，以極大的努力推進文化人和藝術家名譽權保護的立法和執法，特別要督促司法部門嚴肅審理公共媒體對於文化創造者的誹謗罪和侮辱罪，不容姑息放縱。由此，才能結束中國長期以來文化毀損機制遠遠超過文化建設機制的可怕歷史，漸漸造成全國保護文化創造者的正常氛圍。捨此，中華文化復興無望。

第四，重建文化在精神價值、人生信仰、生命意義、生活方式、審美等級上的主導地位。不能讓「文化之道」一直被「文化之術」所取代。在鼓勵多元文化的前提下，必須有效遏制邪惡、暴虐、圍攻、起鬨等等民粹主義的氾濫，不要讓它們來冒充「民意文化」和「弱勢文化」。

第五，中國現在遇到的文化問題，遠遠超出了傳統意義上的「文化界」。中國文化界，是改革開放以來轉型最為滯後的領域，很多成員面臨著轉業、下崗的問題，而新的創造者群體還沒有成批出現，更沒有獲得體制性肯定。文化體制改革不能一次次成為「移動老棋子，擺出新花式」的行內遊戲，而應該調動全社會的文化創造力，重新繪製中國文化的新版圖。

台大的閃問

◉問 隨著跨國資本主義商業體系的擴展，相關的運作機制同時也延伸進「文化」領域：一則逐漸泯除「精英」與「通俗」的疆界分野，二則促動「全球」與「在地」間的競爭態勢。就您的觀察，廿一世紀的華文文學，該如何在「精英」與「通俗」、「全球」與「在地」中覓得定位？而創作者又如何在此一後現代/後殖民並行的語境中自處？

◉答 很多「疆界分野」，是比較偷懶的理論家所做的「切割遊戲」，不要輕易上當。請看看您周圍的台大同學，幾乎每一個都有「精英」氣質，又有「通俗」需求，既有「全球」視野，又有「在地」生態，根本無法切割。一個小小的生命尚且如此，更不必說潮起潮落的文化海洋了。歌德說過：「人類靠著聰明分割出很多疆界，最後又用愛把它們全部推倒。」如果想投身文學，請記住歌德，不要多去惦記那些疆界。

文學不是在重重高牆的夾縫中尋找「定位」和「自處」的可憐角色，它是自由的精靈，無所不在。它可以在最「精英」的群體中找到最「通俗」的思親之淚，也可以在最「全球」的禮儀中保存最「在地」的風情口味。萊辛說：「一個女皇如果要被描寫得眞正具有文學價值，必須大大減少她的權位身分，讓她以一個普通的妻子、女兒、母親的身分出現。」您看，當女皇跨越自己的身分定位，也就一步踏入了文學。文學，只與人性有關，而人性沒有「疆界分野」。

◉問 「散文」在中國文學史上有淵遠、深厚的發展傳統，這個傳統且隨著「五四」運動的現代化歷程，而有所變異、轉化。而為人所知悉的「現代散文」，除卻承接來自古典的精粹，同時也融貫了白話、方言，乃至於歐美地區的辭章句法，煥發出別樹一幟的書寫美感來。作為一名散文家，可否請您談一談您的「散文觀」？相較於詩歌、戲劇、小說等文體文類在表現手法上的翻奇出新，廿一世紀的今天，散文是否也蘊蓄著「突破」的可能？您又是如何看待當今散文創作朝小說（虛構）方向傾斜的現象？

◉答 因為你的問題很「學術」，我的回答也只能學術一點。如果說，「文學是生命的感性外化」，那麼，「外化」的方式有很大不同。詩歌、戲劇、小說大多是「間接外化」，散文則是「直接外化」。簡單說來，散文沒有特殊的形式約定，直接表述自己的內心感受。一個寫散文的人，如果在自己的內心感受中有了夢幻、寓言、童話的成分，那就會在表述中出現「非眞實」的內容，也就是您所說的虛構成分，這很正常。散文和其他文體一樣，不要刻意追求形式上的「突破」。形式上一切有價值的「突破」都來自於生命的突破，而生命的突破又來自於整體生態的突破，這一切都不能強求。如果為了強求「突破」，硬要在今天打扮出一個「亞洲的畢卡索」、「東方的卡夫卡」，就有點可笑。因為這種突破沒有生態的支撐，沒有生命的誠懇。

◉問

在西方，許多重要的作家，諸如：沙特、西蒙·波娃、蘇珊·桑塔格等，往往也身兼「知識分子」的角色，時而針對種族、階級、性別等普世議題提出強而有力的批判和思索。在此討論基礎上，您認為當代中國作家最重要的責任是什麼？面對國家與社會，作家又當如何自外於權力體制的收編、自邊緣重新撼動主流價值？

◉答

我聽出了您的意思，希望當代作家承擔更多的政治責任。但是，我的想法與您不太一樣。當代中國作家最重要的責任是固守獨立文化人的立場，傳播善良、人性和美。這個責任，和歷代中外作家沒有區別。曾經也有一些人，既是作家又是政論家，這當然不錯，但不能要求所有的作家都要有這種「兼差」。您所說的幾位西方政論家，比較有份量的是沙特，但他的主要身分是存在主義哲學家。政論和創作，只是他的「兼差」。我們海峽兩岸文化界有一個共同的誤區，以為在一些社會議題上作出激烈批判才是最高道義形象。這個誤區使大陸某些寫作人拚命在作這方面的扮演，其實他們本身嚴重缺少人文啓蒙、法制啓蒙、理性啓蒙，結果造成一片片謠言、惡語和民粹主義的大集合，反而毒化了社會，惹得人人生厭。我認為，不管在任何環境中，傳播善良、人性和美，始終是一個大目標，即便寂寞也有價值。在中國歷史上，從屈原到李白，一涉政治就犯傻，幸好他們沒有失去穩固的詩人本位。蘇東坡直到流放黃州才明白，以前寫的那麼多政論都十分可笑，到了黃州他只能面對天地江河，面對自己的靈魂深處，卻成就了千古不滅的文學高度。

◉問

聽過您在台灣的演講，有一次講到一群不會游泳的大學生，為了救江邊溺水的孩子，手牽手拉成一條人龍，走進湍急危險的水域中，結果發生了不幸。您強調了人性中的「善」，強調了大學生的見義勇為，讓我當下很感動。可是隔了沒多久，我在網站看到新聞，當天的眞實狀況是，有船在附近，船家非要拿到足夠的錢才救人，因為不救馬上會有人淹死，這些船家平日就是靠打撈浮屍賺錢的，這似乎一下子從善的高舉掉入惡的深淵。您怎麼看這件事？也有人認為媒體應該隱惡揚善，眞相只講一半就好，您贊同嗎？

◉答

您能肯定，在網上看到的是「眞實狀況」？網上說，「這些船家平日就是靠打撈浮屍賺錢的」，但問題是，這兒並沒有發生赤壁大戰，也沒有發生諾曼第登陸，哪來那麼多浮屍？我看到的資訊是，救人的大學生溺水之後，岸上的學生央求船家打撈，船家並不知道溺水原因，收取了打撈費用。後來知道了原委，退還了費用。據說，那個收費的船家還因此被公安局拘留了幾天。

這個資訊也不一定準確，但是我想，即使那些船家確實有一些惡念惡行，也不能抵銷救人者的善行。世上的善惡本是交錯存在的，正因為有惡，善才更加彰顯。因此，沒有必要「隱惡揚善」。

◉問 富士康十二跳產生大震撼，雖然各種聲音、各種猜測不絕於耳，但有一種聲音是：社會貧富差異過大、單傳、其來有自的奉養至上價值觀，造成年輕人內心壓力，進而出現撫恤金效應。這裡面也許就有文化與心理的討論空間，您的看法如何？

◉答 一聽便知，這種聲音來自大陸之外的社會評論家們的猜測。其實，這些年輕工人的父母親，都只有四十出頭，正當盛年，他們的子女不會為了「奉養」幾十年以後的他們而以生命代價來換取撫恤金。更何況，今天的中國大陸，無論是農村還是城鎮，賺錢的機會和方式太多了。貧富懸殊更不會成為自殺的主因，世上沒有哪個窮人會把自己去與富豪作直接對比，更不會在對比之後自殺。相反，我到過世界上很多極端貧困地區，那兒的人們往往比富人還快樂。我認為，富士康跳樓事件具有更深刻的原因，甚至涉及到生命哲學。昔日的土地之子成了告別土地的闖蕩者，這是一種勇敢，沒想到這種勇敢立即走向了反面，那就是失去生命自主的機器化動作。比機器化動作更嚴重的刺激是：即便把自己放在一個單位裡，也只是四十萬分之一！對土地之子來說，這是生命的「墜落型」失重。失重後的生命飄如遊絲，輕若煙霧。這時候的他們，什麼也不考慮了，包括責任，包括前途，包括父母。再小的因素，也能把他們吸附到夢幻般的懸崖絕壁。我這麼說，並沒有批評富士康的意思，而是在表述一種群體生命的當代困境，哪個國家都會遇到。生命困境的積極成果是產生新的哲思和生態，而消極成果則是結束生命本身。

◉問 曾在錢鍾書的書裡看到一段他描寫當時的大學教育狀況，大意是：理工科看不起文科，文科裡外文系看不起中文系，中文系看不起哲學系，哲學系看不起社會系，社會系看不起教育系，教育系……也許這只是一種嘲諷。但時代推進半個多世紀了，這種現象似乎或多或少仍存在。普遍的狀況是，理工科在初入職場容易找到工作，平均待遇較高，念文科，尤其中文，許多人認為那根本不是專業，人人都能說會寫，中文在網路時代的異化及程度低落，少有人重視。您怎麼看這個問題？

◉答 現在的大學與錢鍾書時代有很大的不同，人數多了，生態更活躍了，大家不再有興趣作系科之間的簡單比較。但是，中文系自己確實應該反省：這到底是什麼專業？我們讓學生學什麼來了？學了有用嗎？台大中文系的情況我不清楚，大陸很多大學的中文系問題相當嚴重。沒有特別的專業知識可學，老師又不鼓勵創作，因此只學評論。但是，評論什麼呢？評論文學沒人看，評論別的又不會，因此把評論轉化為「大批判」，也就是罵人、整人。他們又膽小，不敢罵官場，只敢罵文人，沒有什麼可罵就造謠。對此，我為一個專業的整體無聊而悲慨。

◉問　閱讀深邃細膩的文學作品時，覺得簡體字的表述無法到位，您有同感嗎？大陸也有聲音說逐漸回復繁體字，有可能嗎？

◉答　我的閱讀，兩種字體各占其半，倒沒有產生您的感覺，我認為那只是一個習慣問題。五四時期胡適、魯迅他們提倡白話文，也曾經使很多學者深感痛苦，覺得白話文只用於低層世俗實用，失去了表述高雅情致的功能。但後來事實證明，情況並不是這樣。漢字簡化，自魏晉南北朝之後代代都在做，每次都會遇到不習慣的問題。現代的漢字簡化運動開始於二十世紀初期，比五四運動還早，由陸費逵、錢玄同先生發起，到三十年代出現過好幾個簡化方案，很多語言學家、文學家和政府部門都參與了。簡化漢字不僅僅是減少筆劃，還包括精簡總字數、減少異形、異讀、古讀等等工程。據唐德剛先生回憶，大陸在五十年代公布的簡化漢字方案，在美國的胡適之先生看了還不斷地擊節讚賞。因為其中很大一部分簡化，是古代書法家們寫草書時已經反覆用過的。時至今日，一個人選用哪種字體都是自己的自由，現在由電腦轉換字體也非常方便，但是如果要強令改變十多億人的文化習慣，卻缺少足夠的理由。連終身只會寫繁體字的毛澤東，也沒有下過這種命令。他只是讓自己的詩詞印了一些繁體字版本而已。

◉問
網路普及以來，新的知識革命正在發生，從Wikipedia的建立，麻省理工學院等大學的課程網路公開，以至Google的世界圖書館計畫……，從知識爆炸、知識氾濫乃至於大家害怕的知識貶値，年輕人該用什麼樣的態度面對？

◉答
資訊氾濫和知識氾濫看來已經不可避免。在我看來，這與洪水氾濫差不了多少，都要吞沒大量的生命。因此，必須尋找島嶼。我至今不用手機不上網，也從不看報紙，就是一種自救方式。這個方式有點極端，大家不要學我；但我已經證明，這種「資訊上的低碳生活」讓我過得很好，這種「知識上的減肥瘦身」並沒有使我陷入愚昧。

◉問
「孔子熱」延燒好些時日了，但是越拼湊他的面貌反而越模糊，在聖人凡夫化、儒學宗教化、圖騰商業化……各種矛盾走向中，我們不知道該相信什麼說法。比如「民可使由之，不可使知之」，過去的了解是「帝王術」，現在有一派解釋，說「民可使，由之；不可使，知之」，使，做「跟隨、支使」解釋，老百姓不願意跟隨政令接受支使，要向他們說明清楚，這是「民主精神」。兩者完全相反的解讀，您有什麼看法。

◉答
孔子的形象，二千五百年來歷來一直是模糊的，多解的。而且，還會繼續模糊下去，多解下去。對此，您不必困惑。如有興趣，投入您的見解；如無興趣，隨興地聽聽別人的種種說法。放鬆、自如、幽默地來看待歷史，這是一個成熟的現代人應有的心態。您所說的那句話的不同讀法，我也聽說了，這在古代叫「句讀歧趣」。「句讀」的「讀」可以讀作「逗」，與標點符號中的「逗號」相近。我們在現代生活中也經常遇到一個人由於停頓、重音的挪移而把同一句話說成了兩種意思的笑話。孔子那天的講話我們沒有聽到，不清楚他是怎麼說的。現在這兩種讀法，誰也無法徹底地否定對方，這很好，使古人和歷史都多一重輪廓，多一番顫動，多一道滋味。「詩無達詁」，能「達詁」的詩缺少活氣，其實古人和歷史也是這樣，如果過於明確、過於單一，就沒意思了。

◉問

跟隨上面的問題，從前讀《論語》並不想得那麼多，自有一種距離的尊敬。台灣也有孔廟，安靜優雅，每年祭孔的八佾舞，由小學生表演，總能感受一種對聖人的緬懷。近年去山東旅遊，古蹟商業化收費，到處鬧哄哄，聽說還要花重金打造得更豪華，景區收費更貴，您覺得這是一個好現象嗎？

◉答

不能說好，也不能說壞。這是因為，孔子早就不屬於學術文化界的形象了，那些排場，你我之輩看著不舒服，也無可奈何。歷代皇帝祭孔，儀式宏大，已經離開孔子的本來形象很遠。而且，廣大民眾也喜歡用張揚的方式來拜謁聖人。與孔子幾乎同時的佛祖釋迦牟尼，哲思之深橫越千古，但世間廟堂中的香火之盛，又與哲思相去甚遠。一位大思想家屬於了全社會，既是幸事，又是不幸，因為當他有能力塑造全社會了，全社會更會千手萬手地塑造他。後生學子如果對這樣的大思想家有自己的感悟，應該找一個安靜的地方讀他的書，你安靜了，他也安靜了。這就像，各地民眾在端午節賽龍舟、包粽子紀念屈原，一片熱鬧，並不妨礙我們在書房裡靜靜地鑽研他的「離騷」，與他悄悄對晤。但是，即使這樣，我們也要寬容民間的熱鬧方式，因為人類自古至今總會尋找各種藉口進行「儀式性聚集」。從文化、宗教到政治，都是如此。

◉問

台北跟上海的一日生活圈逐漸形成。上海的朋友都很羨慕台灣的民主化與多元發展，台北生活方便，文化豐富，年輕人喜歡的流行音樂、文藝創作，各種小吃美食，以及竟夜不眠的書店、夜市……等所折射的多元生活選擇，跟上海的氣氛很不一樣。我和同學去上海，覺得市區人潮擁擠，步調很緊張，但是現在年輕人圈子有一種「潮」，認為應該往熱鬧的、時髦的、成長快速的、競爭更激烈的地方找機會或找磨練。您對上海及台北都很熟悉，能提供一些建議或方向嗎？

◉答

台北的優點，我更清楚。但是，我敢保證，那些在您面前講了台北很多好話的「上海的朋友」，如果哪一天大陸居民能夠自由移民台灣了，他們多半不會選擇台北。他們或許更會選擇台中、苗栗和花蓮，但人數也不會多。原因說起來太複雜，我對上海人太了解了，以後有機會再細細討論吧。

您和同學覺得上海「人潮擁擠，步調很緊張」，這是任何人初到一座陌生城市的共同感受，只要稍稍深入就可以改變印象。上海有太多「寂寞梧桐小院」，太多讓人不知身在何處的隱祕小街。即使是我的台灣朋友登琨豔在滬東的龐大院落，楊惠姍、張毅在滬西的獨立社區，就都安靜得自成日月。

對於你們這樣的年輕人，我建議更勇敢地擺脫早年適應，去闖蕩陌生的空間。原來的環境即便有千般優越，也已經成為我們龍騰虎躍的桎梏；陌生的空間即便有萬般艱辛，也必將成為我們生命伸展的大域。我一生走過的地方太多，早就習慣在不適應處尋找另一種生態的理由。這種尋找，說到底，也是在尋找自己生命的廣度和強度。事實將會證明，你的最大精彩，一定是「生活在別處」。

◉問

在網路上看到上海成立了「余秋雨大師工作室」，「大師」的冠冕在台灣曾流行一陣子，但一直不很清楚「大師」的眞正定義是什麼？在西方比如說天主教「封聖」、英國女王「封爵」、某種獎項「桂冠」得主……都很明顯，泛說的「大師」是否能有較為周延的定義或標準？

◉答

在民間，「大師」是指路邊算命卜卦的人。後來，大陸行政當局為了保護民間工藝，評選過一批「民間工藝大師」，例如根雕大師、刺繡大師、紫砂壺製作大師……，主要是指各項民間工藝的當代傳人。這裡所說的「師」，帶有「師傅」的意思，都是親自動手的製作工匠。除了以上兩種，第三種「大師」，是對剛剛去世的專業人士的尊稱。例如一位研究中國文化的學者去世了，追悼會上就稱為「國學大師」；一位老畫家去世了，報紙上就稱為「繪畫大師」。中國歷來遵守「死者為大」的原則，這就使「大師」的稱呼聽起來不太吉利。即使還活著，大多也已經「日暮鄉關」。

上海市教育委員會以我的名義設立「大師工作室」，是有苦衷的。他們告訴我，大學的理工科早就設立了很多不同層級的高端研究所，但是文化藝術學科卻沒有，因此經過評選，決定全上海在藝術學科設立兩個「大師工作室」。除了我，還有一個是上海音樂學院周小燕教授的大師工作室（周教授今年已經九十六歲高齡）。對這件事，我與他們商量了好幾個月，希望能去掉「大師」二字，以免產生某種不良的感覺，但他們說這已經成為制度，很難再改動。

由此可見，這個辭彙並沒有太明確的含義，只是教育行政部門表示重視的一種級別劃分而已，不必深究。我在工作室掛牌那天說了這樣一段打趣的話：「一個人，先做大人，再做老人，因此老的地位高於大。我已經做了幾十年的老師，今年由老降為大，似乎也不算什麼，不要當眞。」

◉**問**

台大學風自由，考進來門檻高，一向也被社會（尤其是媒體）放大檢視，近來常有爭議話題。譬如學生上課吃東西，漂亮女生頻頻影視亮相，不排斥當Show Girl……引來師長批評，您認為這些問題牽涉到「公德」、「價值觀」、「行為模式」、「社會期待」這麼大的議題嗎？

◉**答**

這些事完全不牽涉到「公德」，卻確實與「價值觀」、「行為模式」有關。

我除了不贊成上課吃東西外，並不反對台大的漂亮女生在影視亮相。周圍師長的觀念，如果至今還鄙視影視的文化價值，無視美麗的文化價值，這未免有點保守。一所著名高等學府的魅力在於，即使自己的畢業生成了影視明星，也能在眉眼談吐間展現出非同一般的風範，讓人們感受到世間美好元素從內到外的精妙組合。

歐洲的文藝復興運動深刻地改變了歷史面貌，但細細一看，那時並沒有出現深奧的學術論文，而只是由一批感性的藝術家刻畫了人的美好，尤其是人體和容貌的美好。只不過，這些美好散發著一種震聾發聵的優雅和高貴，使人知道「人」是什麼。而且，這一切都立即變成了廣為傳播的公共審美，出現在佛羅倫斯和羅馬的街頭、教堂，出現在人頭濟濟的熱鬧場合，而不是出現在森嚴肅穆的研究院。這件事，應該給我們一點啓發。

我這麼說，並不是鼓勵更多的高材生去上影視。眞正才貌雙全又具有廣泛吸引力的人物在任何大學都是罕見的，我們不應該把罕見的現象當作常規來討論。如果上海的哪所大學一直在擔憂學生們都成了姚明、劉翔怎麼辦，這是不是有點可笑？

◉問

我不知道您使不使用網路，在有網路之前，人只有兩件事平等：出生和死亡。有了網路後，人類一直在為之奮鬥的自由平等跨了好大一步，網上人人平等，不論年齡性別、種族宗教、貧窮富貴，簡直是美妙新世界。但Google

事件發生後，我的大陸網友說「好景不常」。對於整個世界可能以「數位」與「非數位」做為最大宗區分，您有什麼看法？

◉答 我至今沒有使用網路，對網路的評價也沒有您那麼高。不錯，網路能夠實現知識和資訊的共用，帶來發言和交往的巨大便利。但是，這與您所說的「人類一直在為之奮鬥的自由平等」並不是一件事。無數事實證明，眾聲喧譁，未必通向眞相；看似平等，極易製造暴虐。法國大革命時期和中國的文革時期，表面上人人都能發言，極為自由，結果不知道釀成了多少由謠言和起鬨而引發的血腥悲劇。「民眾法庭」不是法庭，因為它不存在法制所需要的一系列基本元素。而且，所謂「民眾」也大有疑問，因為有時間、有興趣在網路上不斷發表評論的人，實際比例很小。就此我想告訴您：您對「自由平等」的自我感覺，並不等同社會上眞正的「自由平等」。順便還要說明，我對「整個世界」的「最大宗區分」，不以「數位」和「非數位」為界，仍以善良和邪惡為界。

◉問 從人類語言、文字的發展軌跡來看，寫得再好的書，幾代後都變成「古書」，不見得人人看得懂，但是故事卻透過不同詮釋傳下來，開創新的「文本」，它的終極價值是什麼？

◉答 有可能傳下來的，不一定是故事。有時是一個形象，有時是一句話，有時是一個細節。您所說的不斷具有開創能力的故事，是指在不同的時代流傳時永遠保持著承載容量的「空筐結構」，那確實可遇而不可求，它們一定有一種不隨時間而消退的神奇價值。照黑格爾的說法，這就是「擺脫了速朽性因素的普遍理念」。但我覺得，在很多情況下，形式比理念更重要。把形式和理念結合得最輕巧、最恆久的，是寓言和童話。因此，最不朽的文本，必定包含著寓言和童話的成分。裡面若有「終極價值」，在我看來，那就是對人的生命狀態的眞切好奇。

◉問 請問余教授對台灣文化的印象。

◉答 我聽到島內不少人喜歡用政治概念來描述台灣文化，例如民主、自由等等。民主、自由是可貴的，但我還是要提醒諸位，不宜把政治和文化完全攪拌在一起。我們現在口中的政治概念，大多出自於西方近代，但在這些政治概念出現之前，人類文化已經發展了幾千年。中國古代的政治制度顯然不符合近代政治概念，但這並不是說，中國古代的文化一無是處。文化與政治有關，但與政治並不是同一個座標。我首先要把你們的思路從政治中拔擢出來。

我覺得台灣文化的最大優點，是高層文化向不同社會層面的普遍滲透。記得幾年前我在香港的一場公開演講中曾說：「世界上大多數地方，高層文化的創造者與普通民衆隔閡森嚴。普通民衆熟悉的，往往是世俗文化和流行文化。但是，台灣在這方面創造了奇蹟。高層文化的創造者如白先勇、余光中、林懷民、朱銘、侯孝賢、李安、賴聲川等人的名聲，普及到大街小巷、千家萬戶。而他們這些文化精英，也不拒絕通俗藝術。」縱覽遠近，台灣文化的這個優點難能可貴。

台灣文化的第二個優點，是文本文化向人情文化、生態文化的普遍滲透。台北曲徑小巷間那些寧靜而雋永的氛圍，是一種生態化了的書卷氣。台灣也有很多社會亂象，但再亂，也不會有誰去隨意傷害我前面說的那些文化名家。這是台灣的文明底線，彌足珍貴。我認識台灣的很多文化人，大多知書達理、斯文自守，對社會產生一種默默的示範。相比之下，大陸的不少「文化人」、「傳媒人」在這方面恰恰低於普通民眾。

台灣文化也有不少令我擔憂之處。例如，這些年每次來，都覺得政治話語越來越響亮，文化話語越來越微弱。我認為，即便是再好的政治，它如果爭奪了文化的空間，那就不好了。可能有人會說，文化的空間都還在呀，圖書館、書店、博物館、劇院都照常開著，並沒有被政治所爭奪。但是，我所說的「文化空間」是一種全社會圍繞著一個個文化課題所產生的廣泛對話，並由這種對話而產生的整體敏感。當政治話語過於響亮，全社會的文化對話和文化敏感就會黯淡。人們似乎在接受諸多媒體的「逆向訓練」，再也不會在意高層文化創造者的一舉一動，只會敏感那些政治人物的百姿百態，這就太可惜了。政治人物的百姿百態畢竟是過眼雲煙，居然要陪上那麼多非政治人物的視聽資源，是一種莫大的浪費。

我在歐洲漫遊過很多令人羨慕的國家，那裡的民眾耗費在政治對峙上的時間並不多。在我看來，普通的民眾應該有權利享受比政治口號更美的詩句，比政治打鬥更美的賽事，比政治人物更美的容貌。人生苦短，來日無多，理應讓大家更多地親近文化。親近了文化，即使要進行政治選擇，也就有了正常和長久的標準。

◉問 大陸和台灣，經濟和旅遊的交往已經很多，文化交流也有不少，例如您的文章就收入了台灣學校的課本，您的書也頻頻在台灣獲獎。現在，不少大陸學生又會來台灣上學，您覺得兩方要消除哪一些文化隔閡？

◉答 大陸與台灣，文化隔閡並不很多。相同的語言文字是一種沉澱著千百年交融之力的粘合劑，中間雖然也有不少差異，例如不同的方言，習慣用語，簡體字、繁體字之類，卻都不會成為交融的障礙。中國大陸本是一個百川喧騰的複雜構成，大家都習慣與異態文化共處。有些研究者所說的那些技術性的「兩岸文化障礙」，大多是從台灣這方面的設想。

眞正的隔閡，產生於心態之間。

在兩岸開始交往的前十幾年時間內，總的說來，台灣民眾比較低看大陸民眾，而大陸民眾則比較高看台灣民眾。這與當時的經濟差距有關，但也有更複雜的原因。兩岸開始交往時，大陸正在全面揭露「文革」災難，負面資訊很多，而台灣正處於「解嚴」後的民主實驗之初，正面資訊不少。兩相遇合，似乎有了高低，並形成思維慣性。直到今天，大陸民眾很少批評台灣民衆，而台灣民衆對大陸民衆的批評卻比較多。這中間至少有一個數量上的不公平：大陸人口十四億，卻經常被台灣評論者看成是一種一樣的人，而大陸人卻很少這樣看台灣人。我在台灣電視上頻頻看到一些台灣遊客喜歡根據在大陸遇到的一、二件不愉快事件來概括所有「大陸人」的素質低下。我很怕大陸遊客在台灣看到這樣的談話節目。

「三鹿奶粉」出問題的時期，我正好在台灣。那種奶粉流入台灣的數量並不多，但我看電視，不少人用政治對立來看待這件事，而且口氣越來越激烈。到後來，幾乎變成了大陸民衆與政府一起聯手製造的一個大陰謀，要用三鹿奶粉來毒害台灣的孩子。製造這樣的一個大陰謀必須要開一個祕密的大會，聽有些評論家的口氣，好像十四億人都參加了，不知道這麼大的會場設在哪裡？

就在這時，我在電視裡看到一個台灣記者在上海街頭採訪一個年輕的「農民工」女孩子。聽這個女孩子的口音，大概是從甘肅、寧夏一帶來的。記者用很嚴峻的口氣問她對三鹿奶粉事件的看法，她輕聲回答道：「我們國家那麼大，人口那麼多，每天都會發生大量的好事，又會發生大量的壞事，相信都消化得了。」我希望台灣朋友不要把這個女孩子的回答看成是「縱容邪惡」、「麻木不仁」。

在文化生態上，我發現不少台灣評論者有以下一些經常隨口吐出的「共識」，會與大陸民衆的看法有較大的差距——

第一種說法，在台灣經常可以聽到：「大陸現在在經歷的事情，都是我們台灣在二十年前經歷過的」。其實，大陸遇到的一切大事情，對內，都與極其龐大的體量有關，都與黃河流域、長江流域、珠江流域、草原文明、高原文明的差異有關；對外，都與周邊接壤的國際環境和大國政治有關。無論對內對外，都與二十年前的台灣並不相同。

第二種普遍的說法：「在古典國文和現代國文的教學上，台灣都遠遠超過大陸」。這個判斷也有一點粗糙。例如我在讀中學時，上海市教育局要求「每個學生的肚子裡都要爛掉五十篇古文」。所謂「爛掉」就是能夠本能地隨口運用。至於現代中文的寫作水準，似乎也不太差。

第三種普遍的說法：「大陸有市場，台灣有創意。大陸有工人，台灣有設計。」這讓人聯想到古人對「勞心者」和「勞力者」的區分，好像一條海峽區分了兩者。但情況似乎也不完全是這樣。例如大陸從航天技術到高速鐵路，從奧運會到世博會的總體設計，都是自己做的，國際上的評價也還算不錯。

我指出這些認知差距，沒有任何政治企圖，只想告訴台大學生，在文化生態上，世界上任何一個龐大的人群都不應該被鄙視。上海世博會開幕時，台灣的電視報導，主要集中在少數大陸參觀者「插隊」、「跨越欄杆」、「席地而坐」上。好像世博會亂成了「一鍋粥」，辦不下去了。其實開始階段的這些參觀者，主要來自經濟不發達的地區，其中很多人沒有來過上海這樣的大城市，不熟悉城市行為規則。而且，這樣的狀況又與世博會剛剛開館還缺少管理經驗有關。事實證明，幾天之後，一切都好了。我如果有幸遇到這些不熟悉城市規則的外地農民，一定會滿懷欣喜地詢問他們來自何處，走了多少路，換了多少車，然後再問他們需要什麼幫助。我覺得，這批首次來到大城市而張惶失措的人，正好演繹了這次世博會的主題：「城市，讓生活更美好」。

◉問

台灣民眾現在接觸到一批批越來越多的大陸遊客，倒是沒有什麼特別的負面印象。原來的負面印象，大多是從香港、美國的一些華文雜誌、書籍上看來的，那兒有一些尖銳的批判人士經常發表有關大陸的文章，在海外影響不小。據說這些雜誌、書籍不能在大陸發行，如果允許發行，一定會有一些不同意見的文章出來與他們辯論，情形會不會要好得多？

◉答

我主張在大陸實現越來越充分的政治民主、言論自由。為此，我和我的朋友們已經艱苦奮鬥了幾十年。至於您所說的那些批判人士，我都知道一些大概，其中魚龍混雜，良莠並存。我認為，政治評論怎麼尖銳都可以，但不能蓄意造謠，刻意編織。現在，那些雜誌和書籍中所編織的謠言實在太多了，如果在大陸發行，一定會被起訴。只有現在這樣，受害者不知道自己已經受害，知道了也沒有那麼多錢在香港和美國打官司，它們才得以成立。

謠言和詆毀，對於推動大陸的民主毫無好處。請想一想，現在大陸民眾通過「自由行」的管道到香港購物、旅遊極為方便，每天進出的浩浩蕩蕩的人群都會在大大小小的書攤中看到那些雜誌和書籍，但是，大陸遊客往往因標題而買下，但在街邊翻幾下就不想看了，因為一看就知道與事實相去甚遠。更麻煩的是，這些雜誌和書籍常常打著「民主」的旗號，結果反而使大陸民眾對民主產生嚴重的誤會。

我本來對香港抱有極大希望，期待它能在政治體制改革、中西文化交融上對大陸產生強大的推動作用。但是，這些年我在香港長時間居住，靜靜地看了那麼多雜誌、書籍，看了那麼多徹底政治化了的「文化話語」，看了那麼多謠言、毀謗的彙聚，只能為香港一歎。

我不能不指出，這些雜誌和書籍的編者和作者，有一部分與台灣有關。他們的共同特點是以「救贖者」的身分對大陸民眾指手劃腳，其實對大陸很不了解。我敢斷言，就連絕大多數在大陸生活多年的台商都不會贊成他們。前些日子高希均教授邀我到台灣參加全球經濟峰會，遇到一位由台灣出去的政治評論家，我以前曾在那些雜誌和書籍上讀到過他的文章。這次見面不久，我就與他發生了激烈的辯論。他堅持認為，四川汶川地震的災區到現在還「哀鴻遍野，民不聊生」。但聽下來，他並沒有去過。而我，則一次次進入災區，還在那裡捐建了三個圖書館，深知災區並沒有出現「哀鴻遍野，民不聊生」的事情。他認為這是政治之爭，我認為這是真假之辯。他認為他是在揭露中國政府，因此很勇敢；我認為他否定兩年來的災區重建，其實也是在貶損作為重建主力的災區民衆，以及來自全國各地的志願者和援建隊，這恰恰並不「民主」。

中國大陸也有一些「文化人」和「傳媒人」特別喜歡追捧這些外來的「救贖者」，把他們看成是「道義良心」。對此，我很贊成一位中國老作家幾年前說過的一段話。他說：「很難相信這些沒有在中國的土地上吃過一點苦，沒有為中國百姓做過一件事的外籍華人，轉眼就對中國問題擁有了居高臨下的發言權，而我們這些在血淚中思考了幾十年、在危難中摸索了幾十年的知識分子，卻成了他們指手劃腳的對象！」

◉問 我很想比較眞實、全面地了解大陸的文化生態，看什麼書好？能推薦幾本嗎？

◉答 先不要看書，儘量到大陸多看看社會眞相，最好生活一陣。這樣，才能免受文字的欺騙。現在你們去中國大陸非常方便，如果去的時間比較匆忙，不妨請教在那裡生活了很長時間的台灣朋友。這樣的台灣朋友，在大陸早已是一個龐大的群體。

◉問 余教授，您認為近年來中國大陸在精神文化建設上有哪幾個方面的推進，又有哪幾個方面的偏失？

◉答 在精神文化上有三方面的推進：一，以全民性的救災為契機，普及了「生命第一」的人本文化；二，以三十年的經濟建設為基礎，奠定了以改善民眾物質生活為目標的民生文化；三，以改革開放和社會和諧為前提，適應了「和而不同」的多元文化。

在精神文化上還有四方面的偏失有待彌補：一，有待於以更多的仁愛文化替代謀術文化；二，有待於以更多的憂患文化替代媚俗文化；三，有待於以更多的創新文化取代復古文化；四，有待於以更多的理性文化取代民粹文化。

◉問

如您所言，文化的喚醒，確實是一項意義重大的工程。然而，喚醒之後呢？我們該藉著這些蘇醒的文化精魄來做些什麼？我們能憑著這些重大的文化神采做些什麼？

◉答

文化的喚醒，是一種痛苦。因而歷來很多人即使醒了也裝作半睡半醒、半醉半醒。中國的魏晉名士就處於這種狀態，他們的文化意識第一次被集體喚醒，卻又被這種喚醒嚇著了。種種驚世駭俗的怪異，都由此而生。羅丹的雕塑《青銅時代》也反映了一種乍被喚醒的重要時刻，那個幾乎還在伸懶腰、打呵欠的裸體男子醒了，但還沒有睜開眼。片刻之後，他就會睜開眼，眼前的一切都會讓他大吃一驚。他，會不會重新閉上？從歷史上說，人類的青銅時代正是人類被自然喚醒的時代，那幾乎是早期第一次被喚醒。由這個雕塑的題目，我把羅丹看成是一個雕像哲學家。

為什麼文化的被喚醒反而會引來痛苦？因為這牽涉到一種決定人之為人的價值系統。這種價值系統一旦出現，一定與周邊格格不入，也一定與尚未蘇醒時的自己就格格不入，但它又是那樣地攝魂奪魄。因此，許多在文化上蘇醒的個人，常常選擇自殺，從中國的屈原到西方的很多哲學家，都是如此。相比之下，人的經濟意識或政治意識的被喚醒，帶來的是興奮，既有追求成功的興奮，又有面對敵人的興奮。但是文化並沒有成敗座標，又沒有敵我座標，因此沒有這種興奮。世上很多看上去「很興奮」的文化，多數已把文化政治化，或經濟化了。直到今天，海峽兩岸的不少熱鬧文化，其實都只不過是政治和經濟的延伸。文化的本體，卻失落了。這也可以說，很多人都在努力讓文化不要蘇醒，只讓文化沉睡在政治的懷抱裡，或經濟的懷抱裡。

文化的蘇醒，既不興奮，也不熱鬧，因此會使不少人「掃興」。「眾人皆醉，唯我獨醒」，這種狀態使眾人尷尬，因此眾人也不願意接受這種醒，不管是別人的醒，還是自己的醒。

文化的蘇醒，其價值是擺脫文明意義上的大量欺瞞和誘騙，使人成為一個自覺的人。因此，蘇醒比做事更重要。您不要急著問我醒了怎麼辦，而應該努力維護住這個「醒」字，醒的狀態，醒的感覺，醒的意義。這就像在佛教中，特別重視「悟」，而並不過於急迫地設計「悟」後做什麼。

◉問 對於那些矗立於軸心時代的思想高峰，我們需要登山、越山、移山、炸山，還是只需要在山中流連，在山中往返，在山中「行到水窮」，在山中「坐看雲起」？這兩種態度，是否有價值高低之分呢？

◉答

移山，只是一種比喻，其實是做不到的，做起來也太笨；炸山，必是一場災難，任何高山都沒有理由被毀滅。登山是可以的，但不要產生錯覺，以為高山眞能被人們踏到腳下。對於人類的思想高峰，我的態度是拜山、祭山、樂山、品山，然後出山。為什麼要出山？因為山外有山，山外有天，茫茫大地間還有新的世界，新的路途。

◉問

您在北大的講課中提到：「這就是天下很多第一流著作者的共通心態。他們明知任何表述都是一種錯位卻又不得不略加表述，為了引導別人卻犧牲了自己。」不過，我倒認為，在說與不說之間，在光與影之間，在寧靜與聲響之間，所形成的曲折、吞吐，卻走還留的舞動，飄逸縱橫的身姿，其實已形成了一種藝術的存在——價值就在其中；因此，以「犧牲」名之，或許太過悲觀。您認為呢？

◉答

即使犧牲得很美，那也是犧牲。何況，多數犧牲是不美的，像您所說的這種吞吐進退間的姿韻，只是罕例。但是我還是要讚賞您，居然那麼敏感地發現了美的存身之地、立身之態。美與哲理不同，當哲理能夠完整、明晰地表述時，美是很難存在的；只有當完整受損、明晰蒙陰，美就出現了。

在哲理和美的高層領域，最好不要勸我放棄悲觀。悲觀是高尚和慈悲的衍生物，我們不應用淺薄的樂觀來掩蓋它。

◉問

您在北大的講課中說：「所謂知天命，就是知道了天讓他來做什麼，他自己一生能夠做什麼。一個人要明白自己的人生使命是很難的，因為這裡交錯著『應該做什麼』和『能夠做什麼』這兩種互相制約的命題。」就我個人經驗而言，除了「應該」、「能夠」之外，「好惡」或許也要納入天命的考慮當中——這是因為，個人認為當某一個人格開始塑造的時候，對於「應該」所代表的道德問題，以及「能夠」所指涉的材質問題，或許不會產生直接的理解與認識；反過來說，從「好惡」所反映出的根源與表現，可能才是最直屬於人的核心層次。因此，對於「天命」的內涵是否可能納入對「好惡」的考量，希望能得到余先生的看法。

◉答

「應該」裡已經包括「好惡」的判斷。

每一個邏輯命題只能在自己的範疇裡運行，一旦越界會使思維糾結雜亂。孔子在論述不同的年齡時段的不同任務時，並沒有專述道德背景，道德背景只是一切年齡時段的總前提。如果每一時段都要申述這個總前提，那就「同義反復」了。「而立」中有好惡，「不惑」中有好惡，「從心所欲不逾矩」中也有好惡，這當然沒錯，但這樣一來，就變成了一個喋喋不休的道德教師，在一些不必要的場合饒舌。

◉問　要請教余先生的問題就是，我認為政治和道德，終究是人生路中兩道各有特色的風景，應分別對待。換言之，如何能夠由道德的好、個人的好、家庭的好，必然地推展出社會的好、國家的好、天下的好，是我極力想從余先生口中得到的答案。

◉答　很抱歉，這個問題聽起來有點亂。您好像把政治和道德分開了，在我看來，政治應該有道德基礎，即「良政」和「惡政」有別。如果政治只講輸贏，不講善惡，就有可能離道德漸行漸遠，變成熱熱鬧鬧的「非德之政」。

但是，對於很少參與政治活動的一般民眾而言，自己能夠把握的，是個人和家庭的道德等級。對於社會、國家、天下，常常無能為力。那就認眞打理自己吧，好在個人和家庭的道德等級也有外向的一面，對社會有發散功能。一個社會，如果好的個人和家庭越來越多，它的整體品質也會提高，能夠對政治起到積極的制約作用和引導作用。我就怕，一個社會中參加政治的人越來越多，而講究道德的人越來越少。

北大學生

王安安

很榮幸地出生於一九八二年十二月二十八日（係約定俗成之電影誕辰）。幼年起學習樂器演奏及聲樂，後轉而從事文字工作，有《後校園時代》《曇花之內，時間之外》兩本個人文集；二〇〇四年開始投身電影、電視劇劇本創作及策畫、拍攝工作；二〇〇六年畢業於北京大學藝術學院影視編導專業，二〇〇九年獲電影學碩士學位；同時作為一名歌手、編劇及電影、藝術、文化活動組織者，正在以各種途徑為療救人類心靈的文化事業貢獻力量。

王牧笛

他是一名犀利的辯手，創辦北京大學辯論協會，喜歡「胡思亂想」；他是一位校園演講家，摘得北大演講冠軍，擅長「胡說八道」；他讀書、寫作、演講、辯論、乒乓、圍棋樣樣通吃，可謂「胡吃海喝」；他六年求學於國際關係，卻一朝出軌、投身傳媒，實在「胡作非為」！二〇〇七年，也就是與秋雨老師相識、相知的這一年，「四胡先生」完成了從學生到傳媒人的角色變遷。如今的他任職於廣東電視台，繼續著「胡思亂想」「胡說八道」的未竟事業。

何琳

愛讀書、愛音樂、愛提問、愛逛街。曾經作為北大愛心社副社長，經歷過一段青春在左愛在右的菁菁歲月；曾經作為校園主持人活躍在北京大學的舞台上；曾經作為北京大學電視台記者團團長和諸多政要、學者親密接觸。帶著對世界各國歷史文化的好奇心，帶著對中國文化獨有的自豪感，把促進中國與世界的軟實力交流當成終身追求的職業目標，現在是中國駐美使館最年輕的女外交官。

歐陽霄

一九八五年九月生，四川綿陽人，北京大學藝術學院廣播與影視編導專業本科，修哲學雙學士學位，現已保送清華大學人文社科學院攻讀研究生。自幼熱愛中國傳統文化，寄情於古典詩詞、音樂、繪畫。淺識平仄，拙於裁句，久溺鳳簫之曲，初習絲桐之音，略知繪畫，閒事丹青，道境雖難成，足以自娛。又好遐思，俯仰之間，取諸身物，樂而忘言，得人生真味些許。

周雙雙

一九八四年十一月三日生於北京。童年生長在海軍大院，本科就讀於北京大學元培計畫實驗班，哲學方向。二〇〇七年七月拿到本科學士學位。同年九月保送研究生，繼續在北京大學攻讀中國哲學碩士。本科擔任元培計畫實驗班宣傳副部長，協同部員們一起創辦了《元培時訊》，被評為校團委優秀刊物，本人也獲得了優秀編輯嘉獎。研究生階段擔任校研究生會女生部部長一職，為女研究生創造生活便利。性格開朗，愛好文學、音樂、寫作。

薩琳娜

北京大學藝術學院電影學專業研究生。有一半的蒙古族血統，可惜已經漢化了。但血液中仍然藏著野性，仍然天生善舞，（本科期間喜愛跳拉丁舞）仍然在夢中看到自己高貴的祖先。小時候在東北長大，後來搬到呼和浩特。自幼喜歡看書，喜歡寫東西，詩歌、散文、小說都寫過些。性情安靜柔和，害怕別人大聲說話，自己說話當然也很輕聲。十六歲信主，成為基督徒，生命不再一樣。由一個鬱鬱寡歡的小姑娘漸漸成為他人的安慰、勸勉和祝福。

諸叢瑜

一九八四年九月生於「天府之國」四川成都。二〇〇三年考入北京大學藝術學院影視編導專業，本科曾擔任院學生會副主席、北京大學電視台學生記者團團長；後保送北大新聞與傳播學院攻讀傳播學碩士，是「全面發展，普遍平庸」的典型。多次參與校內外影視劇創作拍攝，央視、鳳凰衛視和雲南衛視等節目錄製並擔任主持人，曾獲CCTV3《挑戰主持人》優秀選手和二〇〇六北京大學主持人大賽季軍；十年競技游泳訓練，曾獲全國第七屆冬泳錦標賽一百公尺仰泳銀牌；手風琴九級；相信溫暖和堅持的力量，在感性中游走，善良人的鼓勵中成長。所著《鳳凰衛視新老主持人「造星」策略對比研究》被評為北京大學優秀本科畢業論文。

呂帆

一九八五年生於西安一個電視人家庭，十八歲一路高歌來到偉大首都，進入北大藝術學院影視編導專業學習，輔修哲學雙學位。期間擔任北大電視台記者團團長、戲劇社社長，摘得北大主持人大賽冠軍，也做起了自己的電視欄目，越來越與影視沾親帶故。二〇〇七年終被保送北大新聞與傳播學院隨著名電視人阿憶老師攻讀研究生。用俺一室友的話說：「你電視人，你全家都電視人！」此言不差矣。本人矛盾體。官運亨佳，最怕開會；拋頭露臉，實非所願；站上舞台人來瘋，下了台誰都比我瘋；可於聚會時大放厥詞指點江山，亦喜在獨處時沏茶品茗讀兩本聖賢之作，屬典型兩面派。所幸人後來不壞，有點可愛，本性溫和，不咬人。

金子

一九八三年三月出生於美麗的冰城哈爾濱。童年與電視結緣，曾是黑龍江省電視台一位小有名氣的少兒節目主持人；主演電視短片《美麗的八音盒》獲東北三省電視劇「金虎獎」。被載入由文化部出版的《飛吧，太陽鳥》一書，列入中國文藝十小童星之中；二〇〇二年與北大結緣，考入北京大學藝術院影視編導專業。曾擔任北京大學電視台記者團團長。四年後得到北大校長許智宏推薦，保送北大藝術學院繼續攻讀碩士研究生。

費晟

誰說生於人間天堂的浙江杭州，就不能長成地獄來客？自幼好說愛動，從杭州劇院到浙江電視台少兒欄目，都曾留下自己的身影。無意中目睹西部窮鄉僻壤的芸芸衆生，頓時覺得追求被萬衆矚目原來只是窗邊擊鼓，只有鑽研學問才能成為「天下公器」。於是修身齊家，接受先賢的洗腦，陶醉於墨跡的香氣。現在已是北京大學歷史學系的研究生，若干校際學術沙龍的組織者。二〇〇七年結緣「秋雨時分」節目，感受頗多。

叢治辰

山東威海人。二〇〇二年獲首屆華人少年寫作徵文大賽金獎，同年考入北京大學中國語言文學系學習，二〇〇六年保送攻讀當代文學碩士。在校期間擔任北京大學「我們」文學社社長，參與和組織了大量文學活動，主持編輯北大中文系系刊《啓明星》、「我們」文學社社刊《我們》、北京大學研究生會刊物《縱橫》等。曾擔任《小說選刊》外聘編輯。發表小說、詩歌、散文、評論若干。嗜愛饕餮，以成臉上橫肉三兩條；好讀雜書，聊存胸中點墨四五滴。落拓難以拘小節，詼諧或偶有妙語——不過細細考察起來，內心裡倒還算是個嚴肅的好人。

台大學生

朱天

一九八三年一月生於台灣高雄，現於台北半工半讀，努力實踐夢想當中：

在夢裡，我的左邊翅膀充滿了音符編織的羽毛，揮舞在充滿詩詞吟唱、朗誦與合唱的空氣中；而右半邊則是以筆桿為翼，不時擺動出暗合詩風與文韻的軌跡；雙腳緊踏，深根於教育的現實場域；雙眼凝望，入神於學術的未來天空。

甘炤文

筆名無邪，布農族族名勒虎，一九八五年降臨於世。最好和最壞的時代他都沒能趕上，漫遊於這個已然無新鮮事、宛若廢墟般的星球，他憑藉著與生俱來的直覺，發動想像祕力，堅持依循自己的方式經色身的劫，歷濁世的險。日復日，年復年，太陽底下，他仍舊生活、旅行、彈奏、觀影、聽歌、閱讀、思索。以及寫。

楊富閔

一九八七年生於台南市忠義路，在台南縣大內鄉的芒果、柳丁園中野長成人，念過天主教辦的黎明中學六年，再讀有基督教精神的東海大學中文系四年，最愛的卻是媽祖林默娘。熱愛民俗活動，喜歡觀察「人」在各種儀式間的細微變化，在鑼鼓聲中體會「人」、體會「美」，從而體會「文學」。現就讀國立台灣大學台灣文學研究所碩士班。從大三開始發表散文、小說，作品迭獲各種文學獎，在台灣新銳作家當中風格相當強烈。

第二部分
課程

第一課

童年的歌聲

◉余秋雨

每當我在世界各地一個個偉大的廢墟間看到文明殞滅的證據時，總是感到非常震撼。只要看到一次就能震撼一次，看到十次就能震撼十次，震撼的力度一點兒也不會減弱。看得多了，也就慢慢形成一個結論，那就是：每一種文明都有可能突然面臨滅亡，而這種滅亡是正常的，不滅亡才是偶然的。

滅亡有多種等級。土地的失去、廟宇的毀壞，還不是最高等級的滅亡。最高等級的滅亡是記憶的消失，而記憶消失的最直接原因，是文字的滅亡。

可以設想一下，當侵略者進入一個國家，廢除了這個國家的文字，類似祭司這樣能夠讀懂文字的人很快也被遣散，隨著他們的老去，關於這個民族的歷史記載就再也沒人能讀懂。於是，他們不知道自己從哪裡來，也不知道自己是誰。一種文明，就此失去了「身分證」，成了一種不知道自己父母親和子女在哪裡的文明，這個人群的文化記憶也就從此消失了。

世界上如此多的古文明都滅亡了。有的遺跡還在，傳承沒有了，有的連遺跡也不多了，只剩下傳說；有的連傳說也沒有了，失去了最終的記憶。這種情景既讓人感到蒼涼，又讓人產生達觀。天下匆匆，能留在歷史上的事情是不多的，而且它們也未必是最重要的。因此，就產生了佛家和老莊對於歷史的不在乎，甚至對於記憶的不在乎。

中華文明是特例中的特例。人類最早的四大古文明中只有它沒有中斷，不僅遺跡處處，而且傳承顯豁，甚至構成了一個龐大的記憶系統，連很多瑣碎的細節也在被後代長時間折騰。

大家知道，太瑣碎的記憶，很容易導致記憶的失去。而且，我們的很多很多記憶往往是宮廷化、征戰化的，與我們最看重的文化記憶有很大距離。因此，我們這次為時一年的討論型課程，一開頭就要設立一個問題：作為一個中國人，我們對於自己的文化記憶，最好從哪裡開始呢？

我認為應該從先秦的諸子百家開始。整個中華文化正是在諸子百家的背景下得以展開的，而且，諸子百家的記憶比神話傳說要眞實可信；也有人認為中國的文化記憶應該起源於秦漢，因為中國眞正延續到現在的一種文化體系，不論是正統還是道統都是以秦漢作為基本的規制。

萬小龍 我覺得應該從新石器時代開始。最初的文化記憶大多來自於物質，來自於生產生活，無論是半坡還是河姆渡，物質文明提供了記憶的可能，否則記憶怎麼可能流傳？

王安安 我倒覺得，「文化」記憶並不一定要以物質為依據。早在那之前，我們的遠古時代就流傳著許許多多美麗的神話傳說，夸父逐日、精衛填海、女媧補天……它們才應該是文化記憶的開端。

余秋雨 文化問題往往沒有簡單的是非。作為中華文明的子民有這樣一種奢侈感：從不同的記憶起點出發，都會延續到我們腳下。能夠講這句話的民族，在當今世界已經不多了。

把神話作為記憶的起點，我贊成王安安同學的這個想法。其實，神話在某種意義上就是為後世記憶而產生的。如果給「神話」這個詞更多的詩化定位，那麼，那些主幹性的神話故事就是西方的文化人類學家所說的「原型」，它們作為「集體無意識」的審美形態，已經成為我們記憶的基礎，已經融入我們的血液、滲入我們的文化ＤＮＡ。

但是，這是現代文化人類學和藝術哲學才能闡釋的高度。我們國家的神話研究大多還沒有抵達這個境界，什麼時候，我們可以專門談論一下這個問題。話說回來，對於我國多數傳統型學者來說，神話只是一種浪漫的傳說，缺少歷史說服力。因此，大家都期待著切實的證據。他們希望，中華民族的記憶應該依憑著實實在在的生態資料和精神資料。剛才萬小龍所說的新石器時代，是指生態資料；而王牧笛所說的諸子百家，是指精神資料。

那麼我們也只能把安安設定的神話起點暫時擱置一下了，來看看多數文化學者心目中的文化記憶。

但是，文化記憶的獲得，並不像萬小龍和王牧笛設想的那麼按部就班。它往往由一種發現激活全盤，就像在歐洲，維納斯、拉奧孔雕像的發現，龐貝古城的出土，激活了人們的遙遠記憶。記憶不是一個嚴整的課本，而是一個地下室的豁口。記憶不是一種悠悠緬懷，而是一種突然刺激。

我想在這裡講一段往事，說明一種文化記憶的被喚醒是何等驚心動魄的事情。

中華文明也曾經面臨過差一點滅亡的時刻，最嚴重的一次距離現在並不遙遠——十九世紀晚期。也許有很多學者聽到這種說法會不同意，心想：當時還有那麼多懂文言文的人，還有那麼多熱血的知識分子，中華文明怎麼可能滅亡？但多少熱血也沒用，多少古文化也沒用，當裝水的盤子被敲碎了，水就會慢慢地漏光。當時的政局、當時的國土、當時的民心就像盤子一樣出現了很大的裂縫，盤子裡的文明之水眼看一點點地漏光。中國在與西方交手的過程中居然渾身散架，這幾乎使每一個國民都大吃一驚。我們怎麼會敗得這麼徹底，這麼狼狽？一次次炮火、一次次流血、一次次驚人的結局、一次次屈辱的條約，中國似乎變得處處不如人。雖然中間也有很多英雄故事，但無法挽救整體上的江河日下。一開始是撕肝裂膽的痛苦，後來很快因為不斷的失望而到了麻木的程度。

一九〇〇年，八國聯軍要攻進北京了。朝廷完全沒有辦法，這個國家只能靠鄉間的巫術和蠻力來與西方文明周旋。而這些巫術與蠻力並不能代表中華文明的真正力量，所以在寒冷、骯髒、混亂的北京、天津等地的街道胡同裡，發生了一場場我們現在難以想像的追逐、打鬥與圍攻。由於民族感情的原因，對於這場混亂的評價，到現在還存有分歧，但是這場混亂的後果卻可以想像：民族將不可收拾，文化將支離破碎。當時世界上很多人都得出了結論：中國沒救了，中華文化沒救了，它很可能像過去已經消亡的那些文化一樣，夾帶著高貴的怨氣飄蕩在雲中，再也沒有未來。

十九世紀末，在中華文明快要滅亡的時候，突然出現一個信號，一八九九年的秋天，在北京有一個人，他發現了甲骨文。這次發現，重新喚起了中國人關於自己民族的文化記憶。

這個人叫王懿榮，山東福山人，時任國子監祭酒，是當時國家最高學府的掌門人。他生病了，於是家人到北京菜市口的一個藥店裡買藥，在送來的藥包裡，他發現了一種叫做「龍骨」的藥料上面有字。所謂「龍骨」，其實也就是古代的烏龜殼和動物的骨頭。王懿榮是一位研究中國古代鐘鼎文的金石學家，對這些文字非常敏感，於是他把北京中藥店裡的這種甲骨都蒐集了起來，有一千多塊。他覺得這應該是非常遙遠的古人占卜用的一種記錄，這裡有祖先的聲音。

遙遠的古人在行事之前，往往要卜問冥冥上天。卜問的方法是在烏龜殼或者動物的骨頭上打洞，背面用火烤，然後根據裂紋的形狀看事情的凶吉。在用火烤之前，已經有字刻在這些動物的甲骨上面，記錄的內容大多類似於能不能和哪一個部落打仗、什麼時候發兵為好等這樣的問題。古人幾乎天天占卜，大事小事都卜。這樣通過甲骨的卜文，我們可以了解當時社會的許多情況，於是，這種甲骨就成為了打開遙遠記憶的一扇最眞實的門戶。

王懿榮發現了這扇門戶後還沒有來得及研究，他的命運就發生了巨大的轉折。王懿榮當時還擔任著另一個很緊迫的職位，叫做京師團練大臣。朝廷派他和義和團聯繫，同時處理關於防衛北京和抵抗八國聯軍的事務。中國歷史上每一次面臨國破家亡的時候，那些防衛性的最後職務，往往會交給一個文官。

這與中國的科舉制度有關，與傳統中國文化人的氣節有關。此時的王懿榮被迫要用大量的精力去處理當時已經瀕臨淪陷的北京城的防務，並處理朝廷和義和團的關係。而那一千多塊甲骨就只能安安靜靜地躺在他家的書房裡，他沒辦法去梳理這個記憶，只能擱在那裡。

一九〇〇年八月十五日，也就是農曆七月二十一日早晨，他得到消息，慈禧太后、光緒皇帝已經逃離了北京。作為一個負責防衛事務的長官，他不願意成為八國聯軍的俘虜，成為象徵一個文明古國首都淪陷的道具，於是他選擇了許多中國知識分子都會選擇的道路——自殺殉國。

他先是呑金，但這個山東大漢居然沒死。然後他又服毒，但是他依然沒有死去。於是他選擇了最後一個方法——投井，他的妻子和兒媳婦也跟著他一起投井了。

我相信他去世前肯定有很多不捨，最放不下的也許就是他書房裡邊的那一堆甲骨。他剛剛聽到了祖先有關這個民族凶吉占卜的啓示，還沒有完全聽懂，就沒有時間了，決絕地走向了死亡。

從宏觀的角度來看，甲骨文的突然發現，在這風雨飄搖、血跡斑斑的時刻，似乎有一個神祕的聲音在啓示這塊土地：你們不該這樣滅亡，你們應該去聽一聽童年的聲音！此時的情景，中華民族就像一個遍體鱗傷的武士，在奄奄一息的時候，突然聽到了自己童年的歌聲。他會精神一振，想起有關自己生命的本原問題，重新思考自己生命的價值。他一定會撐著長矛慢慢地站起來，這就是我們民族當時的形象。而那童年的歌聲，就來自甲骨文。

世界上所有其他古文明滅亡的時候都沒有聽到這個聲音，而當後世的考古學家發現他們遠古的聲音時，這種文明早已不存在了。也就是說，當童年的歌聲傳來時，武士們已斷氣多時。一八三九年瑪雅文明被發現時，它已經滅亡幾百年了；一八七一年特洛伊古城被發現時，特洛伊文明早已消失了三千多年；一八九九年古代巴比倫文明被發現時，古代巴比倫文明也已經滅絕了三千多年，這個時間和甲骨文被發現是同一年。甲骨文連接的中華文明沒有中斷，但是古巴比倫文明已經滅亡很久了。一九〇〇年，也就是王懿榮自殺的那一年，古希臘的克里特文明被發現，而這個文明在三千六百多年前就沒能繼續；再晚一點的一九〇二年，當古埃及文明重新出現在考古學家面前時，這個文明也消失幾千年了。

幸運的是，當中華民族童年的歌聲傳來的時候，這個文明還存在。

上天似乎擔心我們聽不懂甲骨文的聲音，就在王懿榮自殺前不久，敦煌的藏經洞又被發現了。接二連三地讓我們聽到自己童年的聲音、青年的聲音，告訴我們這種文明命不該絕。正是這種歌聲，重起喚起我們對文明最初的記憶。

◉王安安

剛才聽到秋雨老師講王懿榮的故事，我感到更多的是一種遺憾。王懿榮面對文化遺產和政治困局的時候，他選擇了政治的責任，而沒有選擇文化的使命。我想到了一個小故事，數學家阿基米德在臨死前，當古羅馬士兵把刀架在他的脖子上時，他只平靜地說了一句：「請讓我演算完最後一道題再殺死我。」如果是王懿榮，他會做出這種選擇嗎？

中國歷史上有很多文人確實太政治化，但是對於王懿榮這樣的情況，我不贊成安安的意見。如果身處其間，我的選擇一定會和王懿榮差不多。作為父母之邦的首都已經淪陷了，自己又擔任著這座城市的防衛大臣，其間已經很難把文化單獨析濾出來。因此，王懿榮的選擇無法像阿基米德那麼瀟灑。如果王懿榮帶著甲骨文遠走高飛了，可能他會做出很好的研究成果，但我們就會對他的整體人格有另外一種看法，而人格也是文化。如果說得開脫一點，王懿榮之死也可以看成是一個文化儀式。學術很重要，但是一種關係民族榮辱存亡的學術一定要在某種整體氣氛當中才能顯現出它真正的價值。王懿榮在國破家亡的關鍵時刻，用生命投入了卜問，只是這次的卜問，他像一片甲骨一樣折斷了。

局勢暫時平靜下來以後，慈禧太后和光緒皇帝回來了。人們都忙著處理和列強的關係，忙著給朝廷找台階下。王懿榮之死對於朝廷而言似乎很沒面子，八國聯軍也不會說什麼，老百姓更不了解內情，以為他只是朝廷的一個殉職官員而已，所以他很快就被埋沒了。大家都忘記了他，但是我們要記住他，不僅僅是記住這個人，更要記住那個極其關鍵的時刻，有一個結束中國學者生命的井台，以及井台附近窗子裡邊的那堆甲骨，就證明這個民族、這種文化，還沒有滅亡。

第二課

文明的咒語

◉余秋雨

王懿榮去世了，當時的北京上上下下一片混亂，沒有人來思考他留下的甲骨該怎麼樣處理。王懿榮的兒子叫王崇煥，他必須把這個家撐下去。王懿榮為官清廉，家裡本來積蓄不多，在買甲骨的過程中又把值錢的東西典當掉了，他留給兒子真正的財富就是剩下的那一千多塊甲骨。王崇煥本身不是甲骨研究者，他想把甲骨出讓給真正懂得它們的人，同時換取一定的生活經費。

第一人選是劉鶚，也就是《老殘遊記》的作者。劉鶚是王懿榮的朋友，對王懿榮的死深感悲痛，他本來就想幫助王懿榮的家庭，正好有了這麼個機會，他出一個好價錢將甲骨買過來。劉鶚是個文學家，但實際上他是一個多方位的學者，對甲骨文也有深入的研究。他在接過王懿榮留下的大多數甲骨以後，自己又從別的地方收購甲骨。最後在一九〇三年，就是他的《老殘遊記》開始在報刊連載的那一年，他出版了一本書——《鐵雲藏龜》。這本書是把王懿榮家的甲骨、他自己蒐集的其他甲骨拼在一起出版。按照中國過去的習慣，甲骨很可能變成宮廷收藏家庭私藏，但是劉鶚這麼一來，全社會研究者可以共享了，這個貢獻很大。而且，他經過研究已經做出判斷，這是殷人的刀筆。這個判斷儘管比較簡單，但是非常重要，他把人們的目光準確地拉到了那個重要的時代。

但是沒有想到，就在五年以後，劉鶚還來不及做出更多的研究，他就被問罪了。問罪的罪名有兩個，我認為第一個是把好事說成壞事，第二個是把沒事說成有事。結果他被流放新疆，一九〇九年，因腦溢血在新疆去世。不到十年，對甲骨文的發現做出重大貢獻的第一功臣和第二功臣都死了。

很奇怪，在金字塔發現的過程當中，考古學家也是接二連三地死去。據說古埃及的金字塔裡有一個法老的咒語：「如果誰干擾了法老的安寧，死亡必將降臨到他的身上。」從一九二二年到一九二九年之間，英國考古學家卡特和他的團隊前後有二十二個人都死於非命，那個神祕的咒語一直困擾著很多人。好像還有一個瑪雅文明的水晶頭骨，研究者中好多人也會離奇地死去。

對於這一批批偉大遺跡發現者的死，醫學家們作了種種解釋，卻都沒有能夠完全說服人。後來不斷有各種新的說法，比較新的說法是這些考古學家遇到了特殊的輻射。

但是，不管研究的結果如何，我們看到的事實是：當一種沉睡了很久的巨大文明要重新說話的時候，當一個早就遺失的記憶打著哈欠要重新醒來的時候，它會有一股殺氣。它好像有一種力量，會把參與者捲入到一種無名的災難當中。

科學和很多文化的區別就是這樣：文化一直保持著自己莊嚴的神祕性；科學家呢，總是努力地要說明它。但是必然有一些東西永遠也說明不了。就像埃及金字塔前那個獅身人面像，它到底在笑什麼？不知道。為什麼似笑非笑？不知道。你能解答它嗎？不知道。

那麼，甲骨文也遇到了這樣的情景。第一號、第二號人物很快死亡，而且我後面會講到，甲骨文前期研究的最高峰——王國維先生也自殺了。在甲骨文的聲音要出來之前的這個儀式性祭台上，雖然死的人似乎不是那麼多，但是分量足夠了，方式足夠了，原因也都很神祕。王懿榮的死因是清楚的，但是他內心怎麼想、他臨終前怎麼來與甲骨文的殘片告別，我們不清楚；劉鶚的死因表面上也是清楚的，但是為什麼那麼奇怪的罪名會突然落在他身上，落到他身上以後會判那麼重的罪，會流放到新疆，會得腦溢血？這也很神祕。

當文化的神祕性完全被解釋清楚的時候，文化的宏大感、朦朧感、蒼涼感就沒有了。所以我們一方面仍然要用科學思維去探索那些奧祕，另一方面還是要尊重天生的神祕性。只有在這兩種力量的均衡之中，才能完成我們的文化思考和文化體驗。

《草葉集》的作者惠特曼曾經說過，文學的魅力是把昨天、今天和明天連在一起。怎麼連在一起？不是靠已獲得的結論，而是靠永遠的懸念。別林斯基說，我們祖先把解決不了的問題交給我們，我們也解決不了，只能交給後代，這種遞交就是文學。文學最有魅力的地方就是在一些永遠找不到答案的領域裡來體驗世界的神祕、人生的壯闊，來體驗我們和祖先共同的苦惱驚慌、共同的精神連接。

劉鶚也死了，死得那麼早、那麼快，也留下了一堆甲骨。他的兒女親家叫羅振玉（劉鶚的兒子劉大紳娶了羅振玉的女兒），是一個更大的學者。在學識上，他既超過了王懿榮也超過了劉鶚，而且超過很多。他研究的範圍非常廣泛，在每一個領域裡都有自己很傑出的貢獻。羅振玉在劉鶚家裡看到了很多甲骨，他快速地做出判斷：王懿榮說這是占卜用的，劉鶚說這是殷人的刀筆，這都很重要，但更重要的問題是：它在哪裡出土的？因為只有知道在哪裡出土，我們才會從整體上準確地判定它的時間和來龍去脈，以及它和整個中國歷史的關係。所以羅振玉密切地關注著甲骨眞正的出土地。

現在說起來這很簡單，但在當時卻非常困難。因為甲骨已經被賣得很貴，很多骨董商人為了防止別人爭奪，千方百計地把出土地點當做了最重要的商業機密。回想起來，王懿榮出的價錢已經不低了，劉鶚錢多一點，收價也貴一點，羅振玉的錢更多，收價更貴，又有很多外國人開始介入，甲骨的價格就更高了。骨董商人為了要壟斷市場，編造了好幾個地方，一會兒說河南湯陰，一會兒說河南衛輝。羅振玉還派自己家裡的人去那考察過，劉大紳也去找過，但都沒有找到。羅振玉知道這有問題，但是骨董商們都定了行規，嘴都很嚴，誰都不說甲骨到底在哪裡出土。後來，他終於從一個喝醉酒的骨董商人嘴裡聽說，出土地好像是河南安陽一個叫小屯的村莊。

對羅振玉這樣的大學者來說，只要講到安陽，他馬上就會想到，那是洹水的所在地，由此又聯想到《史記》和《史記正義》裡面各種各樣的記載。羅振玉已經感覺到，甲骨的出土地如果眞是在安陽，眞是在洹水邊上，那麼那很可能就是殷商的都城所在。他意識到了問題的重要性，所以先派自己的弟弟過去。大家可以設想一下，安陽的小屯村在羅振玉弟弟眼前會出現什麼樣的情景？

◉王安安

剛才秋雨老師講到，當時甲骨已經被炒得很熱，價格非常高，中國人在收購，外國人也在收購，而這個地方又被骨董商人保密著。所以我覺得最可能的就是這個小屯村田地荒蕪，大家不做別的事情，都在自己家後院或者田地裡刨甲骨。我的眼前呈現出了一個個大坑，村民都在那挖掘著可以創收的寶貝。說不定還有的人已經在著手製作假的甲骨了。

你的設想很合理，你所說的這一切都發生了。所有的人都在挖甲骨，不種地了，由此產生了一系列衝突，例如地產所有者和甲骨挖掘者之間的矛盾，產生了械鬥。一家人互相保密的情形也發生了。骨董商人一來自然就有了集市，大家拿著自己挖掘的甲骨浩浩蕩蕩都去了，去了以後才發現，原來我的丈夫還有這一麻袋是我不知道的。最奇怪的是那些不太懂事的小孩，在大人已經刨過的地方，他再去挖，挖出一小片一小片的甲骨。甲骨不在於大小，而是在於裡面文字的多寡和重要性，因此小孩也可能賺大錢。而且正像你所說的一樣，開始出現了假甲骨。

羅振玉的弟弟一天可以收到一千多塊甲骨，他後來送到羅振玉眼前的是一萬多塊。羅振玉對此，既高興又擔憂。高興的理由很簡單，一萬多塊甲骨，真的可以好好研究了，擔憂的是現場被破壞了，一片狼藉。現場的破壞也就是一個與甲骨文有關的古代生態環境的破壞，其嚴重性可想而知。羅振玉下了決心，必須親自去看看那個現場環境。一九一五年的三月，他真的去了小屯村。我曾經講過，歷史上有一些悄悄的腳步會被人們記住。羅振玉那一天的腳步大概也是這樣。這是一個高層次中國學者第一次來到田野考察的現場，有人說，這是中國近代考古學的起點。

由於羅振玉的到達現場，甲骨文出現了一個背景性的拓展。它不再是文人書房裡一片一片分散的、片段性的存在，而是變成一個整體氣場。這個氣場，就是殷墟所在地。

中國學者很長時間不到達現場而只顧在書本中爬行的這樣一條道路，由此畫上了一條界線。遺憾的是，直到今天，絕大多數中國民眾還不明白田野考察對於人文科學的重要性，以為那是袁隆平先生他們的事。大家還是把尊敬投給那些號稱「書齋學者」，也就是憑著古書臆想著種種時空關係的人。

◉王牧笛 我很喜歡這樣一句話，「書齋裡的思考在社會上往往以反諷的方式得以實現」。羅振玉這種轉向實際上也是對只抱著經典文獻死讀書的一些書蟲的反諷。如果只在書齋裡皓首窮經，可能會少了許多「在場」的感覺，也會少了對文化的敏感。羅振玉正是憑著這種文化敏感最終成為這個領域的一代大家。

◉萬小龍 但我覺得，這種精神在中國傳統中也並不是沒有一種先知式的昭示啊。像顧炎武就說過，「讀萬卷書，行萬里路」；還有像陸游所說，「紙上得來終覺淺，絕知此事要躬行」。這實際上正是羅振玉以及他所代表的這種實地考察的新學風的歷史前奏。

◉余秋雨 我很高興你提到顧炎武。在羅振玉之前確實也有像顧炎武這樣的人，靠自己的腳去走了很多地方。顧炎武也做過書齋學者，讀過很多書，但後來，他把遠行考察放到了前面。遠行時也帶一點書，但不可能多，那就要精選了。我很喜歡他的一句詩——「常把《漢書》掛牛角」，可見他是多麼喜歡《漢書》，又知道他是趕著牛行走的。我自己後來在數萬里考察時遇到困難，總想起這句詩。

中國文明在明代之後的衰落，原因很多，其中之一是除了顧炎武這樣的特例，再也聽不到大地的聲音，再也得不到大地的活力，那它當然就會在自以為是的系統裡邊慢慢地枯萎。

在安陽，一批偉大的文獻就要出土。這批文獻一直埋在地下，連孔子都沒有讀到過，連司馬遷也沒有讀到過。孔子曾經多次設想過商代，在《詩經》裡讀到商代，但是他也不太清楚商代是怎麼回事，只能踮起腳遠遠地仰望。至於司馬遷的仰望，那就更遙遠了。而現在，商代人占卜用的具體物件就在眼前。如果不做田野考察，我們最多是過去讀書人的孑遺而已，但是一旦面對現場，情況就不一樣了。

確定安陽殷墟是商代的大都城並把它送達當代人的眼前，這是羅振玉的貢獻。

羅振玉身邊出現了一個大學者，他的學問比羅振玉還要棒，這個人叫王國維。

王國維作為中國近現代最傑出的學者，在文、史、哲諸方面都取得了劃時代的成就。他留給我們一座巍峨的文化樓閣，在幾千年的舊學的城壘上，放出了一段異樣的光輝。這位登上了甲骨文研究最高峰的大學者，和許多古老文明的研究者一樣，也沒有逃脫自殺的命運。一個王國維死了，而一個商代活了。當我們回味著中華古老文明的悠久記憶時，仍舊會對這位大學者的死良久沉思，想著想著，便想成了一部灰色的寓言。

王國維比羅振玉小十一歲，他們早年的時候就認識，互相之間有比較深的交往。王國維對羅振玉和其他人蒐集的甲骨都進行了比較系統的研究，然後做出了重要的貢獻，那就是在一九一七年發表了一篇叫做〈殷卜辭中所見先公先王考〉的論文。包括羅振玉在內的不少甲骨文研究者，大多著眼於解釋字的含義與內容，而王國維則把甲骨文當做歷史研究的資料。他在論文裡證明，司馬遷在《史記·殷本紀》裡面所寫的商代的譜系基本正確，是信史。當然，裡面也有一些錯誤，王國維給予了糾正。

大家知道，司馬遷是中國古代史學的一個開創者，他創造的中國古代歷史的表述方式，其實是對於他之前歷史的奠基性的敘述。這個奠基性的敘述在一九一七年被一個現代學者所鑒定，這個鑒定是司馬遷自己當年都很想獲得的。

王國維完成了一項真正意義上的人文研究，這篇文章也可看做中國近代新史學的起點。中國古代歷史在缺少鑒定和證明的情況下延續了那麼多年，最後終於從地下獲得了鑒定和證明。所以在二十世紀前期，儘管兵荒馬亂、生靈塗炭，中國學者卻進入了一個特別讓人感到驕傲的時代。他們用科學的方法，使我們古代的歷史更可信、更可依賴了。這是一個與當時的社會現實很矛盾的了不起的成就，似乎對中國的新生有一種預示。可是，正如我前面講到的，王國維沒有擺脫甲骨文大師共同經歷過的悲慘命運。

一九二七年六月二日的早晨，王國維像往常一樣，出門上班商討教學事宜。之後他又向同事借了點錢，雇了輛洋車往頤和園方向駛去。十一點鐘他進入園內，在石坊前坐一會兒後便漫步進入魚藻軒，從懷中取出紙菸慢慢抽起來。菸盡火滅，他突然縱身跳向昆明湖。這位聲名顯赫的大學者就這樣平靜地走向死亡。王國維到底為什麼死，永遠也說不明白。似乎能夠說明白的是他那篇短短的遺文，但是遺文好像也不能完全說得清楚。

我想從宏觀上來分析一下。當時的中國表面上看起來，出現了一個非常特別的「三相結構」：社會現實發展得越來越糟糕，古代文物發現得越來越輝煌，中國學者卻表現得越來越傑出。這「三相結構」有一種強烈的不一致。我們現在可以瀟灑地來談論它，可對王國維來說，他需要用自己的生命去支撐這個「三相結構」，這就非常難了。他對古代了解得太多太多，特別是當甲骨文發現以後，商代已經重重地壓在他身上，再加上他的其他研究成果，已經使他艱於行走了，但腳下的現實生活又是那麼混亂。大家可以設想，一個人肩上的包袱越來越沉重，而腳下的路越來越崎嶇，越來越狹窄，最後毀滅的只能是他的生命。他完全不知道自己的肩膀和自己的腳應該怎麼來處理這個問題，最後只能選擇死亡。

我始終認為，甲骨文不是導致王國維死亡的主要原因，但是一定在他肩上增過重。

如果說王國維表現出來的是一個高貴的悲劇結構，那麼他的好朋友羅振玉，卻進入了一個怪誕的悲劇結構。羅振玉肩上的分量也很重，在尖銳的矛盾當中，他簡單地選擇了不矛盾，那就是選擇「古」。所以在現實生活中他就選擇一個已經被推翻的王朝。他追求復辟，到偽滿洲國任職，成為偽滿洲國的一面文化旗幟。這等於造成了另外一種自殺。

你們看，當一個民族要把自己早期的聲音說給當代大地聽的時候，就會出現很多犧牲者。犧牲的形態可能是悲壯的，比如像王懿榮，可能是窩囊的，比如像劉鶚；可能是無奈的，比如像王國維；也可能是怪誕的，比如像羅振玉。這些中國現代學者的生命，組合成了一種祭壇前的供奉。

第三課

古老王朝的歸來

◉余秋雨　一九二八年，也就是王國維死後的第二年，情況發生了根本的變化，甲骨文大師們紛紛走上毀滅之途的時代結束了。當時國民政府成立了中央研究院，院長是蔡元培先生。中研院之下成立了一個歷史語言所，這個所的一個重要任務就是考察殷墟，像李濟、梁思永等著名的考古學家都參與到殷墟考古中來，他們帶來了國際規範，帶來了現代考古學的嚴密規則。殷墟和甲骨文的研究，就從可歌可泣的祭奠階段解放出來了。

這裡我想詢問，在你們想像當中，現代考古學在哪些方面會超過從王懿榮到王國維的以金石學為基礎的甲骨文研究？

◉王牧笛　比如說，一些技術手段和探測方式的變化會使得發掘更加便利，考古的範圍和視野不斷擴大，這是一個很重要的進步。像水下考古，這在過去是不可想像的。

◉王安安　這一階段的研究要更加規範，是建立在一個完整的學科體系上；還有就是注重國際交流，把人類在各個歷史階段的各種人類文明進行橫向比較，這是從前所沒有的。

◉王秋實　另外，我覺得現代考古界不是一個人在戰鬥，不像之前的個體行為。現在更多的是一個團隊、一個組織進行某種大規模的考古發掘，而且重視了對文物的保護。

◉余秋雨　角度不一樣，但每一點幾乎都講對了。第一，科技手段和組織力量的介入使得大規模的場地開挖成為可能，之前靠幾個學者根本完成不了這項工作，你再有錢也就是多買幾片甲骨而已。第二，由此可以從地質分析判斷文化形態，從而就能更好地確定年代，以及這個年代的整體生態狀況。第三，從此他們的每一個發現都受到國際考古學界的關注，國際考古學上任何新的思路、新的方法又快速地被運用。這就和我們前面說的幾位大師級的甲骨文研究者完全不一樣了。

一九二八年，中央研究院的院長蔡元培給當時駐守河南的馮玉祥打電話，請他派兵來保護整個殷墟和發掘現場，然後就是一批批現代考古學者的進入。從一九二八年到一九三七年，以中央研究院的團隊進行的大規模挖掘有十五次。一九三六年，也就是抗日戰爭爆發的前一年，終於挖掘出了甲骨窖，或者說甲骨坑YH127號。這就了不得了，因為這可能是古人類文化史上發現的最大的一個皇家檔案庫。

這個檔案庫如果仍然放在小屯村處理，就會有很多麻煩。因為量實在太大，又在貧瘠的野外，研究人員和科學設備不可能集中那麼多，條件很成問題。所以必須裝火車，運到南京。運送的那一天似乎發生了一點情況，我看到過一篇資料，不知道眞實性有多少，那是用平靜的語言記述的——

正當甲骨坑YH127整個用吊車打包，要運到安陽火車站的時候，殷墟邊上的洹河突然升起了一股白氣，白氣升到天上以後變成白雲，白雲變成烏雲，這個烏雲就隨著這個運輸的車，一直到安陽火車站。接著下起傾盆大雨，這個大雨，就落在木箱子上。

如果這個記述是眞的，諸位聽下來有什麼感覺？

◉金　子　我覺得這是我們之前說過的古老文明咒語的一個印證。就像法老的陵墓，任何打擾他安寧的人都可能會遭到厄運。古老的文明都有自己的方式去保持它的神祕感，而因為神祕，所以偉大。

◉王安安　我個人並不是非常喜歡這種神祕主義的比附。一個烏雲就是什麼冥冥之中的某種天意，我覺得這樣說不太可信。但是這又提醒我們，應該對歷史和傳統保持一種敬畏。尤其是面對文化傳承之根的時候，我們應該保持一種恭敬的態度。

我贊成王安安說的不要過於沉溺於靈異現象，應該洗去烏雲和白雲裡的具體象徵，因為這樣會使文化變成巫術。但是有一點可以保留，那就是我們所說的王懿榮之死、劉鶚之死、王國維之死，白氣直至瓢潑大雨一直隨YH127號甲骨坑跟到火車站的這種情景，都讓我們從平庸的文化現實生活中超拔出來，只有這種超拔才能使我們面對真正的偉大。否則我們的文化態度可能就過於居高臨下、自以為是了，其實我們真正懂得的有多少呢？

前面我們談到過，在一八九九年，幾乎是在甲骨文被發現的同時，敦煌藏經洞也被發現了。其中大量的文物都被西方的考古學家和探險家們帶到西方去了，被研究，被展覽，被很好地保存。現在我們可以在西方博物館裡面看到敦煌藏經洞裡的好多藏品。於是這就產生了一種矛盾心理：這些文物，是讓西方考古學家帶走好，還是應該讓它們留在兵荒馬亂的國內？

我曾寫過一篇文章提到我的矛盾。我並不把他們看成一般意義的強盜，他們有能力研究保存；但是這畢竟是在國破家亡的時候我們祖先最後的遺留。我在那篇文章中說如果我早生幾十年，我會在沙漠裡把他們的車攔住，把駱駝隊攔住，和這些人辯論。如果他們被我說服了，就把文物留下來。但如果真是這樣，那我就麻煩了，我能把車拉到哪裡去呢？拉到南京？拉到北京？這很難。也有車拉過，一路上這兒丟掉一些，那兒又偷去一些，結果稀稀落落，不成樣子。如果拉到西方去，我又覺得於心不忍，因為這片大地難以眞切地聽到祖先發給我們的聲音。所以我說，攔下了車只能讓它停在沙漠裡，然後大哭一場。

對於這個問題我很想聽聽大家的意見。

◉王牧笛 我覺得這是兩種截然不同的視角，一種是民族的視角。文化可能是無疆界的，但是民族卻是有界可循。我會選擇讓這些文物留下來。我相信當時中國學人的學術能力，他們已經做出了一些東西，如果說這些文物能夠留在他們的身邊，憑藉天然的語言優勢和文化敏感，我想他們會做得更好。

◉諸叢瑜 我想如果所有這些文物都被運到了國外，它們可能會被很好地保藏和研究，但那似乎只是一些飄零在世界名地的符號，難以改變這個民族文化記憶的消散。

◉王安安 我的觀點和兩位恰恰相反。我覺得這些文物是屬於全人類的財富，當時兵荒馬亂，容不下一方寧靜的庭院組織大規模的研究，這些文物甚至很有可能淪為高官的私藏，最後就不知所歸，這樣的話，不如拉到國外得到很好的保護。

◉王牧笛 我覺得從十九世紀末走出來的這批中國傳統文人，他們有這樣高度的文化自覺，同時也對中華傳統文化和西學有足夠的了解，他們作為一個群體來破讀敦煌文化是沒有問題的。主要的困難在於必須將這些文化人組織起來，並且要能夠確保這些歷史遺存得到很好的保護，這就需要國家的介入。其實當時的北洋政府和國民政府都是有比較高的文化修養的，如果這些文物留在國內，應該能夠得到很好的保護和破讀。

◉王安安　文化人有這樣的自覺，但是中國廣大的民眾未必有這樣的自覺。

◉王秋實　我一直堅持歷史不可以假設。我們所面臨的境地永遠都是非常複雜的，永遠都不是選A或者是選B這樣簡單的選擇題。我覺得更重要的可能是怎麼看待這個問題，就像剛才牧笛師兄說到的，一種是文化的視角，一種是民族國家的視角，我們希望文化學者可以以文化的視角來把這些文物當做全人類共同的財富來進行研究，但是當我們面臨國破家亡的境地時，我們也不得不依附於民族國家的概念，而保有我們自己和我們整個民族的生存，所以我覺得重要的是如何平衡這兩種維度。

◉余秋雨　我在這裡要向大家介紹一個一直被我們忽視的精神高點：兩難結構。如果沒有兩難結構，人類就會因為缺少深刻的選擇而變得淺薄。

兩難之所以難，是因為兩方面都具有一定的合理性。這正像黑格爾所說的，是兩種合理性的衝撞。黑格爾認為，真正有價值的悲劇不是出現在善惡之間，而是出現在兩難之間。後來法國沙特的存在主義中的選擇學說，我認為正是發端於黑格爾的這種兩難結構理論，只不過黑格爾表現出一種深刻的無奈，而沙特則表現出一種洞悉生存祕密後的主動。我本人，因接受了這種兩難結構和選擇學說，在哲學觀念和藝術觀念上產生一種脫胎換骨般的新生。

然而，天下的事情未必都像沙特所說的那樣具有主動選擇的權力。對於當年的中國學者來說，很多選擇不能由他們自己作出，他們只能在別人選擇的夾縫中做一些力所能及的事。

當時中國知識分子所做的事，是默默地顯示著人類唯一留存至今的古文明的子民，還有能力讀解祖先，還保存著自我研究的能力，我覺得是一種非常大的快慰。在這個意義上，作為後代的我們，要對他們心懷感激。

第四課

文明的胎記

◉余秋雨

對於第一個文化記憶——有關商代的文化記憶，我們差不多講了一個月。而且，我們到今天還沒有講記憶本身的內容，而是努力梳理一種文化記憶被喚醒的艱難性。請注意，在一般意義上講點歷史事件和古老話語，並不屬於我們所說的文化記憶的喚醒，倒很可能是一種催眠。文化是全民族的一種沉澱，如要喚醒必然翻江倒海，甚至會把試圖喚醒者也捲落其間。由此可見，文化實在是兜底的大事，與人人相關，表面上看起來溫文爾雅，實際上卻險峻萬狀。可謂「一脈之顫，十方震動」。這個意思可能超越任何以前對文化的理解，因此我要花費那麼多時間。

現在，我們可以稍稍一窺被喚醒的文化記憶的內容了。先要問一問大家，你們有誰是河南人？如果不是，那麼，有沒有到過河南？

（現場學生一一表示，自己既不是河南人，也沒有到過河南。）

必須承認，在中國文化史上，河南的地位非常重要。不管是更早的商丘還是現在講的安陽。商之前，要尋找夏的痕跡，大概也離不開河南。如果要對商前期的都城做進一步了解，那麼，鄭州的商代城，很容易成為我們關注的對象。總之，中國文化的早期記憶，都和河南密切相關。

你們都不是河南人，也沒有在河南落過腳，那麼接下來這個問題就很有趣了。我要問：你們對商代有什麼印象？

◉王牧笛 商代給我的印象是一個似神似鬼的朝代。我了解商代是通過一些藝術品，可能那時的人不認為那是藝術品，但是今天看來很有藝術價值。很多藝術作品上面的紋路，都有宗教色彩，比如在一些玉器上出現的飛鳥，就是圖騰的象徵。商代器物上的線條沒有具體的一條龍或一隻鳥，而是比較抽象的符號。它的器物主要是禮器和祭器，比較有威懾力，有一種明麗之美。

◉金　子 一提起商代，我的頭腦中就會浮現出兩樣東西——司母戊大方鼎和四羊方尊。可以說青銅器構成了我對商代的核心理解。

◉叢治辰 在我所學的商史當中也充斥著商人的戰爭、殺戮和驕淫奢侈的生活，彷佛就是這些導致了商朝的滅亡。而我更看重商人在文化上的成就和對美的追求。他們的藝術風格，比今天更加飄逸，更加有想像力。

◉王秋實 今天呈現在我們面前的商朝代表性器物是兩種，一種是青銅器，另外一種是玉器。青銅器裡非常重要的一個是酒器，另外一個是祭器，就是那些鼎。司母戊大方鼎體現了商朝高度的文化水準和鑄造藝術，我覺得這是留給當代人最深刻的文化記憶。還有就是我們前面說了很久的，非常豐富的甲骨寶藏。

◉王安安 我不知道這樣的一種對比是否牽強？我看過古羅馬展，我覺得商代有點像古羅馬的感覺。它的驕奢淫逸也好，它的高度發達的文明也好，它的喜好征戰，它的奴隸制度和《封神演義》中的故事，是很陽剛的一種氣質，非常硬朗，非常強悍。

◉余秋雨 從甲骨文中可以看出，商代在世界古文明中已經在幾方面處於領先地位。

第一，天象觀察的系統性和精確性。《中國科技史》的作者李約瑟先生說，在歐洲文藝復興之前，中國始終是一個對天文曆法研究最系統、最精確的國度。這一點，我們可以有信心地說是從商代開始的。歐洲比較完善的現代天文曆法，有很多是與航海連在一起的。我在西班牙、葡萄牙、義大利考察的時候，發現哥倫布等人在出發前做了很多準備，大多與天文觀察相聯繫，他們出發後的實地觀察又使天文研究大為發展。

但是，作為以農耕文明為主的中國，從遠古開始就要看天種地，在這方面的研究也非常發達。商代，已經用完整的資料證明了這一點。

第二，商代在鑄造青銅器方面成就卓著。我們一方面知道商代青銅器有一種驚人的美麗和雄偉，另一方面，從甲骨文留下的占卜資料看，商代在冶金材料的選擇和冶煉方面已達到了當時世界的最高水平。

第三是農業，特別是農作物的播種技術。畜牧業、打獵、漁業等方面也都在卜辭中有大量記載，完整地呈現出一種「精耕細作型」的農耕文明。

還有讓人驚訝的醫學。現代科學家從卜辭裡研究發現，外科、內科、五官科、婦科、小兒科、傳染病的一些基本項目在商代基本都具備了，針灸也已經很發達。

還有，商代已經有了像模像樣、比較完整的教育事業，外面的人也到殷地來讀書，有很多這樣的記載。

這就讓我們看到了一個比較完整的中國古代社會。商文化的輻射相當可觀：北至遼，東至海，西至甘隴川即現在甘肅四川這一帶，南面一直到洞庭湖和鄱陽湖。世界其他古文明在面積上都遠遠比不上商代。比如埃及，沿尼羅河的上埃及和下埃及加在一起，再把巴比倫文明即底格里斯河和幼發拉底河兩河文明的那塊星月形的土地連在一起，再把印度河和恆河文明加在一起，地域總和大概也不到商文明的十分之一。

正如在座各位感覺的那樣，商朝也是一個凶猛的朝代，但這並不妨礙它成為一個文明高度成熟並突飛猛進的朝代。商代存在很多讓現代人不可忍受的殘忍，你們如果去看安陽的殷墟博物館，會看到有一些骨骸的人為分離。文明常常要靠不文明的手段才能建立，但文明之所以成為文明而沒有淪為野蠻，又必然有一種自我控制的力量。我們以後要講到的諸子百家關於社會結構、社會管理和文明走向的談論，都與此有關。

商代的文化記憶之所以重要，在於它提供了諸子百家思考的資源。而且，其中有一些資源一直沒有中斷。正是商代這些基本資源的延續性，決定了諸子百家學說的可理解性。

在二十世紀，重見天日的商代文明給我們送來的最珍貴的禮物是什麼？當然不是當時的科技、經濟、政治。這些即使再傑出，也早已被超越。永遠無法被超越，而且永遠具有當下價值的，是經過時代篩選後的美學成果。這就是美的獨特力量。我想誰也不會否認：商代青銅器和玉器的結構、形式、圖案，顯示了一個偉大民族的審美開端。乍一看，我們可以模仿、複製它們，甚至很逼真，但仔細一想，那是我們幾千年前的祖先的原創，那麼奇幻，又那麼單純。在想像力和天真性上完全無法模仿和複製。這不能不讓我們在自豪之餘產生惶恐。

長期以來，國內外歷史學家總是把物質進步、思想進步看成是一個時代的歸結。其實，最終具有歸結意義的是審美結構。也就是說，真、善、美這三元組合，以美為歸結。這是我們所主張的「審美歷史學」。美不是歷史的點綴，而是歷史的概括。這樣的觀點當然具有極大的挑戰性，我以後有機會可以專門講幾課。今天只能淺嘗輒止，大家只需明白，商代歷史的歸結是青銅器和玉器，就像唐代歷史的歸結是唐詩，或者說，歐洲好幾個歷史階段的歸結是希臘神話，是達·文西和莎士比亞，而不是那些軍事政治強人。

迄今為止，如果說中國人心中的歷史審美圖像系列有一個奠基處，那就是商代。有時在國外看到人們總喜歡用戲劇臉譜代表中國人的審美圖像，我心裡很著急，儘管我是戲劇研究者，但總覺得應該大大往前。

商代的青銅器單就其形體和比例就會讓後代許許多多的藝術設計師汗顏。

透過青銅器的線條，我們知道這是一個不拘小節的群體；透過青銅器的比例，我們知道這是一個一切都要求安頓得恰到好處的社會結構。只有在這種群體心理沉澱中，青銅器才會那麼得體，那麼大氣，那麼精美。

這裡特別需要給大家引入一個符號——饕餮紋。這個符號在中國美學史上是一個非常重要的概念。青銅器裡大量已經成為模式的圖案，是由一種凶猛、貪婪的野獸頭部提煉出來的。當它提煉出來之後還保持著線條的威猛、猙獰，但已經變成圖案了，成為當時文化共性的基本圖像。

饕餮紋後來慢慢地離開凶猛、貪婪的原始形態，變得越來越抽象，但線條的力度始終保存，這有點驚人。它的不再貪婪，不再凶猛，按照美學上的說法就叫「積澱」了，內容積澱成形式。我們習慣講「內容決定形式」，其實在這個意義上形式的價值可能會更高，因為它對於複雜的內容有一種收納能力。饕餮紋積澱了一個殘酷而艱難的血與火的時代。饕餮紋使商代由偉大走向美麗，並用一種形式保存住了偉大和美麗。

除了饕餮紋，我們還要說一說甲骨文裡展現的另一種審美形式，那就是書法。甲骨文不是最原始的文字，是文字比較成熟的形態。像半坡文化遺址和紅山文化遺址裡的一些象形符號，比甲骨文古老很多。對比一看就能發現，甲骨文已經進行過長時間的提煉了。

甲骨文裡的象形文字與埃及盧克索太陽神廟廊柱裡的象形文字區別很大。甲骨文的象形文字，是高度進化了的象形文字。它擺脫了埃及早期象形文字那樣對自然物種的直接描摹功能，而是全部線條化了。線條又經過簡化、淨化，變成一種具有抽象度的通用符號。但是，文字除了實用意義之外還有審美意義，就是要求每一個字拿出來都好看。這個時候，早期的書法家出現了。這是除了饕餮紋之外，商代審美的第二重點，也是中國書法藝術的起點。

商代的第三個美學貢獻，是「美」的概念的正式確立。在甲骨文裡，第一次出現了「美」字。從象形的角度解釋，我們古人比較講究物質，羊大了就覺得美，但是許慎作了補充，這個「美」字裡面包含著「甘」字的含義。這就由物態上升到味態，由體量上升到風味了。現在一些學者，包括我的朋友蕭兵先生提出「美」字的組合不是「羊」、「大」，而是「羊」、「人」。那就是「羊人為美」，即羊和人連在一起為美，這個意義就很不一樣了，進入到了文化人類學的範疇。古希臘有羊人劇，古人最早進行表演的時候往往模仿動物的形象，羊是人最喜歡模仿的一種對象。所以在中國文字裡，這個「美」字，一定也是和當時舞蹈聯繫在一起的。這個舞者，在當時就是巫。如果看看和商代同時代的三星堆遺址，就可以知道古人的舞蹈是怎麼回事，知道把模仿動物的人形作為美是多麼自然。

商代完整地創造了「美」字，而且不久之後，中國的智者們已經把它和「善」分開來討論了，叫盡善盡美。「美」字有了一種獨立的關照，這就了不得。加上前面講到的饕餮紋和甲骨文書法，商代在審美意義上已經開拓得比較完整。

總之，在我最看重的審美圖像系列上，商代有資格、有資本作為我們的首度記憶。

第五課
稷下學宮和雅典學院

◉余秋雨

講過了商代的文化記憶，接下來應該讓我們的視線投向何處？毫無疑問，是諸子百家。中華文化從強悍的美麗，走向濃郁的智慧。這是必要的一步。沒有這一步，再強悍、再美麗，也得不到精神昇華，缺少穿透歷史的力量。

說到諸子百家，我們遇到一個奇怪的現象：現在許多人都知道諸子百家，但其中每一「家」的觀點究竟是什麼，卻都不太清楚，至多只了解一點隻言片語。在人們的記憶中，比較清晰的可能只有被看作是中國文化核心的儒家。這就觸摸到了中國思想文化界和教育界共同面對的一個大問題：我們應該記住百家的熱鬧，還是應該記住熱鬧之後執掌門庭的那一家？

◉**王牧笛** 每每想到我們的祖先在古老的星空下，縱橫五百年間，對社會、人生、哲學、道德做出過如此積極、廣泛、深入的探討，我都覺得很感動。「百家爭鳴」的熱鬧狀態反映的是我們祖先積極、睿智、勇敢，對未來充滿希望，勇於探索的精神風貌，值得我們後輩子孫永永遠遠地記憶。

◉**王安安** 我覺得比起歷史選擇的結果，記憶當時熱鬧的狀況更重要，因為我覺得在後來的歷史中，我們的民族缺少了很多當時的全方位激情，以及當時百家爭鳴帶來的多元思維方式。對於逐漸走向墨守成規的後代來說，記憶那種古老的熱鬧、那種創造的激情，可能更為重要。因為這種記憶、這種激情，讓我們不僅可以繼承優秀的結果，更可以繼續創造狀態。

◉**金　子** 百家中的儒家自從漢代以後就成為封建統治倚重的哲學流派，對兩千年來的中國歷史有重大影響，我們當然也要重點記住經過歷史篩選、作為熱鬧的精華流傳下來的儒家。

◉**余秋雨** 歷史像一片原野，有很多水脈灌溉著它。有很多水脈中斷了，枯竭了，只有一道水脈貫穿長遠。我們不能說，最好的水就是最後的水，更不能把後來漸漸消失的水當作從不存在。在精神領域，不能那麼勢利。

我們只能認為，由於歷史的選擇，儒家影響了中國兩千年的歷史。祖祖輩輩都在這種影響下過日子，所以值得記憶。

就像選擇一個單位的長官，當選者也許不一定是最優秀的，但是他管理多年，這個單位的發展就和他的思維有關了，這個人也因而值得關注。那些出局的人可能比他更有才，只是對這個單位的影響不大而已。

梁啓超先生在《少年中國說》裡曾經渴求，何時才能讓中國回到少年時代。什麼是少年時代呢？少年時代就是天真未鑿的時代，草莽混沌的時代。就像小學快畢業的孩子們一樣，有著一番唧唧喳喳的無限可能，其中很多人長大後會成為普通民眾，但也會有人成就一番大事。但他們如果失去了少年人本該擁有的單純和熱情，也就失去了群體性的優秀，更不會有什麼變得特別傑出，因為他們沒有眞正的青春。

我對百家爭鳴時代的熱鬧極其神往，就像我永遠牢記著小時候無憂無慮的快樂時光。在那樣的時光中，每一個小夥伴都是一種笑聲、一種奇蹟，甚至也是我少年時代的一部分。我為什麼要總是記住那幾個後來「成功」的人？如果僅僅這樣記憶，是對少年時代的倒逆性肢解。

為了進一步說明這個問題，我還想用果園來比喻。不錯，就像一座果園，如果通過科學的分析，一定可以挑選出最好的品種，應用最合適的授粉方式，使水果的產量最高，質量最佳。但是誰都明白，果園眞正的黃金時代，卻是百花齊放、百蝶紛飛的春天。

不錯，人們可以在恆溫的實驗室裡選出最佳的品種類型、最佳的授粉方式，然後在一個封閉的暖棚裡用精確的滴灌技術快速培植，但這是銷售者們的機智，對於大地來說，卻少了一個眞正意義上的果園，少了一個陽光爛漫的春天。

又譬如一條大河，下游一定平靜而從容，但它在形成之初，卻是由千萬小溪翻騰、傾注、匯集在一起的。任何一條大河，如果沒有熱鬧的上游，也就不會擁有壯闊的下游。

因此在選擇文化記憶的時候，也一定不能遺忘平靜前的喧鬧。作為後代子孫，我們可以永遠為之驕傲的是，在那個遙遠的古代，我們的祖先曾經享受過如此難能可貴的思想自由，並且創造出了開天闢地的思想成果。

所以我對大家有一個提議：在記憶儒家的同時，也去親近一下曾經同時出現在中國思想高地上的諸子百家。它們與儒家的異同，給中國人開拓了很多精神上的可能性。設想這種可能性是非常愉快的事情。例如，儒家過於強調家族倫理的特點對於門閥政治的氾濫起到過不小的負面作用，那麼，如果法家不要那麼強悍，歷史會不會改變選擇，而一旦改變，又會怎麼樣呢？或者，如果道家更積極有為一點，卻仍然比儒家更尊重自然，更超越官場，而歷史又選擇了它，會怎麼樣呢？

有一種說法，叫「歷史不可假設」，這是疲憊無奈的「既成歷史學」；如果從「創建歷史學」的觀點來看，這種說法是窩囊的。只有尊重多種假設，才能尊重百家爭鳴時代的勃勃生命力。

儘管後代思想界也曾有過爭論，但百家爭鳴的古老的熱鬧卻再也沒有重現。那份熱鬧似乎已經永遠地消失在中國的精神領域中，成為了一種極其遙遠的美好，這不能不使人感到惆悵。更令人遺憾的是，此後的國人逐漸產生一種思維慣性，那就是對任何問題的單一化判斷和選擇。

現在，幾乎在所有的問題上單一化的思維習慣仍然滲透四處。例如，許多讀者經常會請我推薦一本最好的書給他們，我說值得讀的好書很多，而他們自己的需要又都不相同，無法「推薦一本」，但他們對我的這種回答覺得沮喪。大家已經習慣選擇後的獨尊，而不再嚮往選擇過程中的無限。這就違背了我們的祖先在百家爭鳴的時代所體現出的多元共生、互相依存、二律悖反、陰陽互補的風姿，眞是可惜。

選擇是一種兼容並包、各取其長，而不是你死我活、只求一贏。文化的選擇，更應如此。

◉萬小龍

據我了解，本來在漢朝初年，在政治上主張無為而治、在思想上主張清靜無為的黃老學說受到重視。後來漢武帝即位，由於他需要進一步強化中央集權制度，所以儒家的大一統思想、仁義思想和君臣倫理觀念就顯然很「與時俱進」了。在元光元年，也就是公元前一三四年，漢武帝召集各地賢良方正文學之士到長安問策。董仲舒在對策中指出，春秋大一統是「天地之常經，古今之通誼」，現在師異道，人異論，百家之言宗旨各不相同，使統治思想不一致，法制數變，百家無所適從。所以他建議「諸不在六藝之科孔子之術者，皆絕其道，勿使並進」。儒術從此逐漸成為以後歷代王朝的統治思想，而道家等諸子學說則在政治上遭到貶黜。

◉余秋雨

我們文化學術界的主流思維是繼承既成傳統，認為那就是「國情」。但是，百家爭鳴的景象確確實實地出現過，而且正是出現在這片國土上，這難道不是國情嗎？

我在備課的時候已經下了決心，一定要在今天的課程中給你們一代留下一個關於百家爭鳴時代的深刻印象。人類最深刻的印象，首先總是作用於視覺，因此我從世界座標出發，找了一幅畫，那是歐洲文藝復興大師對於從古希臘開始的百家爭鳴的想像，可能對我們加深印象很有幫助。

歐洲文藝復興時，意大利「藝術三傑」中年齡最小的拉斐爾曾經畫過一幅名為《雅典學院》(The School of Athens) 的畫，反映的是古典時期學派林立、相互切磋的景象。歐洲文藝復興起源地佛羅倫斯 (Florence) 的統治者梅第奇家族 (the Medici Family) 在文藝復興到來之前，就開始頻頻提到雅典學院時代的學術氣氛，並且建立了模擬性的柏拉圖學院 (Plato Academy)。

《雅典學院》中出現了很多學者。站在中心部位、右手指天的是柏拉圖，他的左邊是學生亞里士多德。柏拉圖和亞里士多德分別代表古典哲學的兩大流派。兩人的周圍圍繞著很多學者，傾聽他們激昂的辯論。也有人在台階上旁若無人地獨自研究，後面巨大拱形柱的左右兩座浮雕，分別是智慧女神雅典娜、愛與美之神阿佛洛狄忒。畫面上這些人從不同方向進行著平等的、創造性的思考，實在讓人振奮。始於十四世紀的歐洲文藝復興打破了中世紀的黑暗，靠的不是僅僅復興一個柏拉圖或亞里士多德，而是對歐洲整體思維水平和自由精神的全面復興。因此，拉斐爾在這幅畫中又加進了不少雅典之外的精神巨匠，而且延伸到後代。他甚至把自己也畫進去了，表現出自己對於這一脈精神的參與。

看了這幅畫，從視覺上領略了這種情景，我們可以回到「國情」之上了。與雅典學院的創辦幾乎同時，在遙遠的東方，也有一個類似的學術機構，叫稷下學宮。稷下是齊國都城一座城門的名字，究竟是南門還是西南門，有待繼續考證。稷下學宮和雅典學院雖然相隔萬里，卻有很多相似之處：兩者都以地名命名，創辦時間接近，運行方式也相差無幾。可見，在我們的土地上，也曾經出現過《雅典學院》那種令人感動的景象。

中外歷史上出現過許多團體，如武士團體、政治團體、經濟團體、好漢團體，等等。但是眞正讓人類高貴起來的，是這樣的學術團體。在這裡我很想停留一下，討論幾句。大家怎樣看待這種東西方文化思想史上的巧合呢？

◉王牧笛

雅典學院和稷下學宮並存的時期，正是雅斯貝爾斯所說的「軸心時代」，稷下學宮和雅典學院在時間緯度上構成了東西方文明發展的某種暗合。在我看來，人類文明的早期，或者說青少年時期，對話和辯論要比獨白更具感染力。雅典學院式的學術共同體的組建，或者說學術組團的這種辯論的方式，可能激發出個體對一個事物的多重面向的考慮，這比對事物的單層面向的考慮給我們更多的思考。

◉余秋雨

你講得很對。當時人類智能迸發，但有很多傑出的思考者還難於進行完全獨立的思考，因為他們缺少思想資源，更不知道前後左右、正面反面的邏輯框範。因此，在人類思維的奠基階段，一定是渴求互礪互淬的，並在互礪互淬中找到思考的基點，找到與別人不同的自己。

一個精神成熟的民族，一定要經歷一個這樣智能聚會的階段。假若沒有，僅僅憑著各自的想法分頭癡想，就一定會陷入低層次的重複之中。

當然，這也是社會歷史的需要，像是巨石崩裂，烏雲散去，黑夜結束，人類從物質的提升進入到心靈的覺悟。這種情景，讓我想起羅丹的雕塑《青銅時代》：一個男子，瘦精精地蘇醒了，夜霧不再遮蓋自己，於是舒展自己的青春身軀。我還想繼續聽聽你們對稷下學宮和雅典學院的感覺。

◉萬小龍

我覺得稷下學宮和雅典學院都出現在這樣一個社會歷史背景下，就是原有社會權力形態開始逐漸鬆動、解體，我們的祖先開始掙脫蒙昧的束縛、權力的壓抑，用理性自由地重新思考自然、社會、自身。一時間百花齊放、百家爭鳴，一片欣欣向榮的少年氣象。但當後來社會權力再次建立、穩固、強大起來後，就對思想產生了巨大的影響和壓抑。政治權力選擇了保留某種文化記憶，儘管這種選擇帶有極大的偶然性。

◉王安安 我突然想起我的中學語文老師曾說過這樣的話：「少年的時代是詩歌的時代，青年和中年時代是小說的時代，老年就變成散文的時代。」我認為，稷下學宮和雅典學院都是人類在少年時代的一個共同的表現，雖說兩者的空間距離非常遙遠，但同屬於人類的詩歌時代，同屬於人類思想初開時具有濃厚興趣和表達欲望的一個時代。這個時代百家爭鳴的稷下學宮和雅典學院給人一種直觀的審美的懷念和追想，令人感動、鼓舞。

◉金　子 我一直在想這樣一個問題，我們當下的時代無疑是一個國際化、多元化的熱鬧的時代，我們時代的熱鬧跟百家爭鳴時代的熱鬧一樣嗎？為什麼我們對現在很多方面的熱鬧持否定態度，而對那種古老的熱鬧卻不拒絕而肯定呢？

◉余秋雨 金子的問題很好。今天的熱鬧和古老的熱鬧有什麼不一樣？我覺得可能有兩個方面——

首先是言論的質量。那個時代的齊國在經濟上相當繁榮，政府給稷下學宮的學者提供了很好的生活待遇，並賦予了極高的社會地位。學者針對時政的褒貶，政府一概不予追究。稷下學宮在齊國的功能，既是智庫，又是學堂，還是一個交流思想文化的場所。當時的高級智能人才如果想立身揚名，要麼去做官，要麼就去稷下學宮做學者。但是，更令人嚮往的是做稷下學者。這裡每位學者的人格和思想都會獲得充分的尊重，因此也就有可能獲得獨立的發展。在稷下學宮的眾多學者中，名聲最大的是孟子，但實際影響最大的是荀子，荀子晚年曾三次成為學宮的「祭酒」，也就是主持者。

比較起來，我們今天擁有多種媒體，發言更加方便，為什麼在質量上遠遠比不上稷下學宮呢？主要原因是，稷下學宮的百家爭鳴，是一種經過嚴格選擇的高等級發言。而我們今天媒體間的發言，卻沒有這種選擇。大家也許要問，既然我們主張言論自由、人格平等，為什麼要分等級呢？稷下學宮的回答是，不同人群的言論自由，可以體現在不同的空間。並不是任何人在任何空間都可以任意放言，才叫言論自由。即便是關係眾人利益的政治言論，也要通過自己的不同代表者在不同空間表述。

這中間我們可以看到一種普遍的現代誤會，至今還有很多人沉迷其間。這就像人人都有接受教育的權利，卻並不是說每個人都可以擠到北大來；大量只有小學文化程度的人，也很難在學術文化上與大學教授對話。但是，這些常識性的社會區隔，在今天常常會在「言論自由」的旗幟下被取消，造成一片混亂。在「文革」中，有一個「考教授」的運動，很多造反派狂徒拿著《學生小字典》來揭露國學大師的「讀音不準」，或批判醫學泰斗不會打針。我本人前幾年也遇到類似的問題，一個文化等級不高的人也用「揭露」式的氣勢硬要與我討論他非常不熟悉的古典詞語問題、地理歷史問題，甚至戲曲史問題，全國一百多家報紙轉載報導，港台方面也熱了一陣，我卻無言以對。因為一旦與他「討論」起來，我就必須在知識上回到自己草昧未明的年歲，卻又要裝出吵架的姿勢，會讓我的讀者傷心。

良莠不齊的發言混雜在一起，高低不一的智能膠著成一團，那麼結果一定是精英被淘汰，這種現象叫「精英淘汰制」。平靜、理性的高層思維一旦陷入這種吵鬧的市場，在現場說服力上一定比不了雜亂無章、大紅大綠的庸俗表演。廣場辯論的時候，高嗓門一定勝利，安安靜靜的邏輯高度一定被埋沒、被遺忘。這種現象叫「廣場哲學」。我們並不贊同限制言論，但一定要區分發言的等級，一定要在卡拉ＯＫ、文字戲謔的狂潮中救出眞正的貝多芬、海明威。否則，無數高分貝的假貝多芬必然會掩蓋眞正的貝多芬，無數善於造勢的假海明威必然會蓋過眞正的海明威。

除了言論的質量等級外，稷下學宮超越今天言論的第二個關鍵，是在於思想上開山立派的原創氣魄。那是在漫漫思維荒原上堆出的第一座山、掘出的第一條溝。用現在的語言描述，他們的思想具有宏大架構的開拓性和創造性。相比之下，現代社會的熱鬧，往往是人云亦云，隨聲起鬨，硬撐支派，偽造深刻。當然，歷史不能重複，過去的原創條件到後世已經不再具備，這可能也是人類在精神上越來越平庸的原因。

針對這兩個方面，我們在無奈之中也可以有所作為。在今後，國民素質的提高，應該表現在大家對於精神等級的承認、梳理和守護，表現在大家對於高層思考者的尊重、保護和禮讓。而作為那些真正有責任感的高層思考者，一定要固守崇高的文化節操，以自身的人格維護創造的尊嚴。如果我們的民眾開始具有辨別力，我們的知識分子能夠擁有創造力，那麼，一個新文化的黃金時代將會降臨。

第六課

人類文明的早期分工

◉余秋雨　公元前五世紀前後，人類進入一個重要的歷史時期，西方哲學家稱之為「軸心時代」。東西方幾大文明共同進入一個創造性思維集體迸發的時代，孔子、釋迦牟尼、蘇格拉底等一大批第一流的思想家幾乎同時出現在東西方歷史舞台上，共同承擔了人類的首度思維大分工。這個人類思想史上的神奇時代，充滿驚人的巧合。我為了讓大家對中國文化史的思考拓寬到世界視野之中，因此還希望大家在那個時代稍作停留。記得牧笛前兩次討論時曾經提起過「軸心時代」，那還是由你開頭吧。

◉王牧笛　我在課外做過一些準備，弄清了一些概念。「軸心時代」這個說法是德國哲學家雅斯貝爾斯在一九四九年出版的《歷史的起源與目標》中提出的，他把公元前八〇〇至公元前二〇〇年這段時間，稱為人類文明的「軸心時代」。這個時期是人類文明取得重大突破的時期，各個文明都出現了偉大的精神導師——古希臘的蘇格拉底、柏拉圖，印度的釋迦牟尼，中國的孔子、老子……人們開始用理智的方法、道德的方式來面對這個世界。這是對原始文化的超越和突破。

◉王安安

超越和突破的不同類型決定了今天東西方不同的文化形態。這些「軸心時代」產生的文化一直延續到今天。所以每當人類社會面臨危機或新的飛躍的時候，我們總是能在「軸心時代」的先哲那裡獲得精神上的指導。

◉余秋雨

「軸心時代」，英文是Axial Age。顧名思義，是指一個對全部人類文化史具有控制意義、提挈意義和動力意義的年代。這個年代出現在公元前五世紀的前後兩百多年，不太短，但放在整個人類文化史上卻不算長。正是這個不算長的年代，左右著人類的整體精神歷程。

雅斯貝爾斯對於「軸心時代」說過一句很重要的話，希望大家能記住。他說：「人類的精神基礎同時或獨立地在中國、印度、波斯、巴勒斯坦和古希臘開始奠定，而且直到今天，人類仍然附著在這種基礎之上。」

在人類奠定精神基礎和偉大事業中，我們的祖先不僅沒有缺席，而且是主角之一。不過有兩個問題一直盤旋在我心頭。第一個問題是：為什麼在那個時代，不同地區的人類群體不約而同地進入一個創造力迸發的時代？在我印象中，孔子、釋迦牟尼、蘇格拉底的年代靠得很近，孟子、莊子、亞里士多德等人靠得更近。這麼多一流的思想家幾乎同時出現，這意味著什麼？

第二個問題或許更有趣：為什麼他們中的每一個人開天闢地，而後代子孫那麼多年後還只能追隨他們，卻沒有能夠超越？為什麼人類最精彩的思想創造，集中完成在二千五百年前？對此，你們怎麼看？

◉萬小龍

雅斯貝爾斯探討「軸心時代」的時候，還有一個輔助的命題，那就是古印度、古希臘、中國古文明都是獨立發生發展出來的，彼此之間沒有相互交流和影響。這讓我覺得更加奇妙。對於這種奇蹟，我比較傾向於認為這是歷史的偶然，我不相信歷史有那麼多的必然性和規律性在那裡面。在解釋歷史的時候，有時候接受一點偶然性也許意味著更客觀的分析視角。這是我對第一個問題的看法。關於第二個問題，為什麼後人沒有辦法超越前輩的創造，一直在追尋先人的腳步？我覺得，原因跟先人創造的學問的性質本身有關。他們思考更多的是哲學、藝術、宗教，而不是科學。科學的發現可以因為工具的進步而不斷被超越被改寫，人類對自然規律的認識不斷深入不斷擴充，展現了一部不斷進步的科學史。而哲學、藝術、宗教卻屬於另一個範疇，和人類工具的進步、物質文明的不斷發展沒有直接的關係，所以後人未必能超越前輩。

◉王安安　而且我覺得這個東西就像工藝和藝術之間的區別一樣：藝術是可以具有不可超越的、永不磨滅的魅力和力量，而工藝卻絕無可能占領永恆的制高點。因為藝術是偶然性的、創造性的，而工藝是可傳承的、不斷進步的。我覺得科學和哲學的關係就可以類比為工藝和藝術的關係。

◉余秋雨　你們兩位的意見我可能不贊成。千萬不要把「軸心時代」和以後時代的差別，看成是不同學科之間的差別。固然，哲學、藝術、宗教，在「軸心時代」已獲得驚人發展，以後的發展是「軸心時代」建立的精神基礎的衍生。科學其實也是如此，雖然看起來成熟於近代和現代，但我們仍然可以發現，現代物理學的許多規則，與《周易》為代表的東方神祕主義暗合。總之，「軸心時代」與其他時代的關係，是上下垂直型的，而不是橫向分割型的。

◉諸叢瑜　我認為這種不可超越性的根源在於我們的前人做了一些框架的東西，劃分了架構，我們不得不在這個框架、這個天地當中去做事情。哲學、藝術、宗教，則沒有可重複的實驗可以檢驗其對錯的，不像科學那樣，今後更接近事實、更理性的理論，可以有力、徹底地否定前人。

◉金　子　我傾向於一種神祕主義的理解。可能在冥冥之中，到了這樣一個時間段，空間上遙不可及的幾個地方的人都走到了人類的童年時代，同時開始思考一些最基本的問題，開始擺脫蒙昧，駕馭尚未成熟的理性驅馳於廣袤無邊的思維宇宙。我懷念那個人類的創造性思維迸發的時代，因為這種童年的生命力是無法被超越的。知識確實可以不斷積累，但是那種新鮮的生命力是很難被超越的，那種新奇喜悅的力量是很難再出現的。說得不錯。面對「軸心時代」，我們會突然發現自身的渺小。我們沒有能力解釋這一切，也無法超越那些看似童年又是成熟，看似天真又是輝煌的思維。

首先能做的，就是把它記住。記住，要放在解釋之前。解釋往往是蒼白無力的，就像一群孩子面對著一座無法攀援的高山，我們很難解釋為什麼會有這座大山，為什麼會是這個形態。儘管有這種無奈，但我們對高山的記憶並不會因此減損。

「軸心時代」的思考，世界上多個古文明都參與了，是一種「共同作業」，但在內容上又互不相同。現在遠遠看去，甚至覺得有一種分工。這種互不相同的早期分工，決定了多個古文明的本性，因此也決定了以後發展的不同特點。例如，古希臘文明更多地考慮人與自然秩序的關係，印度文明更多地考慮人與超驗世界的關係，而中華文明則更多地考慮人與人之間的關係。這種側重，也影響了多個文明今後的路向。在這一點上，我很贊成雅斯貝爾斯關於人類至今還附著於「軸心時代」精神基礎的觀點。

八年前我與鳳凰衛視的考察隊一起實地歷險幾萬公里考察各大古文

明的遺址，目的就是要尋找從「軸心時代」開始的它們的各自脈絡。幾度長時期的考察，對我的衝擊很大，感悟很深。原來，幾千年的不同命運，很早就種下了不同的種子。

◉**劉　璇**

秋雨老師關於「種子」的比喻，使我想起了亞里士多德的一句話——只有深埋在土地裡的橡樹種子長成橡樹時，我們才能發現它的本質。當時同一時期，不同文明的三種不同思考方向可能相當於橡樹種子，只有等了兩千多年之後它長成了橡樹，我們才發現，原來它是那個樣子。談到我們現在怎麼辦的問題，我覺得就是要互相取長補短，我們的前輩已經在向著這個方向行動了。所以我們才有西學東漸，才要去理解印度的宗教。既然各有所長，各有特色，就需要各個文明之間在相互尊重的基礎上，增進交流，相互取長補短。杜維明說現在我們要進入「新軸心時代」，各大文明之間要互相對話，互相理解，這種交流將是意義非凡的。

◉**王安安**

秋雨老師的一番話，無意中也解答了我很久以來的一個困惑。外國媒體總是報導部分中國出境遊客不講公德，我就很不理解：我們是禮儀之邦、文明古國啊，我們的各種繁文縟節，只會比別的文明更發達更全面更細節，怎麼會遭到這樣的指責呢？可能是我們確實從「軸心時代」開始就一直在過度地研究周圍的人際關係，而不太在乎沒有直接人際關係的公共空間，因此反而失去了人際關係之外的公德。有些時候這種自我編織的人際網絡甚至讓我們自己也感到壓抑。所以在沒有人際關係的場合，比如說去國外旅行，就會讓我們壓抑的神經忽然解放，我們就把一切禮儀的束縛都拋在腦後，甚至忘記了遵守最基本的禮儀小節。

◉余秋雨

當然，我所說的不同文明的路向，不能直接地用來解釋各種生活現象。現象未必是本性的外化，不能牽強附會。

近幾十年來，很多學者喜歡擷取一些社會現象快速歸納出結論，看似有據，其實武斷，並不足取。

我不希望大家像前輩不少學者那樣泛論東方西方，空談中外差異。這種以偏概全的急躁，可能是一種學術幼稚。

第七課

世界性的老子

◉余秋雨 前幾次對話我們談到了一些背景性的大記憶，現在我們開始觸及一些具體的記憶，單個人的記憶。我選擇老子作為第一對象。大家都知道這個人，但恐怕又不容易講得清。那麼，我就想聽聽，你們對老子的印象是什麼？零零星星都可以說。

◉叢治辰 我查到過一個歷史記載，說老子身長八尺八寸，黃色美眉，長耳大目，廣額疏齒，方口厚唇，就是臉色是黃的，眉毛挺好看，然後耳朵挺長，眼睛挺大，額頭很寬很大，但是牙齒沒幾顆，似乎還滿醜的。

◉劉　璇 那不就是治貝子園前的老子像嘛（治貝子園是北京大學燕園東南角的一

個小園子）！

王安安 對，對，跟那個差不多！不過這些都是關於老子的外形的印象。我對老子的印象是關於他的爭論，比如說老子是否當過孔子的師傅，孔子是否向老子問學過。

余秋雨 歷史實在太久遠了，我們對老子的了解不多。首先是他的身分，能說的也只有一點，老子做過周王室的圖書館館長。也有人說是管理員，但一定是比較重要的管理員。那個時代的「圖書館」，也可以理解成王室收藏館。總之，老子管理著一大堆周朝典籍，是很有學問的一個人。

魯迅在《出關》中講了孔子兩次拜見老子的故事。我比較相信孔子曾經問周禮於老子的傳說。不過這裡牽涉到一個非常具體的爭議：他究竟比孔子大還是比孔子小？去年我在美國休斯頓作中國文化史的演講，一位當地美籍華人歷史學家提問說：余先生，我看到一本書，證明老子比孔子小一百多歲。我說，你看的資料一定是這樣的：有個叫太史儋的人，在孔子死後一百二十九年之後出關，目的是去投奔一個君主。他馬上點頭說是。歷史上確實有這麼一個記載，連司馬遷也沒有完全搞明白。所以在漢初就把老子的記憶搞模糊了。部分現代的學者也主張老子比孔子小一百多歲，因此孔子問周禮於老子的故事不存在。但也有歷史學家經過推論，認為老子和太史儋不是同一個人。老子和孔子處在同一時代，年紀比孔子大。我經過仔細辨析，贊同這種觀點。

王牧笛 聽說今天的課上要討論老子，我特地去圖書館查了一下。關於孔子問學於老聃，在《史記》的《孔子世家》和《老子傳》裡，均有記述。在《禮記》、《孔子家語》、《孔子集語》、《孔子年譜》、《莊子》、《呂氏春秋》、《白虎通》、《潛夫論》等書中，也有記載。大致有以下幾種說法。一是《高士傳》、《水經・渭水注》所引：「孔子年十七遂適周見老聃」；二是《孔子世家》所說：「孔子年三十前，與魯南宮敬叔適周見老子」；三是《孔子年譜》所謂「三十五歲，與南宮敬叔適周，見老聃而問禮焉」；四是《莊子・天運篇》講的：「孔子行年五十有一而不聞道，乃南之沛見老聃」；五是《莊子・天道篇》所述：孔子欲藏其所修之書於周室，前去會見「免而歸居」的典藏史老聃。

余秋雨 你把這方面的資料都集中了。但是，持相反觀點的歷史學家也都看到過這些資料，他們作出了否定的推理。我們今天不在這裡具體討論這個問題，因為那會花費太多時間。我想我們的課堂還是按照我的選擇延續下去吧，捕捉住我認為重要的文化記憶。

孔子一輩子都研究周禮，三十歲起懷著「三人行，必有我師」的恭敬態度，周遊列國拜師問學。有老子這樣一位博學的周王室圖書館館長，孔子很自然地列入了拜訪對象。於是孔子從現在的曲阜出發，沿著黃河到洛陽，來到了當時名義上周天子的所在地洛邑。今天的洛陽還保存著孔子問禮的地方，不過很難考證到底是不是這個地方了。

見面後，孔子和老子之間互相有什麼問答，一直沒有可信的記載，因此歷史上也充滿了各種各樣的猜測和傳說。

在這些猜測和傳說中，有兩則比較合情合理。第一個傳說是，孔子問周禮，老子告訴他，周已經沒希望了，周禮也不會成氣候，因為天下一切都在變。這正是老子的思想，他要孔子不要問周禮了。在第二個傳說中，老子教訓孔子，年輕人不要自傲，也不要過多地追求欲望。史書上記載的孔子，是一個不自傲也不太追求欲望的人，為什麼老子會給他這番教訓呢？我相信一定是因為出現了這樣的情形：安靜的老子看到一個青年學者風塵僕僕地來到自己家裡，身後尾隨著魯國皇家提供的車馬僕從，那般氣勢在老子看來有些過分，又見到孔子那麼年輕，就以長者的身分說了上面的一番話。史書確實記載過魯國君主在孔子問禮於周之前，曾經饋贈車馬僕從。

◉**王安安**

《出關》裡還寫了孔子的學生冉有是司機，為孔子駕車。

◉**叢治辰**

對，而且還說老子每次都送孔子上車，然後不冷不熱地說句客套話。

◉**余秋雨**

《出關》這篇虛構的小說表達了魯迅對孔子的看法。魯迅筆下的老子總是不太愛答理孔子，儘管孔子非常小心地問一些問題，老子仍像一根呆木頭一樣坐著，時不時淡淡地說幾句。最後，老子告訴孔子，人需要用一種柔軟的態度來面對現實。他張開嘴巴，跟徒弟說：你看我的牙齒在嗎？徒弟說沒了。老子又問：你看我的舌頭在嗎？徒弟說在。於是老子用混濁的目光看著徒弟說：先失敗的一定是堅硬的東西，能長時間存在的一定是柔軟的東西。如此幾次談話後，老子覺得孔子已經明白自己的學問，自己就不能留在中原了，搞不好還會有性命之虞，於是決定出關。

孔子問禮和老子出關的關係，當然是小說的虛構。魯迅在這個小說中把孔子描寫成了一個頗有心計的人。不過他筆下的老子倒是真帶了幾分《道德經》中遺留的老子的神韻。

於是，《出關》裡的老子第二天就離開了家，騎上青牛，黃沙白髯，慢慢地走了。走到函谷關，遇到了邊關守將。這個守將可不是一介武夫，而是一個文化愛好者。他看到國家圖書館館長要隱居關外，於心不忍，卻也不能阻攔這位老人。於是他說，如果您要出關，必須留下一點文字，否則您這一走，您的學問也就失傳了。這個要求在我們看來近乎「勒索」，但老子的邏輯就是隨遇而安，從不爭辯，於是他開始寫，一共寫了五千字。這五千字就是現在我們所知的《道德經》：「道可道，非常道，名可名，非常名……」

在魯迅的小說中，老子先是開班講課，但沒有人聽得懂，下面的學生打呵欠瞌睡，亂成一團。於是老子又應邀將授課的內容寫了出來，得到了十五個餑餑作為授課費和稿酬，放在一個白布口袋裡。於是一位白鬍子老頭騎著青牛，肩上背著白口袋，在漫天黃沙中漸行漸遠，所有的顏色全都湮沒在充斥天地的土黃色中。

關於老子，有幾個問題看似矛盾，卻值得我們好好思考。老子僅僅寫了五千字，為什麼就能成為諸子百家中極重要的一家？為什麼在中國歷史上地位低於孔子的老子，卻享有很高的世界威望？

◉王牧笛

老子的國際聲望，我覺得跟他自身的哲學思考模式與西方哲學思維更靠近有關。《道德經》本身不失為一部微言大義、簡約透徹的優秀哲學作品。老子的思想雖然簡約，卻是一個自成體系的整體，而孔子留下的更多是言論性、語錄式的東西。孔子在中國的地位和影響，得益於政治力量的強制性傳播，這種力量和傳播的影響範圍當然僅限於中華文明圈。如果我們單純從哲學的角度去考察孔老二人的學說，我認為，老子學說的哲學含量更高一些。黑格爾就認為孔子是格言大師，不是哲學家。老子更關注一些普通的規律性，即「道」，而孔子可能更關心的是人際關係。所以相比於孔子，西方更fan老子。

◉叢治辰

老子提出的「道」本身是一個客觀唯心的概念，我認為他本人也是一個客觀唯心主義者。老子展示了精準的辯證法，提出了「有無相生，福禍相倚」的概念，跟黑格爾的辯證法非常神似。但在面對生命的態度上，老子主張「貴柔」這個概念，與西方哲學「尚剛勁」的主張又形成了強烈的反差。這種差別和神似造就了西方思想家眼中老子的獨特魅力。而老子的這種無為、不爭的生活主張對西方人來說非常陌生，這種陌生很可能造就了西方人將老子看作是東方哲學的典型。

◉劉　璇　我覺得《道德經》首先談論的問題是「道」——客觀規律性，它不同於《論語》關注的社會管理、道德法則等。客觀規律性具有普適性，而社會管理、道德法則卻因地、因時制宜。老子對客觀規律的闡述觸及到了豐富的辯證法，對了西方哲學的「胃口」。而且我覺得老子所處的時代非常有利，他是「百家爭鳴」這樣一個偉大時代的先行者，老子的理論是總結了三代，甚至更久遠的過去的歷史經驗以及思維。但從時代來說，老子本人和他的著作都占據著承前啓後、繼往開來的作用。

◉余秋雨　我們暫且撇開內容不管，光在表述方式上，老子就展現了一種讓人仰望的簡約和神祕。在生活中，寡言和簡言是別具魅力的，這對思想家來說更是這樣。任何思想如果需要滔滔不絕地說，證明還處於論證階段，而如果到了可以做結論的境界，就不會講太多話了。而且，也沒有什麼表情了。

簡約是一種結論境界，而且，又是對遼闊宇宙的結論，因此由簡約走向宏偉。這種宏偉由於覆蓋面大，因此又包含著大量未知，結果就走向神祕。

請大家想一想，一種學說，能夠既簡約又宏偉，又神祕，它會多麼吸引人。就像在一群聰明人的唇槍舌戰中，一個白髯老人出現了，只用男低音說幾句大家彷彿聽懂又彷彿聽不懂的話，這是一種多麼震撼人心的情景。

很少有人具備這樣做的資格，所以大家都在大量地寫，大量地說，這對讀者、聽眾和他們自己，都是一種犧牲。

老子的生平，像他的理論一樣神祕。後來道教也視老子為精神導師，讓他進入了另一番傳奇。民間有關他的傳說各種各樣，有的傳說很有趣，但我們一定要把傳說中的老子和哲學家老子區分開來。比如我們可以看到很多關於老子年齡的說法，有人說他活到一百六十歲，也有人說他活到二百多歲，這些都沒有證據。

還有很多關於老子出關後的傳說，其中還包括他出關後又回來了的故事。我們中國式的思維是這樣，不回來讓人傷心，消失了讓人失落，老百姓都不願意接受這樣的結局。因此說老子回來後，居住在河南和安徽一帶的鄉野，又活了幾十年，跟村民交往，留下了很多話題。還有一種說法更神奇，說老子出關以後，就成了釋迦牟尼。我相信這是非常熱愛老子的後人，給他加上的各種光環。

我們現在能夠找到有關老子的書很多，原因就是《道德經》微言大義，引得後代無數智者在注解它的事業上各顯其能。長沙馬王堆漢墓中發現的寫有《老子》的帛書，為我們研究那個時期的《道德經》文本提供了很好的參照。當代人注釋老子，我習慣使用的版本，是任繼愈先生的《老子新譯》。

第八課

道可道，非常道

◉余秋雨

中國人如果失去了對老子的記憶，將是一個可怕的世界級笑話。然而現實是，這樣的笑話一直存在。《道德經》只有寥寥五千字，然而曾經認真讀過全文的國人少之又少。我們平常知道得更多的是儒家的一些語錄。中學、大學的語文課本裡收錄老子的言論不多，而人們在日常生活中用得就更少了。

《道德經》開篇就有點把人卡住：「道可道，非常道；名可名，非常名。」

人的習慣就是這樣，如果一開始弄不明白，大部分人就放棄了，往往轉向研究「界面」比較「友好」的學問。

結果，《道德經》的這第一句，大家都聽過，但很少有人能弄明白。魯迅在小說《出關》裡邊寫到，老子一開口，就把邊關上要他講課的全部官兵嚇住了，因為誰也聽不明白他在講什麼。

那麼，今天就讓我來解釋幾句吧。這種解釋，也正是對老子哲學的一種示範性逼近。至少，可以嘗一嘗這種古老智慧裡的一點點滋味。

道可道，非常道；名可名，非常名。

「道可道」，這三個字裡，第一個「道」字是名詞，指的是世間大道。第三個字也是「道」，卻是動詞，指的是表述。「名可名」的結構也是這樣。這幾句話連在一起，翻譯成現代漢語，大概的意思是：道，可以說得出的就不是永恆的道；名，可以說得出的也不是永恆的名。

老子的思想非常反傳統，他認為不管是自然大道、宇宙大道或是人間大道，一旦我們自認為講明白了，其實就偏離它了。道不受時間、空間限制，而語言恰恰是一種限制。因此，老子認為，只要我們把大道付之語言表示，就是對大道的一種剝奪，一種侵蝕，一種或多或少的切割。這個意思，也適用我們今天的講課，老子的在天之靈如果看到又有一夥人在這裡談他的道，也會苦笑一下飄然遠去。

後半句「名可名，非常名」，更進一步否定了以概念、名號去定義不同的對象。有幾位西方現代哲學家特別喜歡老子的這個思想。當你試圖去定義時，用的是過去產生的類別劃分。類別劃分本來就是一種最粗淺的概括，已經取消了事物本身的獨特本質，更何況是過去的。這就像讓你在操場上排隊，被劃入了黃隊，但黃隊是你嗎？「黃隊」之名，一時之名，權宜之名，非本性之名，非個體之名。遺憾的是，本來為了方便而叫出來的名，卻替代了事物的本性，人們還特別容易為了名而爭鬥。在老子看來，這從一開始就搞錯了。

按照老子的哲學，他問你一句：「你是誰？」你回答說：「北大學生」，或者說：「副教授」，老子就會說：「你呢？你到哪裡去了？」

總之，不要過於相信已經創造的知識和已有的思維方式對存在的認知。老子教導我們不要過於相信已有的知識。

老子開頭這句話，其實也擺明了一個著作者的矛盾心態。他很謙虛地告訴大家，後面文字所傳達的意義並不是他心中的終極意義。終極意義只可意會，不可言傳。但是，如果完全不言傳，人們就很難抵達意會的入山口。因此，這五千字，就相當於「起跳板」，讀者是否要完成那個跳躍，就看自己了。

這就是天下很多第一流著作者的共通心態。他們明知任何表述都是一種錯位卻又不得不略加表述，為了引導別人卻犧牲了自己。真正的智者總是在這個關口上進退維谷。老子無奈地寫了五千字，這讓我們聯想到，世上不知道有多少智慧並沒有留下蹤影。後世滔滔不絕的著作者已是二流，而如果對這種滔滔不絕還沾沾自喜，那只能是三流的了。

天下皆知美之為美，斯惡矣。皆知善之為善，斯不善矣。

這是我選取應該理解的第二句。它的意思是：當人們都知道什麼是美的時候，就是醜了；當大家都知道什麼是善的時候，就是不善了。這裡邊的道理顯然非常深奧，甚至怪異。老子認為我們不能舉著旗子去宣傳「美」和「善」，不能刻意去追求好的東西，因為我們一追求就走到了反面。請問，你們怎樣理解這句話呢？

◉劉 璇

我的理解是，這是辯證法的一種體驗。老子認為有無相生，難易相成，長短相形，高下相傾。一旦你提出一個概念，對立的概念也就隨之產生，有正就必然有反。單就社會治理層面來說，有教化就會有反叛。所以不樹立這些正面的教化，就避免了隨後反面的產生。

◉余秋雨

看來你已經入了門徑。我們前面說過，老子開篇就表明，事物是不能被精準定義的。當我們試圖去定義什麼是「善」時，就已經偏移了眞正的「善」。這個偏移當然就是向著「惡」的方向。當偏移了的善被反覆強調時，與之相對應的惡也就被放大了。

多講美，為什麼會變得不美呢？我們看看身邊的現象就明白了。例如，好好的女孩子，為了追求一種以「美」為標誌的潮流，每天花費很多時間和精力在自己的臉上塗抹，塗抹成虛假而又雷同的形象，這就是走向了不美；又如，偶爾舉行一些選美活動本來也不錯，但是，其中又夾雜著那麼多競爭、覬覦、嫉妒，選中的人又很難再過正常青年學生的生活，這也走向了不美；再如，美和美感，本是一種與生俱來的感覺，有人對此作一些研究也不錯，但是，不知怎麼冒出來那麼多「美學教授」，連篇累牘地把美講得那麼枯燥、刻板、囉唆、冗長，這也走向了不美；更可笑的是，由於美的極度張揚，結果造成美的無限擴張、無限貶值，以致像一個諷刺段子所說的，現在街上只要有人呼喊一聲「美女」，滿街從老太太到小姑娘全會回過頭來。

美是這樣，善也是這樣，一切正面的人文觀念都是這樣，講多了，立即走向反面。這個規律，永遠有效。不知道我們的宣傳部門，什麼時候才能理解這個規律。與老子相比，孔子的學說過於追求事功，很少考慮到反面效果。

◉王安安　因此道家一直不喜歡儒家，說「仁義道德」是偽善，不是自然之道。

◉余秋雨　沒錯，自然之道。當人類刻意去追求美、追求善的時候，最大的問題就是變得不自然了。美和善都是自然的，一旦脫離自然，哪怕是脫離一點點，就開始滋生醜和惡。

◉王牧笛 事實上老子思想的一個基本邏輯就是物極必反，所以贊成「無為」。「無為」並不是說什麼都不做，而是強調做事情的度。

◉余秋雨 對。下面我們要記憶的這段文字，能夠更多地說明老子的這種思維邏輯。

大道廢，有仁義。智慧出，有大僞。六親不和，有孝慈。國家昏亂，有忠臣。

老子的這段話是用一種嘲笑的口吻談論仁義、孝慈等被後世儒家視為道德核心的觀念。他認為，人們講仁義的前提是大道不存，否則「仁義」就是毫無意義的；當智慧過度時，就有虛假和欺騙出現，因為只有聰明人才能設下別人看不懂的埋伏和騙局；當家庭不和時，才會有「孝慈」的概念，如果家庭自然和睦，哪裡用得著刻意地展示自己「慈父孝子」的身分？當國家混亂時，才會有「忠臣」的概念，如果國家強盛，哪有忠奸之辨呢？所以大力提倡「孝慈」的時代一定是六親不和、家庭自然倫理已然衰落的時代；高聲宣揚「忠臣」的時代一定是國家式微，朝政昏聵的時代。

◉叢治辰 在所有對儒家進行嘲諷的思想家當中，可能老子是最有力量的，他從一個更高的角度來審視儒家。而且他對「偽」的一個分析也很到位：人為

◉余秋雨 即偽，偽即不善，這從根本上否定了儒學的教義。

但是，在這裡我必須為儒家說一句話。老子的學說過於徹底了，對於現實社會來說，往往是一種「理論假設」。也就是說，他在設想著一種乾淨如白紙的自然和人性。如果眞是如此，那就應該不去干擾。但是，問題在於，白紙早已污染，自然和人性也已被扭曲，一切都有待於拯救。在大道已經廢弛，老子所讚頌的小國寡民、百姓淳樸的時代已經不在。在這種情況下，天下智者能夠放任不管，只顧自己隱於野或隱於市麼？面對這樣的現實，儒家的觀點似乎更積極一些：即使帶些刻意，也要一點一點來拯救，這是一種社會責任感。

◉王安安 我覺得儒家的觀點確實表現了這種學說的使命感、責任感，「知其不可為而為之」。但如果站在道家的立場說：既然你認同我的話，認同我們對美好的追求總會伴生負面效果的觀點，那麼現在大道既廢，世界是惡的，為什麼還要再刻意去追求，讓這個惡的世界更惡，讓凶險的人心更凶險呢？另外，雖然這個世界很糟糕，但我們同樣可以認為這是一段時期的自然狀態，智能之士角逐智慧，希望改變世界，就是破壞這種自然狀態，就是惡。這樣說來，無論這個世界是善的，還是惡的，你再加什麼東西，你都是加了壞東西。

◉余秋雨 不錯，即使在已經被污染的世界裡，也有自然的標準。失去了自然的標準，可能越想治理反而越醜惡。就像我們在某些風景勝地的建築，有不少是越用心反而越難看，因為失去了自然的標準。這就是說，即使大道已廢，也還有自然。怕只怕，儒家不以自然為標準，而以仁義為標準，把世界推向更偽。老子一系列相反相成的思維方式，足以把人們從習慣性的單向思維和概念思維中解救出來。然而令我們羞愧的是，這雙解救的手，來自於兩千多年前。接下來的問題是，被解救出來的人們應該怎麼辦？對此老子也提出了一套完整的人生哲學。

信言不美，美言不信；善者不辯，辯者不善；知者不博，博者不知。聖人不積，既以為人己愈有，既以與人己愈多。天之道利而不害，聖人之道為而不爭。

這段話的意思是：眞話不漂亮，漂亮的不是眞話；善良的人不巧辯，巧辯的人不善良；眞懂的人不賣弄博學，賣弄博學的人不眞懂。聖人沒有什麼好保留的，他盡力幫助別人，自己反而更富足；完全給予別人，他自己反而更豐裕。天之道，利萬物而不傷害；聖人之道，有所作為卻不與別人競爭。在這個意義上，老子主張的自然之道就和人的生活態度連在一起了。

我是覺得老子給了我們觀察生活、觀察世界的另一種視角，從中我們看到與傳統的確定性、單向思維的不一樣。具備了這種視角，我們也獲得了更加智慧、更加通透的生活的可能性。

◉**王牧笛**　我覺得孔子就像至剛的拳法——少林拳法，而老子像至柔的拳法——太極八卦。老子是以無為而有為，以不爭為爭。毛澤東就非常懂老子之道，提出「敵進我退，敵退我進；敵駐我擾，敵疲我打」的運動戰策略，其中的哲學思想似乎就是以不爭為爭。

◉**余秋雨**　所以，毛澤東晚年講過，《道德經》其實是一部兵書。我當然不贊成這種說法。老子的精神理念與刀兵爭逐相距甚遠，只不過他的以柔克剛的思維可能會給軍事家帶來某種啓發。在文化領域，老子的「知者不博，博者不知」的現象，表現得特別有趣。我小時候在農村，看到上衣口袋別三支鋼筆的人，一定是剛剛參加完掃盲班的人。現在大家忙於經濟，沒有太多時間投身文化，結果賣弄文化的人就越來越多了。有的人開口閉口背一些古代詩文，有的人可以背出很多很多年號，有的人整天咬文嚼字、引經據典，有的人說話還喜歡夾著外語，其實可能都不是眞正的智者。包括現在有一些主張恢復繁體字、回歸文言文的人，一定對繁體字、文言文了解不多。胡適之先生說過，簡體字（他說「破體字」）和白話文，是千百年來早已產生的自然現象，只有眞正高文化的人才會重視和吸納這種自然現象。過度提倡「國學」，也是違反自然的，而且一定是對傳統文化了解不多的人在提倡。眞正的智者不在低層次上做違反自然的誇張。

那麼我們應該怎樣去面對生活呢？

為無為，事無事，味無味。

我希望同學們能夠記住這簡簡單單的九個字。把無為當做行為，把無事當做事情，把無味當做好味。總之不要刻意作為，因為這樣反而會敗壞整個行為。做事是這樣，為人也是一樣，君子之交淡如水，眞水不香，至味無甜，高人永遠不會擺出多種多樣的姿態。

大成若缺，其用不弊。大盈若沖，其用不窮。大直若屈，大巧若拙，大辯若訥。

最圓滿的卻似乎有欠缺，無論在藝術上還是人生上都是這樣。完全圓滿，就意味著終結、破敗。最充實的東西一定有空虛的部位，因為空虛能召喚很多力量來塡補自己，達到大盈。最正直、清白的，看上去倒有很多扭曲之處。最靈巧的，看上去倒好像有些笨拙。最雄辯的，看上去倒好像無話可說。

這幾句話，我也希望同學們能夠背誦。天底下有多少奮發有為之士，都在追求完滿、充實、清白、聰明、雄辯，但老子潑冷水了，說這每一個目標都無法以純粹方式達到。只有在看上去達不到的時候，甚至在與目標背道而馳的時候，反而達到了。不殘缺的完滿是一種假完滿，不空虛的充實是一種假充實，這是我們擺脫「假、大、空」的一劑良藥。而且，我從歷次政治運動中看到，凡是被人家潑髒水潑得最多的人，反倒常常是最乾淨的人，而那些慷慨激昂地「揭露」別人瘢疤的人，大多最不乾淨。一些看上去「詞窮理屈」的人，往往倒是可信的；一些在傳媒上口若懸河的人，往往難於信任。你們年輕，思維偏於單向突進，多聽聽老子的話好處很多。不少人往往在傷痕累累之後才能體會老子的話，你們可以少一點傷痕。

天下多忌諱，而民彌貧。民多利器，國家滋昏。人多伎巧，奇物滋起。法令滋彰，盜賊多有。故聖人云：我無為而民自化，我好靜而民自正，我無事而民自富，我無欲而民自樸。

這是在講社會管理了。天下禁忌越多，老百姓就越貧困；民間武器越多，國家就越混亂；人們技巧越多，奇怪的物品也越興盛。下面這句話，很多法律學家可能會不高興了，老子認為，法令越是彰明，盜賊反而越多。所以聖人說了，我無所作為，人們才會自然順化；我愛好清靜，人們才會自然端正；我無所事事，人們才會自然富足；我沒有貪欲，人們才會自然淳樸。這裡所說的「我」，是聖人的自稱，也就是社會管理者。社會管理者不要有很多作為，安安靜靜地應順自然，一切反而會更好。

老子的這一系列觀念，讓人驚訝。我說過，這裡包含著一種「理論假設」，設想著在人們的自然人性都還十分健康自足的情況下，一切過分的管理都會起到適得其反的效果。但事實的基礎已經不是這樣，因此適度的管理就成了必須。否則，設想中的「自然」會被暴虐和混亂所吞沒。

然而，老子的這些話，在現實生活中仍然具有巨大的教育意義。從各級官員到教師、家長，有多少管理是違背人性自然的？我們的忙忙碌碌，有多少是為自己和別人增添麻煩的？讓我們在浮躁之中常常抬起頭來，看看雲端之上那個白髮老人的平靜目光。

第九課

尋找眞實的孔子

◉余秋雨

中國人對於孔子的記憶，大多是他的一些話而不是他這個人。他這個人，由於被歷朝歷代供奉了一千多年，也就失去了一個活生生的他。我們的記憶，就是要穿過千年迷霧，去尋找眞實的他，哪怕一個背影也好。錢鍾書先生講過，你吃雞蛋，不必去了解生這個雞蛋的母雞。這是一個作家的玩笑說法，不能當作眞理。實際上，我們即使在選擇一種比較重要的生活用品時，也會考慮它的生產者，更何況是精神產品，而且是長期運用的精神產品。對於一個注定會影響我們人生的思想家，我們必須有所了解，否則，對他和對我們，都不公平。

這個道理，可以藉孔子的親身經歷來說明。孔子曾經跟魯國著名樂師師襄學琴，他很聰明，才學了十天，一個曲子就學會了。師襄說，你可以進一步學習其他的技巧了。孔子說：「我雖然學會了這個曲子，但還沒有掌握它的規律。」過了幾天，師襄說：「你已經掌握了它的規律，可以學習其他的曲子了。」孔子又說：「雖然我把握了它的規律，但我還沒有領悟曲子表達的志向，我還要繼續練習。」過了一段時間，他已領會了作曲者的志向，但他想知道作曲的這個人是誰。他就跟著樂師不斷地彈啊彈，忽而莊嚴肅穆地凝神深思，忽而怡然自得地舉頭眺望，突然他高興地說：「我抓住他了，這個人身材修長，皮膚黝黑，目光深邃，有如君臨天下的聖王。就是這個人，我抓住他了，除了周文王沒有其他人了！」

師襄恭敬地讚歎道：「這個曲子正是《文王操》。」這個故事說起來有點神祕，孔子學琴學到最後，竟抓住了一個活生生的作曲家。這裡邊的道理，有深刻的象徵意義。所以，我們也有理由在學習孔子的很多學問之後，去把握他這個人。

◉王安安

我讀《論語》的時候就覺得，孔子的所有大道理都跟他講話的情景有關係。有時候我甚至不看他說了什麼，就看他在什麼情況下說的，想像他說那些話的時候的表情和心態，就會覺得這是一個很好玩的老頭子，很可愛。

這就是哲學態度和詩學態度的區別。哲學態度追求嚴謹的詞語理性，而詩學態度則關注生動的人格狀態。

用哲學態度對待古人，古人也就變成了理念；用美學態度對待古人，古人便從理念中釋放出來重新成為活人。美學態度是一種親切態度、俏皮態度、平視態度，可能會引起學究們的不悅，不管他們。因為好的人生就是詩，隔了兩千多年還在被人惦記的人生，更是詩。

好吧，那就讓我們向孔子走近。

孔子的先人是殷商王朝的王室成員微子，他的墓就在山東微山湖上。他在殷王朝向周王朝轉化的過程中起過重要作用，受到周王朝的重用，被周成王封為宋國的國君，在現在的河南商丘一帶。孔子說自己是殷人之後，是和微子這個祖先有關的。孔子前五代的時候，為了避禍，來到曲阜地區。曲阜曾一度做過商的都城，商湯建立商朝的時候，建都在亳（今河南商丘），此後三百年中，遷都五次，最後盤庚遷都於殷（今河南安陽）。由此可見，孔子是有貴族血統的，只是在他前面這幾代祖先，已經在兵荒馬亂當中敗落了。這個過程也與周代的宗法制度有關，所謂「五世親盡，列為公族」，孔子的家世也就從諸侯而降為公卿，又由公卿而降為士民。整個過程，十分自然又十分典型。這在孔子的文化記憶中，埋下了貴族意識和平民意識的雙重結構。

到孔子的父親——叔梁紇，情況發生了變化。孔子的父親是身材高大、力氣驚人的一位將軍，在一次戰爭中，他居然靠自己的力氣把城門頂起來，立下了大功。我們的大思想家有一個身體健壯的父親，這事聽起來比「家學淵源」更讓人開心。我一直認為，一個人對父輩的繼承，繼承財產是最低等級，繼承學識是中間等級，繼承健康才是最高等級。這裡所說的健康，包括生理健康和心理健康。孔子一生歷盡磨難卻一直身心健壯，我想與他這位扛起了城門的父親很有關係。他也憑一人之力，扛起了一座大門。這門，比城門還要大，還要重。

◉司　晨

古人講究「禮、樂、射、御、書、數」六藝，其實是全面發展，後來讀書人就忘記這個教訓了，很孱弱，這個影響一直到現在。其實身體好對腦力勞動也有很大幫助，大家還是應該學學孔子的。

◉余秋雨

我聽說，司晨是足球踢得很好的北大博士，有資格說這個話。從司晨回到孔子，我們繼續，孔子的父親和母親年齡相差很大，最常見的說法是他母親在十七歲生下孔子時，他父親已經七十一歲了。中國民間一直有「老夫少妻出神童」的說法，不知有沒有科學根據，但至少孔子是一個例證。在現代，做過我們北大校長的胡適之先生也是一個例子，他的父親和母親的年齡相差也很大。孔子的母親姓顏，與孔子後來的學生顏回是一個家族的。

顏氏懷了孔子之後，當時有一個規矩，必須到夫家去生育，她在回夫家的半路上生了孔子。現在山東還有一個夫子洞，據說是孔子的出生地。

孔子出生之後三年，他父親由於年紀太大就去世了。他還年輕的時候，母親也去世了，所以孔子早年的生活相當孤單，也有點艱難。這是他終於成為一個重要人物的人生起點。他多次講過這樣的話：因為出生貧賤，所以對於各種鄙事，我都能忍受，所有人家不願意做的事，我都會做。

◉裘小玉　「吾生也賤，故多能鄙事。」

◉余秋雨　對。孔子有些卑賤的童年顯然開拓了他的命運。他的童年雖然談不上大悲大苦，卻使他對於人世的苦難有了一種切身的感受，這是他能夠立足大地的起點。

孔子說他「十有五而志於學」。十五歲是他的一個轉折點，他在那個時候立志於學習，廢寢忘食地學習，並且在學習中體會到了很大的樂趣。他當時所在的魯國，保存著最為完整的周代的禮樂文明，當時有「周禮盡在魯國」的說法。這給孔子提供了一個很好的學習氣氛和比較完善的學習內容。

◉費　晟　我從一些材料中獲得一種印象，孔子還喜歡到轟轟烈烈的社會實踐中學習知識。

◉余秋雨　確實，孔子一方面認眞讀書，另一方面又向社會實踐學習。到三十歲的時候，他產生了一種明確的生命意識，對人生有了一個比較明確的判斷，這就是他說的「三十而立」。

孔子對每個年齡階段都有界定，三十歲是他「立」的年份。這個「立」，根據我的分析，大概有三個內容：第一是他有了比較明確的政治主張，就是重建的禮樂；第二是他已經取得了一定的社會聲望，大家對他產生了信任；第三是他具備了一定的專業特長，能夠做很多事，這三個加在一起，使他覺得自己成為了一個獨立的社會人。

對於這個問題，我希望在座各位稍加注意。你們很可能以為自己早已「立」了，考上北大就「立」了，被同學們叫幾次好就「立」了。孔子到三十歲才「立」，你們都不到三十，都「立」了，好像有點早。按照上面說的標準，所謂「立」，必須具備三點，即明確的主張，社會的信任，專業的特長。如果具備了，即可以說，你「立」住了，「立」在社會上了，一生可以真正開始了。

三十而立之後，他為自己制訂了三個任務。一是開辦私學，他收學生了。用我們現在的話說，這個知識分子，在年紀不大的時候，就有了一個學術團隊。這一點非常重要，後來他不管到哪兒問政，到哪兒周遊，都有學生追隨，而那些學生也需要他這個導師。在這個過程中，由於學生們的記錄，不斷產生著我們今天奉為經典的語錄。

◉王安安

有時候覺得孔子像一個黑社會老大一樣，帶著一票人到處跑。這票人裡面什麼人才都有，又有能打架的，又有能說會道的。孔子被這樣一些厲害的門徒跟著，也不顯得像喪家犬，倒是挺拉風的。

這是你很現代、很有趣的想像了。在古代，知識分子的人格衛護和學術傳遞確實需要一定數量的「人體中介」。而且，這些「人體中介」的功能不能過於單一，因此什麼樣的人都有。好，讓我接著說下去。孔子為自己制訂的第二個任務是進行比較完整的考察。例如：他到各個地方學習周代的禮儀，對於太廟裡祭祀程序的每一個細節，都弄得清清楚楚。他在路上會遇到各種各樣的事情，隨時都在如飢似渴地學習，這使他的人生閱歷和知識結構大大地擴充了。大家聽到過，有一次，他帶著學生經過泰山的時候，有一個婦人在哭，因為老虎吃掉了她的公公和丈夫，現在又吃掉了她的孩子。孔子問她：那你為什麼不搬走呢？她說：我們這兒沒有惡政。孔子馬上對學生說道：「小子識之，苛政猛於虎也。」他讓學生記住，殘暴的統治比老虎吃人還要厲害。由此，他進一步確立了以仁為中心的政治觀念。

他為自己制訂的第三個任務是開始問政。他給各種各樣的政治人物和軍事人物提出建議，或者給他們講課，希望他們聽了以後能夠實踐他的仁政主張。

他從三十歲到五十歲這二十年時間裡，基本上就做了這麼三件事情。

在這二十年中，孔子逐步地走向偉大。像一切偉大的人一樣，他有很通暢的輸入渠道和輸出渠道。輸入渠道就是一路問學，「三人行，必有我師焉」，輸出渠道是一路提供政治諮詢。但是，那些政治家發現，他的政治主張聽起來很好，做起來卻要從根本上改變自己，這太難了。因此，誰也不聽他的。

◉周雙雙 剛剛安安說孔子像黑社會老大，很拉風，那是跟他的弟子們在一起的時候。孔子在向那些君主推銷自己政治主張的時候，倒眞是讓我覺得很辛酸。一個很善良的學者，苦口婆心地一直說，那些君主根本就沒有在聽。孔子那一套人家全不感興趣，他們全都轉過臉去，覺得還不如看看宮女跳舞呢。

◉余秋雨 確實是這樣。我可以舉一個例子來解剖一下他與各國君主之間的尷尬關係，說明他為何一次次從「被崇拜」走向「被驅逐」。他三十歲的這一年，齊景公和晏子來到魯國，齊景公問孔子：「秦國地方小而偏僻，秦穆公為什麼能稱霸呢？」孔子說：「秦國地域雖然處在邊緣，但是行為中正。國家雖小，但志向很大。秦穆公能用五張黑羊皮把賢人百里奚從牢裡贖出來，與他交談三天，就把政務交給他，完全地相信他。秦就是憑著這樣的仁義，成就了王業。一個君主如果想僅靠武力稱霸諸侯，那是生硬的，無法把自己的潛力發揮出來。」齊景公和晏子聽了很是佩服。

幾年之後，孔子到齊國，齊景公再次問政，孔子說君臣父子各安其位，各謀其事，國家就能得到治理；如果上下錯位，國家就會混亂。這個觀點也引起了齊景公的共鳴。

齊景公本想起用孔子，晏子阻撓說：儒家知識分子能言善辯，滔滔不絕，但不受法令的制約；自我感覺良好，不甘居人之下，難以合作；為了講究禮儀，喜歡破財厚葬，不能作為風俗；喜歡遊說乞貸，不能立國；周室衰微，禮崩樂壞，孔子想恢復周禮，「累世不能殫其學，當年不能究其禮」，幾代人都難以窮盡他的學說，哪怕到了壯年也不能學通他的禮儀，這怎麼能用來指導人民的行動？不久，景公對孔子說：「吾老矣，弗能用也。」等於下了逐客令。

這是個很典型的例子。晏子所說的理由，也就是當時所有的諸侯邦國拒絕孔子的原因。孔子從三十到五十歲的基本狀態就是這樣，他得到了人們的尊重，但得不到重用。

孔子就這樣從而立之年走過不惑之年，終於到達了知天命的時候。所謂知天命，就是知道了上天讓他來做什麼，他自己一生能夠做什麼。一個人要明白自己的人生使命是很難的，因為這裡交錯著「應該做什麼」和「能夠做什麼」這兩個互相制約的命題。「應該」的事很多，但有很大一部分自己不「能夠」；「能夠」的事也很多，但有很大一部分則自知不「應該」。兩者交合處，便是「天命」。為此他走了二十年，終於成了一個獨立人格的自由人。

◉費晟

一個人在知道「應該」和「能夠」之後就會採取一些果斷的行為。孔子其實也做了一段時間的官，在任上也很有魄力。比如殺少正卯那件事，到現在還會引起爭議。《荀子》裡對這個事的記載說，少正卯「心達而險，行辟而堅，言偽而辯，記醜而博，順非而澤」，就是說他心地聰明但是很險僻，行為怪癖卻很果敢，言語虛偽但是能說得天花亂墜，對那些不該了解的怪事卻記得很廣博，做大逆不道的事卻有很多人響應，所以不能留下，孔子非殺他不可了。《莊子》裡的記載卻說少正卯在魯國與孔子齊名，很有信眾，導致孔門三盈三虛，也就是說孔子的弟子多次滿員，又多次傾巢而出，去少正卯那邊從學去了。把孔子說成是因爭學生爭不過，產生嫉妒而公報私仇。《莊子》這個說法很有意思，不過我不是很相信。

◉余秋雨 那是在他五十歲以後的事了，當時魯國的政治結構發生了一些變化，孔子開始做官，做了四五年。

他在魯國做過司法方面的官員大司寇，也代理過國相。看得出來他做官很有能力，也有決斷，比如你所說的誅殺少正卯。我贊成你的想法，孔子做這件事不像是挾私報復，因為他一生真誠地嫌棄小人伎倆，倡導君子政治，不可能在大庭廣眾之下做一件明顯違背自己理念的事。如果那樣做，他就不是孔子了。我覺得，孔子為官最出色的表現，是在外交領域。他在當時諸侯邦國的外交事務中有突出的地位，因為各國在名義上還都是周王朝的諸侯國，如果正式場合的行為不符合禮儀，就意味著跟野蠻人一樣，是非常丟人的事情。於是在外交場合，大家都需要一個通曉禮儀的人來擔任指揮，而這個指揮往往就是孔子。作為一國的代表，卻能成為整個外交場合的指揮者，孔子很為魯國爭光。特別是在魯國和齊國國君的一次聚會上，他多次指出齊國不合禮儀的地方，使齊景公大為恐懼又極為慚愧，於是歸還了原先侵占魯國的一些土地，並且向魯國道歉。外交方面的成績，應該是孔子能夠在魯國做到「代理國相」的一個重要理由吧。

我想與大家討論的是，孔子的直接問政、做官，這對於他的思想完成，起了什麼樣的作用？他這麼一個知識分子，直接地參與政治，正面意義何在，負面意義又何在呢？

◉裘小玉 我覺得所謂「知識分子」，就是以非官員身分探究國事的一批人。可能中國知識分子入世，就是從孔子開始的一個傳統。知識分子直接出來當官，積極的作用在於可以實踐自己的政治主張、政治理想，重新審視自己的學說。負面的意義就是可能會讓他們喪失獨立性，失去立場。如果知識分子太過清高，不能理解現實，深入政治實踐之中，還可能導致文人誤國。

◉余秋雨 我們在運用很多概念的時候，稍稍一碰，就會遇到一般用法和學術用法、西方用法和東方用法、傳統用法和當代用法的差別。「知識分子」這個概念就是這樣，越鬧越複雜，讓很多人不知道自己算不算知識分子，能不能談論知識分子了。我覺得按西方概念，主要是兩條脈絡，一是德國康德的說法，認為知識分子是「敢於在一切公共場合運用理性」的人；二是一百年前從法國產生的一個概念，認為知識分子是能夠對主流意識形態進行批判的人。這兩條脈絡都有道理，但我更偏向康德，因為他主張知識分子是可以靠自己的理性和勇氣進入公共空間，改變公共空間，並創造主流意識形態的人。

因此，我們沒有資格批評孔子熱心從政是對知識分子獨立性的自我取消。他行使過獨立批評的權利和義務，但沒有用，因此他要用局部示範方式來體現他的批評。在中國古代，有些「清流」和「隱士」看似獨立卻總是在精神觀念和治國方略上隔靴搔癢，於事無補，而一旦被統治者重用則大多清談誤國，一敗塗地。這些人與孔子相比，差得遠了。孔子的政治實踐，並沒有磨損他的政治理想。而且，他還會為了理想不沉溺於一地，不斷行走，使人生充滿動感。

◉劉　璇　有人概括這樣的知識分子用了兩個有點詩意的概念：廟堂上的理想和驢背上的詩情。也許這就是知識分子與專業官員的不同。換句話說，這樣的知識分子在實施他的政治主張的時候，是帶著一種整體關懷的。這個整體關懷寄託著他們厚重的理想。

◉余秋雨　我們可以設想一下，如果官一直做下去，孔子會怎樣？按照能力，孔子應該能當上宰相，從而成為管仲、晏嬰這樣的人。但是這麼一來，他就不再是孔子，也就沒有這個偉大的「士」了。所以，我贊成知識分子為自己的理想投入一定程度的實踐體驗，卻又不主張被權力吸引，把官一直做下去。幸好，由於一些主觀和客觀的原因，孔子不得不離官而去。離開得好，從此他又回歸了自己的文化本位。

孔子遇到的問題直到今天還存在。中國知識分子把理想付諸實踐，有不少人也會做官。但是，官場權力又最容易銷蝕知識分子在精神層面上的使命，因此仍然要退回到自身思考的獨立性。究竟有多少人出而實踐、退而思考？又在什麼契口上完成這種轉化？轉化的結果是不是一定回到文化本位？……這些問題，永遠存在。中國知識分子的利鈍高下，也都與此有關。

第十課

一路冷遇成就的偉大

◉余秋雨

造就孔子眞正的偉大，是他從五十五歲到六十八歲之間的行程。沒有周遊過列國的孔子，就不是孔子。畢竟已經是一個老人，畢竟已經是一個大學者，畢竟已經是一個門徒衆多的資深教師，就這樣風風雨雨不斷地往前走，一走十四年。這個形象，在我們後輩看來，仍然氣韻無限。

孔子的這一行程，可說是「中國文化的第一行程」，值得我們記一記。中國文化的組成，除了靠一堆堆文字之外，還靠一排排腳印。大家都知道，我特別看重包含著很多腳印的文字，或者說，包含著很多文字的腳印。

好，現在看看由誰來說說孔子的出發？

◉費　晟　我記得孔子當時離開魯國是被迫的。當時魯國政權實際掌握在季孫氏、叔孫氏、孟孫氏三家世卿手裡，孔子為了削弱他們的勢力，採取「墮三都」的措施。結果季孫氏和叔孫氏的城堡被毀以後，孟孫氏就以武力對抗，墮三都的行動就半途而廢了，孔子與三家之間的矛盾也就變得非常尖銳。當時的魯國國君也不爭氣，迷戀女樂，很多天不管事，孔子很失望。魯國舉行郊祭的時候，祭祀後按照慣例要送給大夫們的祭肉也沒有送給孔子，說明不想再任用他了。孔子也只好離開魯國，開始在各個國家之間亂轉，還是挺淒涼的。

◉余秋雨　對，他就是這樣出發了。但請大家注意，不要泛泛地為歷史人物傷心。一切偉大的行程，往往是從無可奈何的淒涼開始的。

他行程的第一站是衛國，這裡的狀況比較好，人口不少。還沒有到都城的時候，學生看到四周有那麼多人，就問孔子，人多了，我們接下來應該對他們做什麼呢？孔子的回答只有兩個字——「富之」，讓他們富裕起來。學生接著又問，他們富了以後，我們再為他們做什麼呢？又是兩個字——「教之」，就是開始進行教育。

不要小看這四個字，只有非常成熟的政治家，才會用最簡單的語言回答複雜的問題。如何治理一個國家？先讓人們富裕起來，再推行教育，就這麼簡單。

由於孔子已有的名聲，衛國的國君很快就知道了他的到來。在宮裡會見的時候，國君就問孔子過去的薪酬有多少。孔子在魯國薪酬很高，有六萬斗米（粟），這可是很大的一個數字。衛國的國君也很慷慨，立即就說，我們也給六萬斗。但是對於孔子政治上的建議，他基本上不聽，充耳不聞。這一點，或許也可以概括孔子後來十四年的共同經歷：他到的每一處地方，統治者對他都很有禮貌，都願意給他很高的物質待遇，但對於他的政治見解卻幾乎都不予採納，做官更是沒有可能。

◉王安安

我想孔子其實也不在乎什麼待遇。他想要的別人不給他，不想要的硬塞給他，這真是太悲情了。

◉余秋雨

在衛國度過了比較無聊的幾個月後，孔子只是在政界和商界認識了一些名人，也不多。不巧的是，其中一位他認識沒多久的人竟然和朝廷的叛亂案件有關。於是孔子和他的學生也成了衛國的監視對象，一頭霧水的孔子只好離開了。這也是孔子以後要反覆遇到的慣例：開始的時候總是被熱烈歡迎，走的時候卻總是聲聲長歎，歎息了以後又重新燃起希望向另外一個地方走去。孔子似乎一直就陷在這樣的一個怪圈當中。有人稱這是失敗之旅，但孔子內心認為，並不是他的失敗，而是他遇到的那些統治者的失敗。

離開衛國以後不久，孔子到了一個叫做匡的地方，在現在的河南省境內。孔子在匡地被一批人圍住，說他長得像一個叫陽虎的人。陽虎在這兒打過仗，曾經攻擊過匡人。結果孔子他們也就在匡地被困了很長一段時間。這以後孔子一行在其他地方也經常被困，有時是軍隊，有時是暴民，被圍的理由各不相同，但每次都有死亡的危險。孔子和他的學生，永遠在追求，又永遠在逃奔。

◉王牧笛　孔子這十四年，也可以算作一場文化苦旅，他惶惑如喪家之犬，知其不可為而為之。比如他當時在陳蔡之地被困的時候，雖然絕糧，卻依然帶著他的學生唱歌、彈琴，這樣一種君子之樂，應該也是成就他偉大的一個重要因素。

◉劉　璇　孔子說他五十而知天命，我記得錢穆先生曾經說過這個天命是什麼：對外我知道現實是不可以掌握，不可以用我的主張的；對內我也知道自己是什麼樣子，我自己不管別人用不用，我都要繼續我的行為，用我自己的主張去實踐它，傳播它。孔子這十四年，對他個人而言，對後代知識分子而言，我覺得都是非常重要的，因為他樹立了一個知識分子處世修身的典型。

◉余秋雨　劉璇在這個關口上說到天命的問題，非常合適。孔子走來走去，處處碰壁，其實正是在實踐他對天命的感悟。錢穆先生的說法有點繞，其實孔子所謂知天命，就是不斷地領會現實對自己的容忍程度，也就是探索自己能夠在現實中的發揮程度。這也可以說是對自己生命行為的「邊界觸摸」。觸摸的結果，知了自己，也知道了「天」的意思，因此也知了

「命」。

正是在這裡，我們可以看到中國君子和西方英雄的重大區別。西方英雄是挑戰型的，根據自己的強烈意志，向長天大地挑戰，向命運挑戰，即使頭破血流也成了悲劇英雄。這是從古希臘悲劇中就可以看到的形象，黑格爾說，他們的悲劇的不可避免，正是一種他們自己不知道的必然性在起作用。中國君子不是這樣，他們不欣賞這種悲劇性，而是要在大悲劇產生前了解必然性。在中國君子看來，這種必然性，也就是天人談判的一種中庸合約。孔子因為在五十歲時就知道了這個道理，因此對後來的行程就不覺得苦了，因為一切磨難都是「邊界觸摸」，都是在實踐天命。

請不要把孔子的這種行為方式看成消極。在我看來，這是一種特別成熟又特別勇敢的文明態度。探索天命本身就是一種勇敢，比那種不管天命的自我犧牲更勇敢。請注意，探索天命並不是貪圖自身安全，恰恰相反，孔子常常尋找一種有價值的不安全，尋找自己「可為」和「不可為」的紅線，並且進一步尋找如何在「不可為」當中尋找「可為」的可能性。

◉周雙雙

我覺得剛剛余老師提到的中國君子和西方英雄的對比很有啓發。西方的英雄形象，往往在一個非常大的悲壯事件當中，明知道前方是毀滅，但是為了尊嚴和榮譽，他們堅持到生命最後一滴血的流盡。而孔子這種行為，不是在一個轟轟烈烈的事件當中了，也不追求過於響亮的榮耀，而在一個綿延的堅持當中一步步尋找，這同樣也是一種英雄的行為。

孔子在遇到麻煩的時候，並不是一頭撞向危險，而是想到自己的使命。在匡地被圍五天五夜，有學生問他：我們難道就這麼完了嗎？孔子說：周文王已經沒了，文明的重擔顯而易見落到了我們的肩上。如果先王和上天不想延續文明和道德，那就不可能讓我們學那麼多東西。既然讓我們學了，就是暗示我們有延續的希望。只要這個文明要延續，現在包圍著我們的那些人就不能對我們怎樣，因為這是先王的意志，也是上天的意志。

後來在孔子離開陳國到蔡國去的路上，不小心進入了戰場，出不去了，被圍困在裡面，七天都沒有吃東西，餓壞了。但是他還在唱歌，還在彈琴。當時也有過一段令人難忘的談話。

孔子說：我們不是犀牛，我們不是老虎，為什麼永遠在曠野裡流浪？——這段話好像在抱怨，也好像在啓發學生回答這個問題。

子路說：是不是我們仁德不夠，別人不信任我們？或者是我們的智慧不夠，別人無法按照我們的方案來實行？孔子回答說：如果天下的仁德都能獲得人們信任的話，怎麼可能有伯夷和叔齊的悲劇呢？如果天下的智慧都能被人接受的話，怎麼可能有比干的災難？他告訴子路和其他學生，不能以他人的接受不接受，來判斷自己的仁德和智慧。

孔子接著又問子貢：我們怎麼會走到絕路上？子貢說：老師啊，是不是你的理想太高了，一般人接受不了？我們能不能把理想降低一點，讓一般人都能接受，那該多好。孔子看了他一眼說：你錯了，天下最優秀的農民，不一定有最好的收穫。天下最優秀的工匠，不一定都能夠讓人們滿意。我們即使找到了循序漸進的辦法，一步步把我們的理想都實現，也不見得能被天下的人完全接受。子貢，如果為了求得人們的接受就降低我們的標準，你的志向也太低了吧？

最後，輪到了顏回，孔子也問了他同樣的問題。顏回說：老師的理想這麼高大，一般的人不接受，那才證明老師是眞正的君子。如果我們的政治方案不完善，別人不接受，那是我們的恥辱；但是如果我們的方案很完善，別人不接受，那是他們的恥辱。孔子一聽就笑了，覺得顏回講得眞好。他開玩笑說：顏家的後生什麼時候賺了錢，老頭我來負責給你管賬。

子路、子貢和顏回當中，顏回最讓孔子滿意。顏回認為，眞君子本來就難以被人接受。按照顏回的說法，眞君子不但要走，而且要以一種高水平的方式走得很遠，再回頭看看一路上被接受的程度，這也等於考察了百姓。在人民的接受度和我們的理想之間，就是眞君子的立身之所。我倒是不大喜歡顏回，這個人可能太會做人。他這個看法不就是從孔子對子路和子貢的回答裡綜合來的嗎？八面玲瓏。道理是說得沒錯，但是他的行為方式我看不上。比較起來我更喜歡子路的坦誠、率直和反省態度。跟子路的回答相比，我覺得孔子都沒有足夠的反省，這個老頭在這裡有點逃避責任。

◉余秋雨　我尊重你對孔子和顏回的意見，但是，我覺得不能把他們的談話作一般人情世故的解讀。顏回的回答恰恰碰撞到了孔子哲學的核心——中庸之道，也就是在「不被接受」和「設法接受」這兩者之間嵌入一種追求。「不被接受」是預計中的，這就是因為我們高於民眾的高度。所以既要面對民眾，又要考驗民眾。

孔子我們還要討論，因為他還在路上。

第十一課

黃昏晚風蕭條

◉余秋雨

孔子在年歲已高的時候花費十四年時間遊歷各國，充分顯示了他強大的生命力。

生命力不僅僅指身體，更是指他全身心面對不同空間、不同事物時的一種能力，一種敏感，一種興趣，一種試探，一種回應。這一切加在一起，就構成了一個生命存在眞實性。

比孔子晚生九十年的古希臘哲學家德謨克利特，曾追尋著他自己所崇拜的古希臘歷史學家希羅多德的足跡，出發上路，不斷地走，從埃及走到巴比倫，走到古波斯，一直走到印度。他把父親的遺產用完了，回到古希臘，被控告揮霍財產。在法庭上，他朗讀了一路上寫的《宇宙大系統》，征服了法官和聽眾，不僅打贏了官司，還獲得了高額獎賞。這個官司給歐洲後來的學者帶來了巨大的啓發，代代相繼出行，一直到法國的思想家盧梭等人。他們在旅途中寫下了大量的著作，完成了他們的思考。他們甚至認為，自己在不行走時就不能思考。

◉王牧笛

余老師好像一直很強調這種行走在大地上的知識分子生命狀態，您寫《文化苦旅》似乎就有點踐行這種理念的意思。

◉余秋雨

是的。我很早就發覺，中國知識分子的整體委靡，既有外在原因，也有內在原因。當外在原因發生了變化，他們還是不行，那只能是內在原因了。內在原因初一看是互相傷害，實際上是自我禁錮，造成了生命狀態的畸形。直到現在，大量「偽精英」、「偽鬥士」的出現，都是使足了勁在狹小的圈子裡裝腔作勢、爾虞我詐。這種狀態實在讓人不敢對比兩千多年前孔子一行。我覺得，下一代知識分子若想走出陷阱，應該遠遠地追慕孔子和他的學生的風範，走到萬千世界中去，面對千姿百態的生態和心靈，學會感受，學會思考，學會表述。

孔子的政治主張當時幾乎沒有被任何統治者所接受，他已經從五十五歲的壯年變成了六十八歲的老人。他終於決定結束這十四年的流浪，回來了。回來以後，作為一個老人必然遇到的痛苦，一個一個接踵而來。他剛回到家裡，得知自己的妻子已經在一年前去世。他五十五歲離家以後，就再也沒有見過妻子。妻子等了他十幾年，卻在他到達的前一年去世。我們無法想像老人踏進家門時的情景。在沒有便利通信的時代，妻子直到臨死也不知道丈夫還能不能回家，但她還是把一切井井有條地收拾了。十四年的主動別離，對於這一對已經年老的夫妻來說，代價實在太沉重。這中間的默默犧牲，其悲壯程度，不亞於古希臘悲劇。在孔子回家的第二年，獨生兒子孔鯉也去世了。中國家庭倫理基石的奠基者，失去了自己的家庭。還有一個襁褓中的孫子，他將延續孔門的千年血脈。

◉王湘寧

好在他還有子路，有顏回，這些跟了他那麼多年的學生，還能夠讓他有個寄託。

◉余秋雨

但是萬萬沒有想到的是，又過了一年多，孔子最喜歡的顏回也去世了。他對妻子的去世和兒子的去世並沒有強烈的表達，但對顏回的去世，他就向著上天哭喊了：「噫！天喪予，天喪予！」老天啊，你要了我的命啊，你要了我的命啊。又過了一年，忠心耿耿的子路也死了。那時衛國發生內亂，子路聞訊，赴難就義，死得很慘烈，被人家剁成肉醬。差不多同時，他的另一個學生司馬耕也去世了。一個老人，一個老師，和他的學生已經完全不能分開。學生的去世，對他的打擊非常大，比他十四年來在每個國家吃閉門羹還要難受得多。

至少，在吃閉門羹的時候，他還有很多幽默。他曾在鄭國和學生失散了，站立在城門口，學生們在找他。有人告訴他的學生子貢說：東門有個人，疲憊惶惑有如喪家之狗，大概就是你們要找的人吧？子貢順著這個人的指點找到了孔子，並把這個人的話告訴他，孔子笑了，說：說我像喪家之狗，是的啊，是的啊！可見這是一個懂得幽默的老人。但是回來以後，他幽默不起來了。面對親人和學生的一個個去世，他感到非常緊迫。他回來後任務很重：一方面，他的名聲越來越大，拜到他門下的學生越來越多，他來者不拒，要給他們開課；另一方面，他還要大規模地整理古典文化，六經就是在那個時候開始整理的。他用心最多的是《春秋》，這是一部編年史，中國編年史的體裁最早就是由此開創的。在思想內容上，《春秋》還提出了大一統、尊王攘夷、王道等等重要和核心政治觀念。

◉裘小玉 這些，也就是後來最深入人心的政治觀念。如果沒有這些思想，可能漢武帝也不會那麼容易就接受儒家吧。

◉余秋雨 一部編年史變成了一部政治學，這個學術現象很值得我們注意。中外一些頂級哲人的思維，是通過講述往事來體現的，這比「裸露狀態」的哲理更有價值。因為失去了時空定位的哲理，往往只是一些離開樹枝的落葉而已。孔子以編年史的方式表達的政治觀念，證明是在中國的土地上實行過的，因此已經具有實踐參證。

孔子在寫《春秋》的時候，有人在西邊狩獵獲得了麒麟，他聽到以後，心中一震，說：「吾道窮矣。」他感到上天給了他一個信號，他已經靠近大限了。因為麒麟是仁獸，仁獸被獵，就意味著一個重要人物要結束他的生命了，他覺得這就是自己。於是，他那一天在《春秋》上寫了四個字：「西狩獲麟。」《春秋》就此結束。

《春秋》後面的篇章，是他的學生補寫的。從某種意義上說，他自己的「編年史」也結束了。他開始得病，得病以後更覺得自己眞的要離開了，所以他唱了一首歌：「太山壞乎！梁柱摧乎！哲人萎乎！」泰山要倒下來了，梁木要斷裂了，哲人要枯萎了。七天以後，他就離開了人世，活了七十三歲。

先秦時期人們的壽命都不長，但奇怪的是，「仁者壽」，智者亦壽，先秦諸子的壽命都很長。墨子活了八九十歲，孟子八十四歲，莊子八十四歲，荀子七十八歲，比起來孔子算少的了。當然，也有不正常死亡的，比如韓非子，死的時候只有四十多歲。總的說來，先秦諸子以高壽完成了一座座思想大廈的建造，而這個思想大廈當中，最被歷史記憶的還是孔子這座大廈。

◉**司　晨**

我記得魯哀公還專門作了誄文悼念孔子，這好像是最早的誄文。中國的事情很奇怪，偉人活著的時候大家都不大看重他，死了之後，才紛紛醒悟那個人好偉大。

◉**余秋雨**

這種情況現在還是這樣，活著的人總是有「爭議」，因此大家只把他看成「爭議」一方，不予尊重。等到一死，「爭議」結束，立即「偉大」。但孔子的死確實是一件大事，因此當時的葬禮比較隆重。

孔子生前特別強調周禮當中的喪葬之禮，這一點和道家的區別比較明顯。道家覺得人生就是一片浮雲，哪兒來，哪兒走，哪兒起，哪兒止，無所謂。可以消失在流沙荒漠，可以消失在草澤江湖。但對孔子來說，人生不是一朵雲一股氣，而是一個莊嚴的過程，要用隆重的儀式來終結它。

孔子重視喪葬之禮，在橫向上，他可以通過喪葬方式來維繫生靈之間的互尊；在縱向上，可以通過喪葬方式來護佑家屬之間的傳代。他的學生因為認眞學習了這方面的知識，所以孔子本人的喪葬儀式之隆重，我們可想而知。

魯哀公作為一個國君專門撰文悼念這麼一個士，已經開了一個先例。但是，更讓後世關注的，是學生們的守墓方式。這種守墓，要在墓邊守三年，穿衣、吃飯都有特殊規定。墓邊還搭建了窩棚，這些學生的家庭也要搬過來陪。來了那麼多家庭，親戚和相關服務人員也隨之而來，結果就搬過來一百多家，成了一個不小的村落。

學生們就這樣整整守了三年。本該告一段落了，但子貢還要繼續再守三年。子貢守在那裡，其他學生也來看望。結果，一個延續多年的儀式就構成了雛形。

◉王安安　我到曲阜去，還看到孔廟裡收藏了孔子用過的衣服、帽子、琴、書、車，不知是真是假。後來很多皇帝都親自去曲阜，祭奠孔子，孔子身後真是很受重視，活著的時候根本沒法比。

◉余秋雨　那是到了漢代以後，孔子不僅僅是一代代學生們的紀念對象，而且成了很多王朝提倡的一個精神座標。有許多皇帝親自來祭孔，親自來掃墓。最先來的是漢高祖劉邦，後來有東漢的光武帝、明帝、章帝、安帝，北魏的孝文帝也來了。唐高宗、唐玄宗都來過曲阜，後周的太祖，宋真宗，直到清代的幾個皇帝，清聖祖、清高宗也都來了。祭孔，已經成為一種「國家儀式」。

◉費　晟　那些學生為孔子守墓非常真誠，但後世的皇帝祭孔子就顯得有點矯情了。孔子的學生為他守墓的時候，孔子依然是一個鮮活的形象，可是當後世把孔子的學說政治化以後，展現出來的就是一個冷冰冰的形象。孔子的學說被附上政治含義以後，一定程度上可能喪失了它作為一個學說的獨立性，被片面和畸形地發展了。

◉余秋雨　於是我們眼前出現了兩個孔子：一個是我們喜歡的，作為思想家的孔子，這個孔子的自然生命了結在他的七十三歲，留在了他的著作和他的一代代學生們心上，而不是祭壇上；另外一個孔子是被偶像化了而膜拜的那個孔子，他的學說被統治者們引到了另一個側面。儘管仍然是他的學說，但是由於挪移了重心和部件，使學說的本體結構發生了一點變化。

◉王安安　這些皇帝確實是利用孔子，把孔子哲學變成一種國家的意識形態。但是我想，是不是也正因為政權的力量，孔子的儒家學說才會被普遍認識、普遍接受？那麼皇帝的推崇是不是也起到了一定的好的作用呢？

◉余秋雨　從宏觀上講，中國那麼多的朝代，那麼多的皇帝，他們的民族不一，政見不一，血緣不一，共同地尊重一個人，這個人不是皇帝，也不是神，而是一個文化人，這不管怎麼說也是一個人類文明奇蹟。我認為中華文化作為古文化唯一留存到今天的重要原因之一，就與他的名字有關。

不僅如此，從隋唐開始的一千三百多年的科舉制度，考試的內容有不少變化，但越到後來越偏重於儒家學說。那些學生可能只是為了做官，並不是為了孔子，但是卻用極大的精力去背誦儒家經典，好像是孔子滋養了他們，實際上卻是無數年輕的生命滋養了孔子，滋養了《論語》，滋養了儒家學說。孔子的學說基本上是治國平天下的學說，這些人考上後拿了孔子的學說真的去做官，那麼無論在考試層面、文官選拔層面，還是官場實踐層面上，孔子變成了一個「大孔子」。這個孔子和原來的孔子是有距離的，他成了一個橫跨時空的驚人文化現象，這是人類歷史上沒有別人可比的。

我們為這個事情高興，但在心底裡，還是喜歡那個一路被人拒絕、一路自我安慰、一路唱歌彈琴、一路頗為狼狽的孔子。

顧炎武先生說：「仲尼，一旅人也。」顧炎武先生自己也走了很遠的路，最後終於體會到：孔子再偉大，在本性上只是一個旅行者，一個走路的人。這個稱呼很親切。由此可以慶幸，那個真實的孔子並沒有失去，還有人懂得他。

第十二課

君子的修身與治國

◉余秋雨　今天我想問大家：你覺得孔子對歷史的最大影響是什麼？

◉王牧笛　在我看來，孔子是後世讀書人的典範，敏而好學，不恥下問，為人師表，垂範後世。當然，他的女性觀在如今應該被拋棄了。

◉費　晟　孔子提倡一種以家庭倫理為基點和核心的中國式的思維方式，在我看來，這是與西方文化最大的差別之一，它和西方那種終極關懷是完全不同的兩種路徑。兩千年來所有的中國人安身立命之處都是以家庭為原點。

◉余秋雨　你說得不錯。孔子很重要的思想就是以家庭倫理為基礎的社會結構的重建。他把家庭的模式，擴大到整個社會結構。本來，研究社會結構是政治家的事情，一般老百姓不會關心，也缺少思考的資源。沒想到孔子創造了一個可親可愛的思維方式，那就是把人人都能體驗的家庭生活方式當作一個象徵體，推而廣之，使宏觀政治問題變成了家庭問題的放大，使一般民衆也具備了思考的基點。後來孟子也用了這個思維模式，推己及人，推小及大，藉由普通民衆能夠感受到的境遇，來設想一個社會和一個國家。在一般中國人看來，家庭的血緣倫理是自然的，難以動搖的，不能在父子、兄弟的尊卑關係之間有任何苟且。由此擴大，政治也漸漸變成了一種「自然倫理」。我覺得這是一項高明的理論策略。

中國人的家庭倫理觀念，與農耕文明有關。農耕文明不同於海洋文明和游牧文明。對游牧文明來說，馬背是家，帳篷是家，遠方有水草，那麼遠方就是我要去的地方。海洋文明呢，永遠在嚮往彼岸，彼岸在何方，可能永遠不知道，因此可能回來，也可能永遠不能回來。中國的農耕文明是精耕細作的文明，從春耕到秋收有好多程序，非常複雜。它延續的前提就是聚族而居，一家老小「日出而作，日落而息」。聚族而居就要講究倫理結構，有了這種結構才能完成生產的程序和財物的分配，才能協調彼此的關係。孔子找到了這個結構，並把它擴充來治理天下。他的邏輯結構是從修身開始來齊家，然後是治國平天下。

孔子找到了一個起點，一個平台。例如中國民間信奉的第一道法規是孝，把對父母不孝的人罵成是「狼心狗肺」，也就是脫離了做人的最低限度。孔子就把這個關係推延到了君臣關係當中，也就是從「親親」直通「尊尊」，形成了整體的「治國」觀念。

這個觀念又進一步要求人們在社會倫理中「扮演」家庭倫理，構建一種簡單、嚴謹、快樂的儀式。這個儀式就是「禮樂」儀式。整個國家像家庭一樣和睦有序，充滿溫情和樂觀，而且可以有音樂、舞蹈、詩歌伴隨，這就是孔子的理想。

這個禮樂社會靠什麼支撐起來？靠君子。如果沒有君子，就缺少人格的基點，缺少過渡的橋梁，缺少實踐者、評判者和監督者，無論是禮是樂，都缺少執掌者和引領者。因此，孔子把君子人格的養成，看成是他的社會理想的核心構建。大家從他的言論中都看到了，他一直以極大的熱忱在呼籲君子之道。

◉裘小玉

君子之道的內容很豐富，例如確定了君子的人際交往原則，「己所不欲，勿施於人」，到現在仍有價值。孔子的中庸之道則給君子之道提供了行為準則，那就是中和，不能偏激，不能走極端。

◉余秋雨

對。但遺憾的是，當他的學說被皇帝們推崇的時候，皇帝們只是看中了他的以家庭推演出來的政治圖譜，全國就是一個家，我是家長，我的權威像天賦血緣一般不可動搖，所有的人都該像服從父親一樣服從我。

對於孔子學說的人格基礎——君子之道，歷代朝廷雖然也會講，卻不會由衷地重視和執行，因為他們絕大多數本身不是君子，他們更多地信賴叢林原則和好漢原則。

我在《摩挲大地》一書裡面有一篇專門論小人的文章，在海峽兩岸都曾經產生過不小的影響。不是因為我寫得好，而是因為在中國人的社會中，作為君子對立面的小人，勢力太大了。君子，儘管被呼籲了兩千多年，卻還是「稀有動物」。我是個現代學者，但實在找不出任何一個國際學派中的概念可以替代君子和小人的劃分。有一些西方學者也感覺到了這個區分，但怎麼劃分也沒有君子和小人之間的劃分那樣清晰有力。

◉叢治辰

那篇文章我還記得，余老師在那裡面講到一個小人，為太子娶親接新娘，看到新娘的形象實在太好了，就半路轉了個身，把她獻給正當政的國君。太子妃變成了太子的娘，實在叫人歎為觀止。

◉余秋雨

我引用了很多歷史資料，也包括外國的資料，來提醒廣大讀者，我們在區分社會上種種是非、善惡、利鈍、眞偽的時候，一定要注意背後的人格界線，也就是君子和小人的區別。

君子和小人的區別，比好人和壞人的區別更深刻。很多敵對營壘裡的人，很可能是君子；很多與我們完全站在一起的人，很可能是小人。因此，這種劃分能夠使社會歷史從表層的是是非非中解救出來，增加一層關係高尚和卑下的人格座標。

從一開始就醒目地強調君子和小人的區別，這是中華文化無與倫比的優點。但是，這種區別在實踐中很難掌握，往往只停留在一種不確定的感覺上。結果，很多讀書人都自稱是君子，即使不是也很難否定。讀書讀得幸運的，通過科舉考試做了官，大多會陷入權謀，權謀太過便成了小人政客，但是，「太過」的分界又在哪裡？讀書讀倒楣了成了魯迅筆下孔乙己這樣的人，窮困潦倒還以君子自恃，天天用「君子固窮」這樣的話安慰自己，但他們的生態已經造成了對「君子」這個名號的諷刺。

◉劉　璇　讀書讀得好的去當官，開始搞權謀，讀得不好的就變成孔乙己。這樣一想，眞是叫人有點悲觀。那如果讀書人裡都出不了君子，又該怎麼辦呢？

◉余秋雨　我也有點悲觀。正因為君子和小人的外部界線永遠不清晰，因此眞正的君子也只能埋沒在小人堆裡難於顯現。

我只希望，那些埋沒在小人堆裡的君子能夠互相認識。儘管周圍都是密密層層的肩膀，但在肩膀和肩膀的縫隙中，卻看到了一種與自己近似的眼神。

為此，我們還需要重溫一下孔子對君子和小人的劃分。

孔子在這個問題上的劃分很多，我在這裡只能隨口說幾個方面，例如在外部標誌上，在人際關係上，在道義使命上，君子和小人的區別。

在外部標誌上的對比。孔子說：「君子坦蕩蕩，小人長戚戚。」這是無法掩飾的直覺形態。就像我們進一個屋子，還沒有搞清楚裡邊究竟藏了什麼，但一眼就可以看出是敞亮的，還是局促的。君子為什麼能夠坦蕩蕩呢？孔子解釋道，因為君子是仁者，所以不憂；君子是智者，所以不惑；君子是勇者，所以不懼。

在人際關係上的對比，孔子講了不少。例如，「君子成人之美，不成人之惡。小人反是」；「君子和而不同，小人同而不和」；「君子泰而不驕，小人驕而不泰」；「君子求諸己，小人求諸人」；「君子周而不比，小人比而不周」，等等。可見他特別重視在人際關係中看人品。如果有一個大學者，著述甚豐，但細想起來，從來沒有怎麼幫助過別人，反而幾度壞了別人的事，那麼，這個大學者在本質上很可能是一個小人。在這些對比中，「和而不同」和「同而不和」的界線、「周而不比」和「比而不周」的界線最為深刻。這兩條界線，保障了君子們在和睦中的獨立性，否定了小人們在趨同中的攀比，因此也證明了那種沒有不同意見的千篇一律，只能滋生小人而不是君子。

在道義使命上的對比，孔子覺得最為根本。他提出了一些簡明原則，例如「君子喻於義，小人喻於利」，「君子懷德，小人懷土」等，認為君子不同於小人的基本點，在於能夠超越利益和境遇，追求道義和仁德。

你們看，雖然孔子並沒有為君子和小人確立嚴格的定義，卻從反覆的對比中讓大多數中國人感悟到了這兩種人的差別所在。這是一筆延續兩千多年的豐富精神遺產。我希望同學們在儒家關於君子和小人的對比上投下更多的時間來體會。

◉**王牧笛**　剛剛余老師講的是君子之道，我知道孔子還特別強調一個東西，就是「中庸之道」，它又該怎麼理解呢？

◉**余秋雨**　如果說君子之道側重於人格論，那麼中庸之道便側重於方法論。中庸之道是反對極端主義和單邊主義的一種制衡哲學。我估計，你們的父母一輩，甚至祖父、祖母一輩，都會有人誤會中庸之道是不分是非地搞折衷，是誰也不得罪地和稀泥，這完全搞錯了。人類太容易走極端了，能不能在兩個極端之間找一條最有分寸、最恰當、最合適的路？其實儒家的好處就是相信這條路的存在，即使一時找不到，它也存在。這種信念，變成了一種理想，一種信仰，因此方法論也就變成了目的論。

我特別需要提醒年輕學生的是，要認識中庸之道的意義，首先要認識極端主義的禍害。我們在說極端主義的時候，不是完全指稱那些恐怖主義分子。實際上我們每個年輕人都有可能沾染極端主義思維。極端主義的初級形態就是追求危言聳聽的「痛快」，極端主義的高級形態就是爭取成為站在懸崖峭壁上的「英雄」。為什麼是站在懸崖峭壁上的呢？因為這些人越要吸引觀瞻，就要把對立面看得越大、越強，結果把自己腳下的土地越逼越小。我見過發動農村族群械鬥的首領和「文革」時期的造反派頭頭，以及目前某些極端民族主義者和族群分裂主義者，幾乎都是這樣。他們為什麼能成為首領？因為提出的口號特別刺激。特別刺激的口號一定是狹隘、苛刻、誇張的，那就成了「原教旨主義者」，或者說「基本教義派」，容不得任何修正、寬容和妥協，並把絲毫修正、寬容、妥協看成是叛變。這種思維，把滿世界都看成是仇敵，那就只能把自己看成是無以立足的孤獨者了。不少人喜歡仰望這種形象，於是他們也就扮演這種形象，到後來，讓別人和自己都沒法活。中庸之道否定了這種扮演，笑瞇瞇地解救了這些人，也解救了他們的所謂「仇敵」。世界上的活動空間很大，人類的生存方式很多，何必玩這種極端？極端主義認為，「離佛一尺即是魔」，這種理論看似保護了佛的純潔性，其實是孤立佛、限制佛，讓佛失去了話語空間和行為自由，能做的只能是對一尺之外的所有物象進行呵斥和打鬥，那麼佛也就不再是佛。中庸之道正相反，認為「離魔一尺即是佛」，佛的世界無比廣闊，一切人都能被佛光普照。

正因為這樣，孔子把中庸之道看成是最高、最廣的道德。他在《論語》中說：「中庸之為德也，其至矣乎。」他由此進一步認為，「君子中庸，小人反中庸」。也就是說，那些永遠在玩弄極端概念、陳述刺激話語的「英雄」，基本上是小人。這話，希望大家記住。我為什麼歷來不與極端主義辯論？因為心中早有孔子的這個判斷。

學習中庸之道，我建議大家多讀儒家經典《禮記》中的《中庸》篇，這是孔子的弟子和再傳弟子們所記述的，很有價值。我在這裡先為大家讀一段：「喜怒哀樂之未發，謂之中；發而皆中節，謂之和。中也者，天下之大本也；和也者，天下之達道也。致中和，天地位焉，萬物育焉。」

我一直認為，中庸之道，是二十一世紀建立世界新秩序的最佳哲學，可惜很難讓外國人領會。我還認為，中庸之道加上君子之道，是儒家的靈魂所在，也是中華文化的靈魂所在。

第十三課

關於下一項記憶的爭論

◉余秋雨　在甲骨文、商代、老子、孔子之後，接下來應該討論哪一個重大文化現象？這一定會引起爭議，因為在攀越了幾座無可爭議的高峰之後，前後的大山很多，選哪一座都風光無限。但是，我們還是要為當代廣大民眾選一選。我希望聽到不同意見，然後再來討論。順便還請說一說，文化記憶對一個民族而言，是多一點好，還是少一點好，程度又是如何？

◉叢治辰　我覺得文化記憶過多不好，過少也不好，均衡就好。就像某個著名的洋快餐廣告語說的，均衡的營養對於我們才是健康的。對於一個民族來講，也是均衡一點為好。在討論了甲骨文、老子、孔子之後，我想下一個值得記憶的應該是與他們的思維有一點不同的，能構成一個互補關係的思想家，我推薦公孫龍。我的理由很簡單，「缺什麼補什麼」，在整個中國文化長河中，邏輯學一直很缺乏，直到近代以來，許多大家像金岳霖先生，都要去西方學習邏輯學。其實我們的老祖宗本身就有好的邏輯學傳統，從公孫龍身上，包括從後期墨家身上，學一點邏輯學的知識，會讓我們對近代的理性、近代的科學有更好的理解。

◉王安安 我推薦的候選人是莊子。現在中國人對藝術的興趣越來越濃，各種畫展、各種藝術展覽都是人頭攢動。但在大量外國藝術作品進入中國的時刻，我們不禁反思，為什麼現代中國沒有藝術的精神和審美的精神？其實中國藝術的思想淵源和文化淵源是從莊子這兒來的。所以我認為莊子很值得大家研究和記憶。

◉余秋雨 叢治辰的想法很有趣。但是，我們對於古代經典，不能採取實用主義的態度。這就像不能讓我們年邁的曾祖父，去修剪花園的大草坪，儘管曾祖父年輕時務過農，而我們的草坪又一直雜草叢生，需要修剪。我們古代確實有過不錯的邏輯學，這可以作為一門學問來研究，但是從實際的民眾需要而言，則應該重新打造以科學精神為基礎的現代邏輯學架構。我本人的邏輯學基礎是從歐幾里德幾何學打下的，在這方面，不必要強調民族界限。

莊子的情況不太一樣，他代表著一種後世無法取代的人生態度和藝術精神，是東方文明的標誌之一，對於一般民眾而言，比公孫龍更值得記憶。

◉**魏　然**　我認為韓非子也應該被記憶。在諸子百家的學說當中，真正脫穎而出，為統治者所採用並且成功實踐的是韓非子代表的法家學說。中國古代形成發達的中央集權政治跟法家密不可分。

◉**余秋雨**　幾千年來的中國政權中，法家一直是一個核心結構。麻煩的是，它太普及了，一種畸形的普及。法家提出的「法、術、勢」，除了「法」的概念比較艱深外，「術」和「勢」的概念幾乎成了一般文化人讀解中國歷史的基本門徑。權術、謀術、拉幫結派、造勢炒作……成了人們對中國文化的低層領悟而滲入很多人的骨髓。直到今天，很多歷史評論、文化演講，包括歷史題材的電視劇、電影、小說，都很少離開這個格局。因此，我主張在學術上為法家正名，讓它恢復作為一種古典政治學和管理學的宏大內涵，但在民族記憶上，卻應該淡化它，不要火上加油，不要繼續張揚。

◉**叢治辰**　作家阿城曾經說，「文化不是味精」，文化太多了並不是一件好事情，我們真正需要繼承的是精髓性的文化。從普通老百姓的角度來講，主要還是應該繼承孔孟學說的一些亮點，比如說：「忠」、「孝」、「仁」、「義」、「和平」、「浩然之氣」等。

◉**余秋雨**　如果縮小到只有孔孟之道，又太單調了。

◉諸葉瑜　對不起，秋雨老師，您的觀點和剛才發言同學的觀點我都不能同意。我認為這是一種精英主義立場的觀點。普通民眾的文化記憶的多少和內容都不是任何人可以為之選擇和設定的，文化記憶是一件非常個性化的事情。在新聞學裡面有一個理論叫做選擇性記憶，是說受眾可能對新聞作選擇性的記憶。我認為對於文化記憶而言，實際上也是一個選擇性記憶的過程，比如說，一個從小愛好軍事的人，可能會對孔子、孟子沒什麼感覺，卻會記住白起、王翦等人，一個喜歡水利的人則會記住鄭國、李冰這樣的名字。一個民族的文化記憶是由許許多多的個性化記憶組成的譜系。

◉余秋雨　你這裡有一個潛在的假設，就是你把非常漫長的文化資源，當做全部攤開在廣大民眾面前可供挑揀的對象，其實不是這樣的。一般民眾不存在這種可以任意挑選的自由，由於教育和專業的局限，大家並不知道有那麼多資源，知道一點的又無從選擇，因此，所謂無限個性化的選擇，有可能是取消選擇。就像我們在一個極大的範圍內選舉領導人，如果沒有候選人，便完全無法實行。這裡就出現了文化人的責任，為一個時代選擇一個進一步選舉的範圍，並把選擇的理由討論清楚。這個過程，也是啓蒙的一部分。

◉魏　然　那麼我推薦一個人，他在幾千年前就發出了個人主義的微弱呼聲，他就是楊朱。我們中國一直是推崇集體主義的，他非常重視個人的價值。

◉余秋雨　遺憾的是，楊朱留下的資料太少，我們不能了解他系統的論述。他說「拔一毛而利天下，不為也」，一般認為是極端利己主義，但既然能在智者如雲的時代成為一個思想流派，一定不會那麼淺薄。他可能會認為，「天下」是一個空洞概念，因此也可能是一個虛假概念，而個體是實在的。安頓個體，不讓他們製造「利天下」或「害天下」的藉口，因此不隨便拔毛，才會構成一種以利己主義為基礎的秩序。——但這只是猜想。我們不能憑著猜想來選擇記憶。

◉劉　璇　那我來推薦一位研究資料比較多的先秦思想家——孫子，尤其是他的「慎戰」思想。孫子認為戰爭不是一個必要的手段，只是最後的手段。他說「上兵伐謀，其次伐兵，其下攻城」，短兵相接、攻城掠地是不得已的選擇，也是最下策的選擇。戰爭是國之大事，需要謹慎。胡錦濤主席訪問美國的時候，贈給小布希一本《孫子兵法》，他的寓意很明顯。自布希當政以來，他在中東是「伐謀」不足，「伐兵」有餘，孫子說「全城為上」，布希則是逢城必破。胡錦濤主席送書的寓意恐怕在於——世界需要和諧，美國要懂得節制。孫子的「慎戰」思想，是值得當今全世界重新記憶的。

◉叢治辰　我倒覺得從文化記憶這個「高尚」的口袋中，最不應該拿出來的就是孫子。孫子心機太多，良知太少。當下孫子已經很氾濫了，處處是《孫子兵法》與商戰、與市場競爭、與企業管理。我們已經把孫子氾濫化、庸俗化，甚至妖邪化了。所以在這種情況下，既然孫子審慎地對待戰爭，我們也應該審慎地對待孫子。

◉劉　璇　我不同意你的觀點，正如你剛才所說，我們已經把孫子氾濫化、庸俗化，甚至妖邪化了，正因為如此，我們更應該還原本眞的孫子，去看看《孫子兵法》到底是怎樣的一部書。

◉王牧笛　但是對於孫子、韓非子，現在人們大肆宣揚的是兵家、法家的謀略智慧術，是些陰暗的東西，會帶來嚴重後果。我認為孟子的性善論是一個強心劑，値得我們認眞思考。

◉萬小龍　各位，你們剛才講了這麼多，無論老子、孔子、孟子，還是孫子，都是很精英化的人物，然而我們的老百姓到哪裡去了呢？精英學者都在津津樂道這些形而上的東西，但是我們的販夫走卒，我們的引車賣漿者，他們的英雄肯定不是孔子，不是孟子，也不是孫子。他們有自己的偶像，從金庸小說的流行可見，武俠、任俠的精神，實際上是中國民間社會幾千年來非常崇尚也非常渴望的精神，將這種精神體現得最明顯的還是墨家，是墨子。王小波寫過一本書叫《沉默的大多數》，我覺得沉默的大多數並不是知識分子，而是知識分子所想代言的那個平民階層。他們才是眞正的沉默的大多數。在春秋戰國時代，我們很慶幸有這樣一個叫墨翟的人，代表了那一批沉默的大多數，使那個時代變得如此豐富、燦爛。無數標榜自己代表著沉默的大多數的那批社會精英們，我想問問他們，你是否真正了解那批沉默的大多數？

◉ **郭戰偉** 我也同意我們最該記憶墨子。除了剛才這位同學提到的他來自草根階層的原因之外，還有一個原因是他強調實踐性。這可能是中國文化中最為缺乏的一點。中國讀書人，自古以來都是崇尚空談不講求務實，而墨子在這方面提出了很多有意義的觀點，他值得被記憶。

◉ **王安安** 剛才聽了這麼多同學的意見，縱覽了中國先秦哲學史上如此多的思想家，令人疑惑的是幾乎沒有人提出「快樂」這個詞。大家樂此不疲地暢言如何改造社會，如何處理人際關係，怎麼樣去搞定國家，搞定君主，搞定身邊的人，幾乎沒有人提出要使自己獲得心靈的自由，獲得心靈的快樂。幸好我們還有莊子。在記住這麼多「家」的同時，我們一定不要忘了莊子，不要忘了讓自己的心靈獲得一份寧靜、一份快樂、一份自由，我覺得這倒是現在中國人最缺乏的東西。

◉ **余秋雨** 我贊成把墨子和莊子作為我們下一步談論的重點對象。其實，在先秦思想家中，提出「人本善」的孟子和「人本惡」的荀子，都具有極高的理論價值，因為他們為儒學提供了人性論基礎。而且，還提出了「民本」、「王道」、「仁政」、「一天下」等影響中國歷史兩千年的政治學理論。但是，我們既然已經把孔子選為儒家的代表，就只能把他們放在那個大家庭裡了。其實，他們在很多學術層面上，已經高於孔子。

墨子很容易被遺忘，卻不該被遺忘。剛才劉璇稱讚孫子的「慎戰」

思想，而墨子乾脆提出了「非攻」，觀念更明確了。他還提出過「兼愛」，這在中國思想界簡直是空谷足音，因此直到近代，連孫中山、梁啓超這些很有世界眼光的人，也認為中國最需要墨子。

至於莊子，正如王安安所說，他給人一種心靈的快樂。我要說明的是，莊子為心靈提供快樂的依據，一是自然，二是藝術，因此很「現代」，可以作為我們對那個精神極為豐裕的時代的終結，儘管在時間上，他並不是最後。

自然的詩化，詩化的自然，是最美好的精神出路。

第十四課

一個讓我們慚愧的名字

◉余秋雨 今天我想先聽聽大家對墨子的印象。不必準確把握，只講印象就可以。印象，也許是古人在今日世界的最終歸宿。

◉王牧笛 墨子的外貌似乎比較疾苦，是一個勞苦大眾的形象。孟子說墨子禿頂，腳後跟由於經常走路是破的。莊子說墨子腿肚上沒有毛，也沒有肉，也就是我們說的骨瘦如柴。魯迅寫小說，寫到墨子時，說這個人臉很黑，像個乞丐。

◉郭戰偉 墨子可以手腦並用，他一有想法馬上就會付諸實踐。準確地說，墨子不僅是一位思想家，更是一位行動者、實踐家。這在諸子百家中非常少見。

◉王安安　墨子是一位仁者，也有孤膽遊俠的氣質。即使大家都不理解他，他還是能夠堅持自己的原則。不僅「言必信、行必果」，而且為了信仰可以拋棄七情六欲。

◉余秋雨　能不能把他與我們說過的幾個思想家作一個對比？

◉王牧笛　不妨打個比喻，如果孔子是一隻獅子王，墨子就是一匹領頭狼。孔子強調某種高貴的生存態度，在這種高貴的姿態之下，對民眾難免產生疏離之感。而墨子本身就來自民間，代表著平民化的生存態度。總的來說，我覺得墨子比孔子更有包容的生存態度，生存能力也更加頑強。

◉余秋雨　關於墨子，我的第一印象是顏色——黑色，「墨」就是黑色。如果說其他的諸子百家都是用自己學派的理念和職能來命名，那麼，墨家則用一種顏色發言，而這個顏色恰恰是他姓氏的色彩。馮友蘭先生、錢穆先生都做過考證，墨子堂而皇之地用「墨」作為自己的姓氏，作為自己學派的名號，也就是承認自己代表著社會底層。「墨」，一方面指黑衣、黑膚、黑臉，社會底層的形象；另一方面又說「墨」是當時的一種刑法——墨刑，代表著比社會底層更艱苦的刑徒。

一九二八年，有一位叫胡懷琛的先生，提出墨子一定是印度人這個觀點，這在中國學術界引起過一段爭論。胡懷琛先生的理由是墨子流傳最廣的姓名「墨翟」，墨不是姓，翟也不是名，而是「貊狄」或「蠻狄」

的同音轉借，這兩個詞都是對不知名姓的外國人的一個稱呼。在當時中國對外國了解不多，覺得一個黑色的外國人，當然就是印度人了。而且，墨子的「兼愛」思想很有佛教的影子。但是佛教的太虛法師認為墨家的學說不太像佛教，而像印度本土的婆羅門教。有人便順著這個勢頭進一步推理下去，比如衛聚賢先生，他提出不僅墨子是印度人，老子應該也是印度人。還有金祖同先生，他提出墨子應該是阿拉伯的伊斯蘭教徒。看到這些爭論的文章我笑了，我們老一輩中國學者對國際情況了解得實在太少，卻又把猜測和想像表述得那麼武斷。

墨子的顏色，是屬於中國的純粹的黑色。墨子的哲學就是一種高貴的黑色哲學。

如果說莊子的顏色是蔚藍中的銀灰，那麼老子悠遠的素白，就像天山的雪峰，孔子同我們的皮膚和土地相連，是正派的赭黃；韓非子是暗紅，其中耀動著某種金銅的顏色……諸子百家的每一學派都在中國人的心頭輸入了一種對應的心理色調，每個人都可以調出各自不同的精神板塊，這是諸子百家的深刻所在。而這個讓今天的我們感到陌生的黑色，用它沉著的大氣襯托出其他顏色的鮮明，使整個色板有了定力。

先秦諸子中不乏走過很多路的人，但他們畢竟一會兒牛車，一會兒馬車，有的時候還坐轎子，但墨子只是靠雙腳走路。最著名的一次是去楚國，勸阻一場伐宋之戰，並跟公輸般（即魯班）辯論。這條路很長，它的起點在泰山腳下，而他的目的地是楚國的郢都，在今天的湖北荊州一帶。這就是說，墨子要穿過山東的一小半，再穿過河南全境，可能還要途經安徽，然後才到湖北。到了湖北還要走很長的路，才能到達目的地。十天十夜，他全部靠走，走得腳上起泡，他只得從黑色的衣服上撕下黑色的布條，包紮一下之後繼續走在黑夜裡。就這樣孤身一人，去阻止楚國攻打宋國。他成功地阻止了這場戰爭，於是他又走回來，走到被他解救的宋國。當時下起了大雨，他想到城門下躲雨，卻被宋國的人趕走了。他在大雨中暗暗自嘲：一個人哪，靠大智慧救苦救難誰也不會知道，憑小聰明整天折騰誰都會認識他。

這個人，白天別人當他是乞丐，晚上別人睡著了他還在走，當其他諸子百家睡著了他還在走，為了民間公義，就那麼質樸而篤定地奔走在社會底層。他的這種黑夜行走，看上去很孤獨，其實他一直擁有一個與他言行相依的團隊，組合成一種正義的集體力量。這樣一個人，真是值得每個中國人懷念。

●叢治辰

秋雨老師說到這裡，我腦海中一下子跳出來一個形象，金庸《天龍八部》裡的喬峰——一個穿著粗布衣服奔走在路上，制止戰爭、維護和平的英雄。還有一個形象是金庸《鹿鼎記》裡天地會總舵主陳近南——以替天行道為己任，有一個非常忠誠的團隊，有他的幫規和信仰，為大家所擁戴。這兩個形象的合一就是我理解的墨子——都體現出「俠」的精神，墨子正是一個俠客。《墨子．貴義》裡面講「萬事莫貴於義」，他對「義」的追求，就是後來俠客精神的重要來源。

◉余秋雨　你說得不錯，墨子和俠客精神確實有一脈相承的關係。司馬遷所說的任俠精神在墨子身上獲得了完善的體現。不過，一般俠客都沒有像墨子那樣有明確的思想體系，而墨子提出了「兼愛」、「非攻」等一整套理論，比一般俠客的思想境界都要高得多，已經成為一位跨時代的精神導師。

◉王安安　我覺得墨子雖然不是印度人，但他的形象很貼近印度的甘地，提倡清苦的日常生活與非暴力的和平主張，並不是整日刀光劍影、飛花落葉、人頭落地。墨家的法規非常嚴苛，殺人者死，傷人者刑，實際上和甘地的非暴力主張很契合，我認為比天地會、喬峰都要高很多。

◉郭戰偉　不，安安誤會了。墨子不是不要暴力，實際上他就是以武力作為基礎參與到那個時代的生態中。如果沒有暴力，便不存在「非攻」的說法。我倒願意從墨子身後的那個濃重的底色——他的團隊來透析墨子。他們都是墨家學派的弟子，但存在著嚴密的效忠關係，某種意義上類似一個教團，具有宗教性。而且，這個團體也正是墨子的暴力組織，他們用墨家的戰爭經驗直接參與到各國實務性的政治活動中。

◉余秋雨　不錯。墨子紮根泥土，沒有書生氣，不信任學術討論的實際功效。他擁有一支以學生為主體的團隊，這與先秦諸子的其他學派很不相同。其他學派也會有不少學生，有的師生關係還非常親密，例如我們說起過的孔子和他的學生，但墨子的情況就完全不同了。對他的團隊來說，他是精神領袖兼司令，指揮重大行動，而不僅僅是教師。這使他具有其他學派代表人物所不具有的力量。例如那次他步行十天到楚國去救宋國，看似孤身一人，卻有一個武裝團隊作為強大後盾。因此，當公輸般知道比不過他，隱晦地表示可以通過除掉他來取得勝利時，他就沉著地說，自己的弟子三百人已經全副武裝地等在宋國的城頭。由此可見，他的「非攻」思想是由盾牌守護的，他的這個「非」字，是一個包含著否決力量的動詞。

◉**薩琳娜**　我認為墨家團隊有點半宗教的性質，然而他們不信奉某個特定的神靈，所以不能說它是完全的宗教組織。但是它通過「巨子」制度形成非常嚴密的組織，有著共同的道德倫理、價值觀以及信仰，很類似於宗教組織。

◉**郭戰偉**　我非常同意你的說法。墨家是有一種宗教情懷，它一方面施行軍事化的管理，另外一方面通過某種半宗教信仰使這些人可以「赴湯蹈火、摩頂放踵」在所不惜。但是我一直有一個疑問：為什麼墨家團隊夭折了，之後的中國歷史上沒有了它的身影？難道僅僅是因為它沒有一個單一的神、一個崇拜的偶像嗎，還是因為其他原因？

◉**萬小龍**　有學者認為，墨家是一個半軍事化的教團組織。它為什麼沒有留下來，我覺得歸根結柢在於它的組織制度——巨子制，這種組織制度有「權」，作為團隊的領導者，「巨子」享有足夠的權威，甚至掌控了團員的生殺大權。這是它跟其他學派最大的區別，有權就必然產生爭權，所以墨子剛一去世，墨家馬上分為三派。儒家的老師對學生並沒有那麼大的人身控制權，沒有權力就無所謂爭權。

◉叢治辰　我不是很同意你的觀點。墨家分成三派，孔子死後儒家分成了八派，那可以反證儒家的爭奪更厲害嗎？我覺得墨家團隊消失的決定性原因不在爭權。

◉萬小龍　不可否認「巨子」制的弊端是一個重要原因。我這裡有一個例證，在墨家後期有一個巨子叫孟勝，他和楚國的陽城君關係非常好。後來陽城君參與了楚國貴族的叛亂，孟勝就率領一百八十二個弟子幫助陽城君守他的封地，結果孟勝和他一百八十二個弟子全部陣亡了。這件事情有另外一個版本，說當時孟勝參與守城行動，但是陽城君逃跑以後，楚國來收回這個城，孟勝率領他的一百八十二個弟子集體自殺就「義」了，就是墨家強調的這個「義」。大量的墨家弟子，只能是巨子的隨葬品，這個組織制度弊端太明顯了。以現在的觀點看，可能有點邪教的性質。

◉余秋雨　我補充一個細節。這個巨子孟勝自殺以前，為了墨家團隊的延續，他任命遠方的田襄子接任巨子，於是派兩個弟子去傳達任命。傳達完了，那兩個人要返回楚國，像團隊的其他成員一樣自殺，田襄子說，現在我是巨子，我命令你們不能自殺。但那兩個人還是不聽他的命令，回來自殺了。因此對這兩個人的評價產生了很大的矛盾，一方面說他們是壯士，另外一方面則又說他們是不聽命令的人。從這樣一個小小的後續情節，可以知道墨家團隊在紀律上的嚴格和由此產生的弊端。請注意，過於嚴格的僵硬，一定會造成機體內部的不協調，並由此產生斷裂。

◉薩琳娜

我記得錢穆先生說，墨學的衰亡很重要的一點是因為墨家追求一種徹底的清教徒式的思想和行為方式，而中國的文化類型，或者民族性裡面很難徹底貫徹這樣一種清教徒的信仰和生活方式。比如墨家講「非樂」，不要音樂了；講「節葬」，節儉葬禮，就連父母的喪禮也很苛刻，做得很徹底、很決絕，徹底斬斷個人的家庭理念。這些思想和行為並不適應中國傳統的社會形態。

◉余秋雨

我很高興大家對墨家衰敗原因能發表這麼多高質量的意見。這個問題的學術分量很重，關及中國這片文化土壤對社會團體的容忍程度，以及社會團體和生態選擇。我認為墨家的毛病出在極端化和權力化這兩個方面。

極端化的弊端，我們在分析儒家的中庸之道時曾經講了不少，墨家就是這方面的一個例證——過度地追求清教徒式的思想和行為，活生生地把自己逼到了一個很小的地盤上，成了「懸崖上的悲壯英雄」，失去了迴旋的餘地。例如，墨家的基本主張本來是面向底層民眾的，但是，動不動就有多少年輕人集體自殺，這種行為就太不符合農耕社會家族倫理的普遍心理了，因此也突破了民衆同情的底線，很難繼續擴大隊伍。

權力化的弊端，正是由團隊的組織產生。雖然不是官場，卻要花費巨大的精力制定規則、調配力量、執行紀律，這就使一個學派無法再在學理上創新發展而只能停步不前。正是在這一點上，墨家便遠不如儒家的生生不息了。又由於權力，引起朝廷的警惕和防範，而自己又找不到足以維繫團隊生存需要的經濟基礎。這種嚴重的生存危機，墨家無法擺脫。

墨家無可挽回地衰微了，但這並不影響它的偉大。就連促使它加速衰微的那些因素，也包含著讓人怦然心動的高貴。這又一次證明，偉大與成功無關。

第十五課

諸子百家中文學品質最高的人

◉余秋雨

終於說到了莊子，我很高興。直到現在，我們討論的一些中國文化奠基者，大多偏重於哲學和政治學，離文學都有較大的距離。當代民眾由於古文化水平不高，一看到文言文就以為是文學，這是一種誤會。其實在諸子百家中，思維品質高的人很多，而文學品質最高的，好像，也就是莊子。

但是，我本人接觸莊子，卻與文學無關。記得我曾經在一篇文章中寫到過，我二十歲那年遇到了一場叫做文化大革命的社會災難，爸爸被關，叔叔自殺，全家衣食無著，我自己又在學校裡受到造反派的圍攻，眞是走投無路，天大愁苦。這時有一位女同學告訴我，一九五七年，也就是在文化大革命的九年之前，她爸爸被劃為「右派」，家裡也是一片痛苦，她爸爸就要全家讀《莊子》。聽了這個我本來並不熟悉的同學的話，我立即找了《莊子》來看。看了幾天我漸漸明白，對付災難，不能用災難語法。世上有另外一種語法，可以讓自己從精神上脫身而出，藐視災難，重新認識世界和人生，取得一種詩化的自由。這個閱讀經歷極為重要，對我今後的人生一直有很大的影響。你們知道我以後又經歷過大量磨難，卻能一直保持著達觀的心情，直到今天還能如此開心地與你們談莊子，這都與莊子有關。

◉王牧笛

秋雨先生的經歷讓我想起，莊子本身也遇到過很大的災難。他的妻子去世了，他的好朋友惠施去看他，發現莊子不但沒有哭泣反而在鼓盆而歌。惠施說：你不哭也就罷了，還唱歌，是不是太過分了？莊子說：她剛死的時候，難道我會沒有感慨嗎？但一想到人最初本來就沒有生命，不僅僅沒有生命而且沒有形體，不僅僅沒有形體而且沒有元氣。人的生死就像春夏秋冬四季更替一樣，她都已經安息於大自然之間了，我為什麼還要哭泣？現在我每次想到莊子，都會聯想到兩句話，一是海德格爾說的「人，詩意地棲居」，還有一個是歌名——《白衣飄飄的年代》，都是一種美麗的生命狀態：達觀、逍遙。

◉何琳

前幾年網上流行一個「小雞為什麼過馬路」的思想遊戲，由網友代各位故去的思想家進行個性化的回答。比如，柏拉圖會說「為了尋找更高的善」，達爾文會說「為了尋找更好的進化座標」，拿破崙的答案是「不想過馬路的小雞不是好雞」，孔子拒絕回答，曰「不知人，焉知雞」。面對「小雞為什麼過馬路」的困惑，我覺得莊子一定會取消問題，鼓盆而歌：「那隻雞好快樂啊。」

王安安

可莊子是否眞的快樂呢？當他在濮水釣魚的時候，楚國想重用他，派人來請。莊子說：「楚國有被祭祀的神龜，它是寧肯死了享受被祭祀的高貴的名聲呢，還是想活著游弋在泥塗中呢？」來人說當然活著快樂。莊子說：「我還是垂釣自由自在。」莊子寧可選擇做身上背著盔甲、活在泥潭裡的烏龜，可我總覺得這表明了他的一種痛苦，這是莊子作為一位哲人的孤獨感、寂寞感。他沒有一個可以眞正對話的同時代人，在戰國紛爭的年代，他所謂的快樂只不過是自我安慰罷了。誰又能知道他堅硬的盔甲下面是怎樣一顆柔軟的心呢？

余秋雨

安安提出的問題很深刻。但是，莊子畢竟是莊子，比安安更加深刻。對他來說，不存在你所說的「眞的快樂」「眞的痛苦」，甚至，也沒有你所說的「孤獨感」「寂寞感」。儘管在我們看來，他必然是孤獨和寂寞的，但他對此已經無所「感」。對於自由與不自由，骯髒與乾淨，在他看來也是相對的。對於盔甲的堅硬和內心的柔軟，他也會有另外一種看法，例如，他會認為，當盔甲是柔軟的時候，內心就堅硬了，但是，柔軟的盔甲和堅硬的內心一樣，都是沒有意義的，否定自身存在的。

◉**金　子**　聽秋雨老師一說，確實明白了莊子獨特的深刻性。這真是一個了不起的哲學家。我的問題是：這樣的哲學家，對社會管理有什麼意義？在儒家看來，只有做官才能實施良好的社會管理。莊子是不想做官的，但在做官和個人自由之外有沒有另一個空間，可以讓民眾有一個更好的憩息場所？

◉**余秋雨**　莊子不在乎社會管理，只在乎精神管理。其實他對精神也不想管理，只不過客觀上能起到這種作用。

我們可能受儒家、法家的影響太深，習慣於質問每一種文化的政治功能。其實，文化有比政治更大、更高的職能。

硬要說社會管理，老子、莊子的哲學也能提供一種近似於「無為而治」的簡約管理，這在歷史上某些需要休養生息的歷史階段也很重要。例如漢代初年的文景之治就是這樣，馬王堆漢墓帛書中記述的政治理念，如「重柔者吉，重剛者滅」「至正者靜，至靜者聖」等，很接近老莊哲學。唐朝的王室，也有類似的理念。由此可見，即使是偉大的漢唐文明的構建，也不完全出於儒家和法家思想。

總之，老莊哲學是想把人世拉回到本來狀態，結果反倒超過了別的管理方式。

◉**叢治辰**　我也覺得莊子哲學不在於管理，很大程度上是因為它是自我指向的，不怨天尤人，不在外部找原因，而是探討如何從自我突破。舉一個簡單的例子，假設莊子現在正在談戀愛，莊子不會找一個特別浪漫的環境，他會調整自己的心態，在心中生發出一種非常浪漫的情調。

◉余秋雨

這個例子舉得不太精彩，但是我欣賞你在說莊子時用到情調這個概念。也就是說，他眞正在意的，不是社會的結構秩序，而是生命的詩化情調。

莊子與老子有淵源關係，但又比老子講究詩化情調。這種特性，使他成為諸子百家中最具有文學性的一位。

莊子的詩化情調和文學素質，主要表現在兩個方面，一是想像力，二是寓言化。而且，他在這兩方面都達到了極致。

莊子在想像力和寓言化上都表現出對於一般眞實的脫離，對於直接結論的脫離，因此是其他學派所不敢用的，因為其他學派免不了要在「可信性」、「眞實性」上說服人。莊子沒有這種企圖，反而從大家擁擠著的理性講堂退回到感性花苑，放縱自己的感性來激發別人的感性。人們也許會誤會，以為理性比感性深刻，而莊子則輕鬆地指明，理性的最後救贖之地還是感性。想像力使莊子遨遊於南溟北海，又把自己設想為宇宙間似人非人的無限力量，這就使他的智慧獲得了眞正的文學形態。請記住，離開了基於自由感性的巨大想像力，也就不存在眞正意義上的文學。

想像力的凝象體就是寓言化。我多次論證，文學的起點和終點都是寓言。莊子的寓言與一般童話中的寓言不同，一上來就表現出一種仰天俯地的哲學規模。但這種規模畢竟由自由感性和想像力支撐著，因此在本質上還是文學，或者說是一種哲學化的文學。

寓言化的基本結構是象徵隱喻。A不僅是A，而是B加C加D、E、F、G……直至無限。正是這種由有限通達無限的機能，使文學和哲學獲得了思維尊嚴和審美尊嚴。

我的這些話大家聽起來可能有點陌生，因為我已進入到另外一個獨立的思想領域即美學領域。這需要以後抽時間專門討論，今天點到為止。下面希望大家回想一下自己印象最深的莊子寓言，也算是一種溫習吧，在講述的過程中體會莊子的多方位魅力。

◉王牧笛

莊子在寓言中好像很喜歡借用「鳥」：比如他曾經講過，有一隻海鳥停在魯國的大海邊上，魯侯就把這隻鳥請回了太廟，給牠喝最好的酒，聽最好的音樂，吃最好的肉。可是這隻鳥非常害怕，不吃不喝，三天就死掉了。這是一個有關「自然」的講述，一切刻意的人為和加強都是違反「自然」的，也違反莊子所展示的那個詩意的、自由的生命狀態。

◉王安安

我想到了「駢拇」的寓言，講的是正常人的手掌只有五個手指，一個人如果貪心，希望再長出一個手指，這不符合自然的狀態，也毫無用處。聯想到後來在中國歷史上，慈禧一頓飯要吃一百多道菜，可是沒有一道菜眞正給她帶來快樂。人為的多餘，違反自然之道，這是為莊子所痛斥的。他用「駢拇」這個比喻，來批評儒家刻意追求「仁義」行為，也是一種違反自然並且毫無用途的東西。

◉金　子　《莊子・齊物論》中有一個養猴人的故事。有一年糧食歉收，養猴人就跟猴子說，現在早晨給你們每隻猴子三個橡子吃，晚上吃四個。猴子聽了——不行不行，早上怎麼比晚上還少呢！養猴的人於是說，那這樣吧，早上吃四個，晚上吃三個。猴子聽了之後就特別開心了。莊子通過這個故事告訴人們，實際上世間許多東西，從很多角度來看，並沒有質的區別。這個故事就是成語「朝三暮四」的來源，不過後來似乎與「朝秦暮楚」用混了。

◉何　琳　還有一個「盜亦有道」的寓言。有一個大盜叫做跖，他手下人問他，成為大盜有什麼竅門。盜跖說這裡面竅門大著呢：在屋外就能知道屋裡有多少財富，就是聖；第一個衝進去搶奪，就是勇；最後一個離開，就是義；判斷能不能進去就是智；分配均勻就是仁。這五者不備不能成為大盜。

◉余秋雨　莊子所說的：「盜亦有道」，與我們後來用這個成語時的意思很不相同。他幽默地完成了對儒家道德體系的「解構」：道德家們最喜歡用的那些命題，用在負面人物身上也完全合適。你看，對盜也可以蒙上五德的光環——聖、勇、義、智、仁，但它整個系統的根基卻是盜。這種解構方式不是否定社會上的基本是非界線，只是嘲諷了那些過度地強加給社會的種種企圖。一切違反自然的行為和口號，立即可以走向它們自身的反面。

由此讓我想到我們現在很多評論家的「文藝評論」，條條規則，例如「動靜結合」「有虛有實」「鳳頭虎尾」「起承轉合」之類，放在任何一個徹底失敗的作品上也完全合適。

◉叢治辰

我還記得有一個故事，是說莊子去楚國，路上看到一個骷髏，他就用馬鞭敲敲，問這個骷髏說：「你是不幸遭遇什麼災禍而死的麼，是戰死的，自殺死的，還是老死的？」說完就枕著骷髏睡著了。夢裡那個骷髏對莊子說：「你問我的災禍都是生人的累患，死人是沒有這些憂慮的。告訴你死人的情形吧，不瞞你說，我現在覺得挺高興的。你看你整天招呼上級下級，不吃飯你餓，不穿衣服又冷，你實在挺辛苦的，哪有我快樂。我根本就沒有這些煩惱。」莊子說：「那我要讓神靈將你起死回生，讓你跟你的父母、妻兒、鄰里一起過日子，你願意嗎？」骷髏憂鬱地說：「說實話我還眞不願意呢。我何必放棄現在的快樂，去挑起人間煩惱的重擔？」莊子在這個故事裡泯滅了生死的執著。死亡並非是恐怖的，死亡將結束一切畏懼，無所謂喜憂。我覺得這種生死觀也是莊子哲學的一個很重大的元素。

◉余秋雨

優秀的寓言總會給人們提供一種新的視角，給大家帶來很大的精神解脫。你們的爭相講述也誘發了我，對我年輕時具有啓蒙意義的是《秋水》。這個篇名跟我的名字有點關係，所以感到特別親切，搶先拿來閱讀。一讀，眼界大開。你看河神多麼有氣勢，奔騰萬里，浩浩蕩蕩，從河神本身的角度看起來，「我」似乎什麼都具備了。但是一流到北海，情況完全變了，「我」難道就是那麼小的一條河？海是煙霧渺茫的一個存在，「我」只是加入它而已，而且加入以後完全不見痕跡。於是河神和海神有了一段對話。河神覺得自己以前認定的重要東西，現在卻顯得非常不重要。海神就告訴他，你能夠走出那麼小的空間來到更大的地方，有這樣的感覺很好，但你要明白我的局限：海和天相比，那又是太小太小了。在一次次的對比以後，得出一個結論，那就是任何判斷都是相對的，我們能夠共同對話的層面也是相對的。

莊子認為，要獲得這種眼界，很困難。但是，因為是眼界問題，你也不能去強迫他們，只能讓他們去。用自己的眼界強加給他們，又是不自然的事。他說：「井蛙不可以語於海者，拘於虛也。夏蟲不可以語於冰者，篤於時也。曲士不可以語於道者，束於教也。」井底之蛙，你沒有辦法同它談海，它被空間束縛了；夏天的蟲，你不可能給它講冰，因為它被時間束縛了；那些孤陋寡聞的文人，沒法給他講真正的大道理，他被一大堆從小接受的教學話語束縛了。按照莊子的說法，大家都在自我作踐，把自己的空間和時間越折騰越小。這樣的人那麼多，莊子無奈地說，不必和他們講話。但是我們設想一下，如果換成孔子和墨子，情況就不一樣了。他們一定要講，而且要用盡各種方法來感化你。莊子覺得完全沒法講明白，你能把空間的束縛、時間的束縛、教育的束縛都取消麼？取消不了，那麼再講也無效。

既然這樣，為什麼還有《莊子》呢？那是他獲得精神自由的自我記述，也想讓少數同道獲得啓發和共鳴，僅僅如此而已。我認為，這種無奈狀態，又是一種比較正常的文學心態。現在作家中那些一會兒想刺激天下，一會兒又抱怨民衆不理會自己的狂躁心理，與正常的文學心態相去甚遠。

最後我要簡單說一說莊子在東方美學中的特殊地位。他提倡「物我兩忘」的境界，是東方美學對世界美學的重大貢獻。我們過去習慣講述的所謂「血淚蘸筆端」「憤怒出詩人」等，當然也有存在的合理性，但在美學境界上等級很低，更不是東方美學的主體。多讀莊子，會使我們更多地領略東方美學的至高境界。另外我還必須說明，過去有不少學者認為「寓言象徵」是西方現代派文學所獨有的特徵，那是一種片面的說法，莊子對此提出了否定。我寫在二十多年前的那本《藝術創造論》就提出，現代世界第一流的文藝作品，三分之二以上都是寓言結構，而在古代，最早進入這種寓言結構並立即顯現成熟風貌的，是中國的莊子。

第十六課

一個眞正的世界奇蹟

◉余秋雨

以孔子、孟子、莊子為代表的諸子百家之後，還有哪位値得敬重的人物應該進入今天普通中國人的文化記憶？

我們注意到，在諸子百家匯聚的稷下學宮中，曾經來過一個風度翩翩的楚國官員，他就是屈原。

屈原是一個世界奇蹟：

第一，他的死距今已有近兩千三百年，在這麼漫長的時間裡，卻被那麼多中國人年年祭祀，這在世界歷史上找不到第二個例子；

第二，這個被祭祀的人不是皇帝，不是將軍，也不是一個哲學家，而是一個詩人；

第三，對孔子的祭祀，主要集中在曲阜和各地的一些文廟裡，而對屈原的祭祀卻遍布全國任何角落，只要有江河，有村落，到了端午節，包粽子、賽龍舟，到處都在祭祀；

第四個奇蹟是，雖然有那麼多人在祭祀他，但是能夠讀懂他作品的人卻少而又少，大家其實是在祭祀一個自己並不了解的人。

這四個奇蹟加在一起，就構成了中國文化一種非理性的驚人動員力和普及力。這種情景已經遠遠大於祭祀對象本人，而是一種大眾的精神需求。我們平常研究中國文化，大多就一個人論一個人，忘卻了數千年來一個龐大人群不約而同的集體行為。我覺得在文化上沒有別的事情比這件事情更宏大的了，直到今天我們只能驚歎，不能讀解。

正因為不能讀解，我們仍然只能回到屈原本身。但一說到屈原，我們不要一下子陷入書呆子的泥坑。首先應該花一點時間想一想自己的祖父、曾祖父年輕時划龍舟的姿態；祖母、曾祖母年年包粽子的辛勞，想想那些充溢在中國大地、甚至世界很多華人社區的划船聲、粽子香……

屈原活了六十二歲，這個時間不算太長，也不算太短。我們可以把他的一生做一個簡單的劃分。

第一階段：年少得志，二十二歲就做到了楚國的高官；

第二階段：受到小人的挑撥，失去君主的信任，離開統治核心，鬱鬱寡歡；

第三階段：楚國遇到外交災難，由於耿直的諫言，他第一次被流放；

第四階段：第二次被流放，這次流放長達二十年，直到自沉汨羅江。

為了更多地了解他，我想聽聽諸位對他人生起點的看法。

◉王牧笛

屈原出生於公元前三三九年，一個非常特殊的日子：庚寅日。據說庚寅日出生的男人很特殊，當時被認為是一個巫神。傳說，屈原出生當天他家屋頂上有道彩虹貫頂，這成了屈原此後追溯自己生平時引以為榮的資歷——《離騷》開篇就說「攝提貞於孟陬兮，惟庚寅吾以降」；他多次提到自己這一脈與黃帝的淵源，從小就樹立了一種「家族榮譽觀」；他接受的教育不光是楚國當地的，還包括中原的詩書、禮儀、經書的浸淫。屈原在楚國當外交官的時候，在齊國的稷下學宮跟學者名流們泡在一起，充分浸染了那裡的學風。

◉王安安

屈原年少得志的時代可以追溯到公元前三一八年——這一年的春天，屈原出使齊國訂下「齊楚之盟」，受到齊宣王的賞識，在政壇嶄露頭角。屈原逐漸被楚懷王委以重任，「入則與王圖議國事，以出號令；出則接遇賓客，應對諸侯」。就是幫助楚懷王制定內政外交的重大政策方針。

◉余秋雨

屈原出身的王族世家已經有點敗落，所以貴族的「貴」是貴在他所受的教育上。司馬遷說他「博聞強識」，說明他接受教育的效果很好。估計他的形象不錯，否則《離騷》裡不會有那麼一些句子，描述自己喜歡在服裝上下工夫，愛打扮，並且總在自我欣賞。

於是，根據自己家庭的歷史以及自己出生的時間，他突然覺得自己有某種「天命」。《離騷》也就由此開篇。屈原的高貴，包括血統的高貴、地位的高貴、知識的高貴、形體的高貴、姿態的高貴，成了他文學陳述的進入方式。其實，也是他政治生涯的進入方式。

不過這也帶來一個麻煩：就像歷史上的許多貴族子弟一樣，他們總是自信滿滿，覺得自己擁有理想和使命，卻不善於在前後左右周旋。他們不太懂得政治生態，比如看不得小人臉色，聽不得言不由衷，更不願意由自己來說一些俯仰上下、左右逢源的話。其實一旦躋身政壇就不能全然拒絕政治慣性，這是連孔子、孟子都不能拒絕的。但是，屈原的理想化潔癖使他成了一個缺少彈性的人。因此，當我們看到屈原在作品中不斷強調自己的高貴、潔淨時，我們就知道，等待這位男子的一定是悲劇。

◉何　琳　他那些理想高遠的話，包括那種自豪感，可能別人不好理解，如果不能沉浸到那個世界中去，就會認為他是自大。其實那不完全是自大，而是一種理想，把自己跟天命放在一起的理想。因此，他的悲劇不是自大者的悲劇，而是理想者的悲劇。

◉余秋雨　說得很對，理想者的悲劇更能說明屈原，也更能打動人心。但是，請注意「理想」和「自大」並不是對立的概念，理想者的內心必然會有自大的成分，這是和沒有理想的人的一種天然區分，結果使沒有理想的人難於接受。「不自大」的理想者，只是把「不自大」當做一個實現理想的親民策略。但是，屈原沒有這種策略。

沒有策略而躋身政治，就會遇到一個天然的困境：即使是潛在的盟友，也都沒有那麼高貴和純淨。當你沒有爭取盟友的能力，只是企盼著人們理解你的理想而成為你的盟友，但這種企盼一定落空。一切潛在的盟友都會因你的驕傲而產生心理隔膜，自然地投向一些笑臉，而那些笑臉很可能出自小人。請注意，不是投向有強權的壞人，而是投向小人，因為小人沒有明確的政治主張，讓一切投向他的人感到一種處於中間狀態的安全。於是，小人的隊伍大大擴充，而原先潛在的盟友，也必然在小人的王國裡激發出更多的小人心理，形成一種遼闊的政治氣候。正是在這種情況下，屈原很快就置身於覬覦、嫉妒、冷眼、誤會的包圍中，而他的主要對手，其實就是小人，而且是和權力連接在一起的小人。

好，那就讓我們說說這方面的事情吧。哪一位來說？

那就我來說吧。屈原年少得志，受到楚懷王的信任和重用，因此招來很多嫉妒者，其中的上官大夫靳尚就策畫了一件事情：屈原正在替楚懷王擬定一個憲令（國家法令），他來了，說：「你能不能把憲令的草稿給我看一下？」屈原想：「我把草稿給你看了，被你私自篡改豈不麻煩？」於是拒絕了，那人就灰溜溜地走了。

這個人為什麼會跑過來看草稿呢？因為屈原老說自己是「受天命」的，政治主張上很「改革」。而靳尚，包括後來參與到陷害屈原事件中的公子子蘭、鄭袖都是保守派，這個草稿很可能傾向於改革，屈原擔心讓他們看了，他們會篡改。於是，就把靳尚給得罪了。加上以前的一些積怨，他就到楚王那裡，演了一齣小人戲。他一見楚王就說：「大王啊，您要改革，為此要做個憲令，大家都知道這是您的英明，屈原只是給您打個草稿罷了，誰知他每寫完一條就出去吹噓，說：『你看看我多牛！這些都是我寫的！』小人不僅會對當權者諂媚，而且很會抓住人的弱點：屈原確實有點自戀！這麼一挑撥，楚王果然很不高興。屈原就這樣遭到了楚王的疏遠，以致流放。流放是屈原的不幸，卻是中國文化的大幸——正是因為流放的鬱悶，屈原才寫下了千古不朽的《離騷》。

◉王安安

屈原的流放是靳尚、鄭袖和楚王三人合力造成的。一個成功的統治者、英明的領導人，對小人的讒言理應有一套自己的判斷標準和處理方法。所以，楚懷王對此也有不可推卸的責任。

◉余秋雨

但是，同時你應該看到，造就屈原深切詩情的，恰恰也有這個楚懷王的一份。屈原不管受到多大委屈，對楚懷王的情感一直無邊無沿。他走得再遠，也把楚懷王作為一個傾訴對象。因此，不管我們多麼責怪楚懷王，他也是屈原詩歌中的一個主角。我這麼說，又是文學思維與政治思維的一個重大區別了。

即使從政治思維來說，楚懷王也讓屈原割捨不下。楚懷王能夠在屈原那麼年輕的時候對他加以重用，可見眼光獨到。他交給屈原的任務，也是當時楚國政治、外交上的敏感點，因此他不能不對屈原的所作所為高度敏感。屈原不可能傲視楚懷王，但純淨如他，又必然把楚懷王對他的任用看做是一種全方位的信任，因此不會曲意奉承，只會岸然自得，這種神情也會讓楚懷王覺得不舒服。而這種不舒服哪怕只有一點點，也是小人挑撥的起點。屈原始終不敢承認，他對楚懷王一廂情願的知心判斷只是一種幻覺。由幻覺所產生的期待又切斷了他與楚懷王進行政治對話的正常方式，這就造成了無可挽救的分裂。

正是這種分裂，產生了一種正面效果：使中國的文學和詩歌，從政治語境中分裂出來，漸漸自立自為。屈原，在流放地讓詩歌流放，並因流放而獨立，而偉大。

屈原的生平記載是從遭受誣陷開始的，諸子百家中只有韓非子與他相似。但韓非子主張殘酷的刑罰，所以很少得到後人的同情。因此，由屈原，人們開始用集體情感救贖一個個遭受誣陷的文人。

諸子百家的流浪是一種主動選擇，而屈原的流浪卻是一種被迫無奈，這又構成了另一個起點：自屈原以後，中國知識分子主動流浪的人越來越少，被迫流浪的人卻越來越多，最終組成數量龐大的貶官文化。屈原就是貶官文化的起點。

現在我建議談談屈原流放的事情。

◉王牧笛 屈原的第一次被放逐與一次外交災難有關，他生於「天下一統」的前期，一個縱橫捭闔的外交時代。當時幾乎所有的政治家都要回答一個問題，那就是「我們要聯合誰？反對誰？」作為政治家的屈原，對這個問題的判斷是比較準確的，那就是「聯齊共抗虎豹之秦」。可是，在某種程度上說，他的實踐是失敗的，尤其是他出使齊國，而秦國的張儀出使楚國，在這場PK中，屈原輸給了張儀。原因很簡單，屈原的高貴人格中容不下欺騙。張儀用「秦願獻商、於之地六百里」的謊言欺騙了楚國，取得了外交聯合中的勝利。張儀也好，蘇秦也好，韓非子也罷，作為政治家，他們雖說失去了祖國，但贏得了天下，是成功的。但屈原失去了天下，也失去了祖國。他的被放逐、流浪是一種宿命。

◉劉　璇 屈原第二次被流放，是在「六百里事件」之後的又一騙局之後：懷王被騙去秦國談判，被埋伏的重兵抓起來當人質。楚國沒有受秦國要挾，而是扶頃襄王上了台。按道理來說，頃襄王應該討厭上官大夫靳尚，因為當初楚懷王被劫去當人質，就是這些投降派鬧的。但這種討厭持續了沒多久，頃襄王就又開始親近他們，為什麼？他這個心態跟南宋第一個皇帝趙構很像，因為懷王還沒死，如果懷王回來了就會威脅他的王位。所以，他不希望抗秦派占主導地位，於是就越來越傾向這些投降派。這些人又製造了一個陷阱，就是誣陷屈原，把他流放。流放的時間有不同版本，最長的說法是二十年，總之是屈原到死也沒有再到過長江以北，再沒有回到楚國的政治中心。

屈原的第一次被流放是在三十五歲左右，時間是四年，流放地是現在湖北的北面，大致在現在襄樊的西北；第二次被流放是四十三歲左右，一直到他六十二歲時投江，流放地是湖南的湘水、沅水一帶。這兩次流放，某種意義上說使屈原遠離了首都的各種政治災難，不再日日夜夜有那麼多切膚之痛了。痛苦當然還存在，但有了層層疊疊的阻隔，昇華為一種整體憂傷的精神格調，與山水相融，得以從政治鬱悶蒸騰為文化詩情。這就是流放有可能產生的文化意義。

難過歸難過，但他卻由此走向偉大。他的《離騷》到底寫於什麼時期，直到現在還有爭論。一般認為是在他第一次流放之後，也就是三十五歲之後寫的；也有的人認為是寫於第二次流放之後。這個爭論很有趣，因為這與文學創作的某種規律有關。

一派認為，《離騷》這部大結構的詩歌作品，能夠一氣呵成，不見斷續痕跡，寫作時的年紀應該不會太老，另一派認為，《離騷》所表達的悲憤和對生活的看法，好像得有兩次流放才寫得出來。

我比較贊成第一派的觀點。因為《離騷》裡反覆講到：趁現在年紀還輕，要做很多事情。這顯然是年輕人的口氣。屈原後來的作品中經常出現感歎自己上了年紀的話。而且，《離騷》所透露出來的一股氣，確實是以香草、美人作為象徵的一股盛年之氣。

我歷來非常注意文學作品中隱藏的那股氣，似乎不可捉摸，卻又撲面而來。文章是生命的直接外化，這股生命氣息是文學作品的靈魂，時時刻刻在誘導著我們自己的生命氣息。就像我們見一個人，直接感受的並不是他的檔案資料和他的學術觀點，而是從眉眼姿態中洋溢出來的那種氣場。《離騷》的氣場，比較年輕。

◉**萬小龍**

從秋雨老師的講述可以明白，不幸的人生遭遇能夠成就文學上的偉大，連流放也能強化生命意識。但是，這個生命過早地結束了，我認為屈原最大的悲劇莫過於投江自盡。在這之前有個非常有趣的故事：他走到江邊問一位漁夫，汨羅江怎麼走？漁夫說：「你去那兒幹嘛？」屈原說：「我要投江自盡。」漁夫說：「你為什麼這麼幹？」屈原就說了一句非常著名的話：「舉世皆濁我獨清，衆人皆醉我獨醒。」還打了個比方，說：「我這個剛洗完澡的人，肯定要抖抖衣服上的灰塵，彈彈帽子上的塵土，來顯示我的純潔和高貴。」漁夫就說：「傻帽，你書讀得太多了吧！」不久，屈原就投江了。這個日子就在農曆五月初五左右，本來是民間的一個節日，因為屈原的故事，後來逐漸演變為包粽子紀念屈原的端午節。

◉**余秋雨**

屈原投江是一個悲劇，但是我不贊成對其作一般意義上的哀痛理解。

這裡有一個前提：屈原生活在一個巫風很盛的地區。人們經常舉行的對各種神靈的祭祀，是一種淒美的儀式。龍舟和粽子，都是這個儀式的一部分。屈原的投江，是自古以來由人入神的巫儺儀式的延續，也是對此後一個新的祭祀命題的開啓。

屈原在流放期間，非常充分地了解了當地的原生風習、民間崇拜。我們應該明白，這一切對於一個頂級詩人的吸引力，實在太大了。他的生命，必然會融入神話和大地之間，甚至已經成為山水精靈、天地詩魂，不再僅僅是一個失意謫官。在這個意義上來理解他的投水，以及民眾的千里祭儀，就是另一番境界了。

許多年以後，西方一些詩人和哲學家也都選擇了和屈原一樣的歸宿。海德格爾在解釋這種現象時說，人對自己的出身、處境、病衰都沒有控制力，唯一能控制的就是如何結束自己的生命，這是最重要的哲學問題。我們對屈原之死的理解也應該提升到更高層面，而不能過多地以官場邏輯來解釋。

第十七課

長江推舉他出場

◉余秋雨

研究屈原，可以動用很多文化方位。今天我們不妨換一個角度，從地域上來討論他。地域文化，是文化課題極為重要的組成部分。

大家應該還記得，我們在講墨子的時候曾經提到，墨子為了救宋，從泰山腳下步行到楚國的都城，走了十天十夜，黑衣服、黑臉，腳上受了傷，就從黑衣服上撕下一塊黑布條，包著黝黑的腳，繼續走。

在這條路上，曾經有一個人逆著墨子的方向走，起點和終點也正好對調：從楚國出發，走到泰山腳下。有趣的是，這個人的衣著、面貌、姿態也一定與墨子完全不同，他就是屈原。屈原是作為楚國的一個官員去拜訪稷下學宮的，如果用一句現代散文化的語言來說，這是長江文明的最高代表去拜訪黃河文明。

中華文明是大河文明，在很長時間內主要是兩條大河，那就是黃河和長江。黃河流域是中華文明邁出一系列關鍵性步伐的地方，無論是黃帝、炎帝的主要活動區域，老子、孔子的行旅中心，包括更多政治行為的發生地，都離不開黃河。

但是，已經有越來越多的考古事實證明，長江流域的古代文明也很古老、很發達。只不過，在一次次考古發現之前，人們還很難提出長江文明不輸於黃河文明的證據。於是，屈原的出現，如孤柱獨立，如一帆高矗，使長江文明獲得慰藉。

長江文明與黃河文明有明顯的區別，但是，四周有著山海屏障的中華文明，自黃帝開始直到夏、商、周，都產生了追求整合和統一的意向。按照德國社會學家馬克斯・韋伯的說法，由於黃河、長江都橫貫萬里，又連年發生災難，僅僅出於治河的目的，幅員廣闊的中國也必須統一而不能割據。如果說出於治河需要的統一是東西統一，那麼，東西統一又必須帶動南北統一。儘管這種統一，常常是通過一次次內戰的方式來實現的。

於是，屈原就被嵌在一個兩難境地中了：一方面，他可以代表長江文明來拜訪黃河文明；另一方面，他又必須抵拒立足黃河文明的秦國來保衛立足長江文明的楚國。

在他的時代，一種由秦國為代表的謀求全國大統一的努力已經開始。從歷史的大視野來判斷，秦統一中國是必然趨勢，因此屈原試圖保衛楚國的訴求雖然感人卻可能是一種歷史障礙。請記住，很多歷史障礙都是感人至深的，很多歷史開拓都是讓人驚恐的。

在屈原身後，秦滅了楚並統一了中國。但是，秦的統治時間不長，當漢朝很快建立起來的時候，人們發現，那又是楚的一次勝利。

這裡就出現了一個尖銳的問題：現在有不少文化學術界人士還把屈原稱為「愛國詩人」，這個稱號放在他身上合適嗎？這裡的「國」，是楚國、秦國，還是中國？對於這個問題，我很想聽聽諸位的想法。

我覺得「愛國詩人」這稱謂還是挺好的。一是因為，既然大家都這麼叫了，將錯就錯，這個錯是有合理成分的。可以理解為愛土地、愛故鄉，如果屈原少了這一層的含義，他的精神內涵也少了很多魅力。我記得蕭伯納說過這樣一句話：「愛國主義是一種信仰，你相信你的國家優於其他一切國家的唯一理由就是因為你生在那裡。」前幾天看的話劇《哥本哈根》裡有一句台詞滿震撼的，德國人海森伯說：「人們有時候會錯誤地以為一個正好處於戰爭不正義一方的人民，會比較不愛自己的祖國。」

屈原在感情上肯定是趨向於自己的國家勝利，而不希望別的國家把自己的國家打敗。這種感情是無可爭議的。

王安安 我不同意。「愛國」和「詩人」是沒有關係的兩個詞。倒不是說詩人就不應該愛國，而是說，詩人就是詩人，沒有什麼愛國不愛國的，這是兩個不同的判斷標準，同時拿來評判一個人，會產生沒有必要的障礙。作為一個有這麼高的文化素養的藝術創作者，對自己祖國的愛，就像他愛母親、愛父親一樣，是一種本能。如果因為他寫過很多的愛國詩篇，就把他叫做「愛國詩人」，那冰心寫過很多愛母親的散文，她是不是就應該叫「愛母作家」？

叢治辰 冰心也被稱為有母性的作家、有愛心的作家啊，為什麼不能把「愛國」跟「有母性」「有愛心」同樣單純地看做一個修飾定語，而一定要作為價值評判的定語來對待呢？你們可能正是政治敏感度太高，才把一種有可能創作出純文學來的說法套上了政治概念。

王安安 政治概念和純文學概念可以並存，但我心中的政治概念要比「愛國」大得多。我覺得屈原在汨羅江畔自沉的感覺，也許就跟孔子當時在魯國西狩獲麟，「鳳鳥不至，河不出圖」的感覺有共通性，都是感慨自己的理想不能在有生之年實現。可以說它是跟政治聯繫在一起的，但這不能用「愛國」這麼一個非常現代而概括力不足的概念去說它。他最終感歎的不是他的國家被吞併，而是一種高貴文化被虎豹豺狼的文化所吞併。

萬小龍 我覺得這個「愛」字需要考察：「愛」在古代也有「吝嗇」的意思。我們說的這個愛，究竟是偏私還是博愛？是只愛自己的祖國，把它所做的任何事情都認為是正義，別人所做的任何事都認為是不正義？還是在對祖國抱有溫暖感情之外，還能夠允許別的文化生態存在？這樣的討論還會進行下去，說不定下一代還會延續。

我的態度很明確：站在少數派一邊，不贊成把屈原說成「愛國詩人」。理由有下面三條——

第一，屈原如果生活在中國已經統一的時代，一定非常愛國，這是沒有疑問的，但是，他當時所愛的，明明白白只是楚國。他的故事太有名，這一點早已人所共知，很難「泛化」得了。楚國是諸侯邦國，與秦漢之後的統一大國在概念上根本不同。如果認為這兩種「國」可以互相置換，那麼，諸子百家中會冒出來多少「愛國學者」？推衍到後代，《三國演義》裡邊的諸葛亮、曹操都成了「愛國將領」，連寫了「故國不堪回首月明中」的李煜都成了「愛國皇帝」，這能讓人受得了嗎？

第二，即使能把「愛國」兩字泛化，讓人忘記具體的楚國，那也還是一個政治概念。屈原是一位大詩人，文化大於政治，沒有必要在文化命題之上再套一個政治帽子。這就像，沒有必要把老子、陶淵明說成是「不合作主義作家」，把杜甫說成是「民本主義詩人」，把陸游、辛棄疾說成是「反侵略文化精英」，把《紅樓夢》說成是「宮廷影射小說」。文化，不應該成為政治概念的附庸。政治概念容易讓某些低層文化產生一時的號召力，卻會把真心宏大的文化扭曲和閹割。

第三，更重要的是，中華民族對於屈原的千年祭祀早已不分地域，不管是當初被楚國侵略的地域還是侵略過楚國的地域，一到端午節都在划龍舟、包粽子，這就證明了文化無私、文化無界，證明了文化有可能消除以往的政治鴻溝、地域隔閡。我們如果用曖昧不清的「愛國」概念重新激活千年前的政治界定，那麼，客觀上是把一個大家庭裡的兄弟推向敵對營壘。於是，龍舟遇到了江上鐵索，粽子也只成了小地方的土產。這是大家願意看到的嗎？

記住，不管有多少漂亮的名號，我們都不能夠把文化做小。把文化做小，是一些滿腦子只有政治概念的文化評論者們的專業，他們只有通過層層切割才能構建自己的所謂「學問」。對此，我們在座的北大學子千萬不要上當。

第十八課

何爲詩人

◉余秋雨

現在，我們終於可以留出來不多的時間，來稍稍直面屈原的文學成就了。有一個通行的說法：屈原是中國歷史上的第一個詩人。這種說法遇到了一個小障礙：「第一個」之前，中國已經有了《詩經》。

《詩經》很了不得。這三百多篇詩，組成了中國早期文明的不朽詩情。我一直認為，古代比現代更有詩意，《詩經》就是最早的證據。

但是，《詩經》雖好，卻沒有為我們提供任何一個讓人印象深刻的詩人。《詩經》中雖然也有少量署名，但我們認為那是對集體創作所採取的一種個人署名方式，還不足以指向一個個明確的個人。在《詩經》

裡，不管是由宮[illegible]樂歌，還是從鄉間取來的民謠，都經過無數次的修改整理，本質上還[illegible]作。

請大家品味一下「詩經」這[illegible]。在生產力極端低下的時候，我們的先人已經「以詩為經」，把詩當作[illegible]神的經典，這實在是一個了不起的文明開端，發展了幾千年之後，我們[illegible]新嚮往一種詩化的生活，希望在繁雜忙碌的塵囂中升起裊裊詩意，使[illegible]苦澀，使生活不再窘迫。這也就是連現代西方人也十分迷醉的所謂「詩[illegible]居」。

在詩意上，人類有一種共同失落。幾個偉大文明的開端都[illegible]史詩階段，都以詩的語言來奠基一個民族的基礎話語。遺憾的是，[illegible]國哲學家狄德羅所說的，大家越到後來越沒有詩意了。中國與其他古[illegible]的史詩傳統有一點差別，那就是，中國的《詩經》主要是散篇抒情詩，特別在乎腳下的現實悲歡，在乎散散落落的亮點，而不太在乎敘事的整體結構。這也決定了中華民族的審美習慣和別的民族不一樣。在我看來，西方民族詩情的宏偉性和整體性也許與游牧文明和海洋文明的生態方式有關，而中國的農耕文明則決定了詩情的眞切、散落、隨性。

《詩經》是四言為主的詩體。用如此簡潔的漢語短句表達出如此經典的喜怒哀樂，又表達得那麼大氣從容，實在讓我佩服。現在不少人在呼籲讓孩子們從小讀經，開了好些篇目，但奇怪的是，居然沒有《詩經》，可見那些人只願意向孩子們灌輸教條，而不是詩情。實際上，當年諸子百家們在黃河流域走來走去的時候，不管哪一個人，坐牛車還是坐馬車，或者步行，心中總是迴盪著那些詩。雖然他們不一定是詩歌愛好者，但這是當時上層社會的風尚。墨子行走十天十夜，他看到樹叢，看到炊煙，看到草堆，腦子裡也一定會出現《詩經》中的相關句子，更不要說孔子、孟子了。

現在我們的生活太缺少詩意，卻氾濫著大量似詩非詩的花俏空話。這使我們面對祖先時有點汗顏。

我在一篇文章中說過，《詩經》就像一種平原小合唱，而屈原，卻不要合唱，只有個人；不要世俗，只想超邁；不怕孤獨，只想遠行。

與諸子百家相比，屈原也與他們很不一樣。諸子百家中很多人都有一種「大道盡在我心」的導師形態、教主形態，像一尊尊雕塑一樣矗立在學生、門徒們面前，等待他們提問，然後由自己作出解答。屈原正好相反，他覺得自己有渾身的問題得不到解答，他完全不知道用什麼去訓導別人。他要呈現的是自己內心的全部苦惱、哀怨、分裂。他沒有雕塑般的堅硬，而有一種多愁善感的柔軟。他不認為世間有多少通用的哲理，只擔憂杜鵑叫得太早，群芳謝得太快。

我這麼一說大家都聽出來了，這麼一個孤獨人物的出現，看似偶然，卻與《詩經》和諸子百家都劃出了鮮明的界線，因此，他是一個重要的文化里程碑。

◉叢治辰 《詩經》作為中華先祖的歌吟，確實是一種集體話語，我覺得這可能與黃河流域的地理環境有很大關係。我們的早期文明長期活躍在黃河流域的曠野千里，那裡適合於聚族而居、相鄰而居；而在屈原被放逐流浪的地方，交通不便，物產又豐裕，適合滿足個體生存，於是就容易產生個體化的詩。秋雨老師您也說過，《詩經》第一次告訴我們，什麼是詩；而屈原第一次告訴我們，什麼是詩人。

◉余秋雨 詩人是一種個體精神的審美自立。詩人的自立與思想家的自立不同，需要有一種自然環境的誘發，或者說，有一種天人之間的互動。你說到他的流放地交通不便，物產不乏，滋長了個體生存，這說得不錯。我可能更看重他流放地的另一種環境，例如樹木幽深處的花開花落，奇山怪水處的似夢似幻，巫風浩厚處的神人對話，大江險峻處的力量氣勢……正是這一切，薰陶著他，塑造了他。結果，像《詩經》那樣的黃河流域的「平原小合唱」，也就變成了長江流域的「懸崖獨吟曲」。

◉萬小龍 說到這裡我想應該把「詩人」做另外一種解釋：並非只是一個寫詩的人，而是一個在生命整體上充滿詩人氣質的人；不是以一種哲理的方式討論生活的人，而是以高度敏感來表達內心、靈魂以及對外部世界的特殊感覺的人。

◉余秋雨 把自己的生命徹底詩化的人物，在屈原之前還沒有出現過。其實直到現在，我們還能看到兩種詩人。一種就是你所說的只是「寫詩的人」，看到雲，看到水，他就冒出了寫雲、寫水的詩句；另一種人則相反，他本身就是詩，比他寫出來的詩更像詩。他的思維、情感以及待人接物的方式，都是一團癡迷的天籟。他有點怪異，很可能不擅長交際，大家都不願意把太多的榮譽交給他。結果，「詩人」的桂冠，常常落到了第一種人，也就是「寫詩的人」頭上。

順著這個話題我想起一件小事。兩年前我看到一些文章和著作在論述二十世紀的古體詩，有的以內容的重要性來排名，有的以作者的社會地位來排名，我覺得不妥，便自己動手排了一至十名。出乎很多學者的意料，我排列的中國二十世紀古體詩作者名次，第一位是郁達夫，第二位是蘇曼殊，原因就在於他們在骨子裡就是詩人，而不僅僅是「寫詩的人」。我一排出來，很多深諳此道的研究者都點頭了。原來他們也知道其中深味，卻沒有膽量避開重要人物和重要話題。

其實，詩人就是詩人。不承認這一點，就不會有詩的時代。

第十九課

「二十四史」的起點

◉余秋雨

從今天開始，我要花費較多的時間與大家一起討論中國文化史上另一個重要人物，他就是司馬遷。他不僅僅是一個傑出的史學家，而是一個改變了我們所有中國人的人。是他，使每一個中國人成為「歷史中人」。

中國有一套完整的《二十四史》，過去曾被集中裝在檀香木的專門書櫃裡，既氣派又堂皇。這套卷帙浩繁的史書所記朝代不一，編撰人員不同，卻有相同的體制。這個體制的設計者，就是司馬遷。因此，我們也可以把他看成是《二十四史》的總策畫。

有了他這個起點，漫長的中國歷史有了清晰而密集的腳印。這個全人類唯一沒有湮滅和中斷的古文明，也有了雄辯的佐證。但是，正當我們一次次為這種千年輝煌歡欣鼓舞的時候，會突然安靜下來，像被秋天的涼水激了一下，使我們清醒，因為我們看到了整部歷史總策畫的身影，那是一個臉色蒼白、身體衰弱的男人。

他以自己破殘的生命，換來了一個民族完整的歷史；他以自己難言的委屈，換來了千萬民眾宏偉的記憶；他以自己莫名的恥辱，換來了華夏文化無比的尊嚴。

司馬遷的《史記》寫了十幾年，如果再算上修改的時間，大概是二十年。他父親是個太史令，已經開始在做這方面的事情了，後來司馬遷繼承了父親的事業。他二十歲就開始了考察，走了很多很多的路，就在他準備把考察和思考的結果一一寫下來的時候，突然遇到了一場重大的人生災禍。

這場災禍讓我們這些後人聽起來十分痛心。但是，和一般模式不同的是，這場災禍的製造者並不是一個卑鄙小人、陰毒昏君，而是另一個偉大人物，那就是漢武帝。

請注意，在歷史上，傷害偉人的並不一定是惡人、小人，而很可能也是偉人。這是巨石與巨石的撞擊，大潮與大浪的相遇，讓我們在驚心動魄間目瞪口呆。漢武帝無疑開闢了重要的時代，以至於今天的中國人想起他也還會精神振奮。漢武帝年紀輕輕就登基了，他不能忍受前輩皇帝只能用漢族的一個一個的女子，以公主的身分與匈奴和親的方式去換取北部邊疆的和平。他覺得對一個民族來說，這很屈辱，而且事實上這樣的和平也很脆弱。他想用武力來問一問，我們到底還有沒有另外的力量？因此他開始不斷地打仗，在位五十四年，差不多打了五十年。

用現在的眼光來看，漢武帝實在是做了人類文明史上的一件大事。人類的一切大文明，都會遇到野蠻力量的圍攻。最終勝利的，大多是野蠻。因此，眞正的大文明必須選擇最有效的防範措施。中華文明當時遇到的最大野蠻力量，就是匈奴。對匈奴，秦始皇的對付辦法是築長城，漢武帝的對付辦法是戰爭。否則，匈奴一旦入主中原，很可能是文明的消解。後來匈奴被中華文明驅趕到西方去了，偉大的西羅馬帝國的滅亡，就與他們有關。你看，羅馬文明，連帶著希臘文明，就此滅亡了。因此，漢武帝功不可沒。

那是個英雄的時代，開疆拓土，平定邊境，凱歌和悲歌交織，鋒芒和粗厲俱現。英雄時代的邏輯與平常時代是不太一樣的，司馬遷的悲劇也就是英雄時代的悲劇。

對於司馬遷悲劇的具體情節，我想大家都已經知道，我在《歷史的母本》中也已經作過系統論述，今天就不在這裡重複了。我只想說一說我對司馬遷的總體評價——正是這個在油燈下天天埋首的「刑餘之人」，規定了中國人幾千年的歷史意識、歷史責任、歷史規範。他使我們所有的人，都擁有了一個共同的家譜。

◉王安安 我聽到有一種說法，說中國人沒有宗教信仰，「歷史」就是他們的信仰，中國人追求「不朽」靠的是「青史留名」，避免的是「遺臭萬年」。

◉余秋雨 我很喜歡這種說法。不是「宗教的歷史」，而是「歷史的宗教」。歷史被擬人化成為一個生命，能看到一切、裁判一切、獎懲一切。這個歷史，就具有亞宗教的人格力量。不錯，歷史在中國，不是太追求眞實，而是追求著一種裁判和被裁判的權力。

不管是帝王將相，還是俠客游士、文人騷客，他們在做每一件大事的時候，都覺得自己的腦袋後面有一枝巨大的史筆，會記述自己所做的一切。這枝史筆在一定程度上控制了歷史，從正面來說，這枝史筆傳達了一種有關人間正義的基本界限。

我想對大家提一個問題。也有人說，在司馬遷之前，《春秋》和《尚書》其實都已經開闢了修史的傳統，那麼司馬遷在這個傳統當中，究竟有什麼特殊地位？他對後來整個中國歷史的發展和走向，有什麼特殊意義，其中有沒有負面意義？

◉王牧笛 我覺得司馬遷的特殊地位在於他是一個史學體例的開創者。在他之前，孔子賦予了歷史一種功能，就是「以史言志」，比如他寫《春秋》，是把某種自己的志向和理念融入到歷史的記錄當中，分辨善、惡、褒、貶，判斷是非。司馬遷把孔子的功能追求規整化為一種結構性體例。

◉王安安 除了一個結構性的體例外，《史記》還創造了許多「原型」的人物，比如我們會說誰是「項羽式的人物」「劉邦式的人物」。這就是一個很大的貢獻，以人物為核心的寫史的方式，影響深遠。現在很多歷史事件我們可能記得不那麼清楚了，但是那些人物卻留在了我們的文化記憶當中。

◉余秋雨 你們兩位都說得很對。《春秋》，包括《尚書》，以一種大事記的方式提供了一種「史學理念」，但在「史學理念」之後還必須創造一個可以長久延續的「史學模式」。這個模式，就由司馬遷創造出來了。理念是像雲一樣飄蕩的東西，你可以仰望它的光彩，但是要完整地按照一定的格局和程序繼承下來，必須有模式。不僅僅史學是這樣，古今一切政治模式、商業模式都是如此。如果史學模式沒創造出來，這代人按照這種方式寫，那代人按照那種方式寫，上下缺少可比性，這也就構不成歷史氣脈。氣脈一散，文本歷史和真實歷史都會失魂落魄。世界其他一些古文明往往就出現了這個毛病，有一段歷史有記錄，有一段歷史是傳說，有一段歷史是空白。相比之下，中國的史學模式實在不凡，這首先要歸功於司馬遷。

同時，不管是理念還是模式，它應該被廣泛接受。它需要好讀，需要在人們的心中產生強烈的可接受的效應，而且接受的範圍必須超過史學界，超過少數精英階層。這是因為，歷史與每個人有關，這是它與哲學、藝術、科學不同的地方。正如安安所說，司馬遷的《史記》通過創造「原型」人物的方式使歷史具有了生動的形象性，代代都願意讀，於是模式具有了時間的下伸性。

◉裘小玉 秋雨老師，我們經常會說歷史是公正客觀的，可是我們也清楚地看到司馬遷個人的立場，或者說他自己的姿態、價值判斷在《史記》裡的強烈體現，這算不算客觀？應該如何看待這一點呢？比如說，寫到「垓下之圍」，英雄末路的項羽，唱起「力拔山兮氣蓋世」，與心愛的虞姬告別，最後的幾百個壯士也在這場戰役中犧牲了。那麼，是誰來目睹項羽臨終前的一系列富有戲劇化的表現呢？司馬遷沒有告訴我們這個材料的來源，就把它寫到《史記》裡面，我們也把它當作事實接受了。這個傳統延續到後面中國歷史的書寫當中，有怎樣的影響呢？

◉余秋雨 你觸及了一個重大的學術問題，牽涉到了西方近代史學和中國古典史學之間的差別。為此，我要為中國古典史學講幾句話。

其一，到現在為止，沒有哪個西方歷史學家敢於擔保自己的歷史表述是徹底客觀的，儘管他們經常會以徹底客觀的面貌表現出來。

史料漫無邊際，而且永遠可以被挖掘。我們不妨設想一下，幾個朋友攜帶家人一起外出遊玩，回來大家的回憶已經很不相同，如果再過半年，彼此的印象就更加五花八門了。這還只是一次人數不多的小小郊遊。如果一個各色人等參與的大事件，彼此利益各有衝突，互相觀點各不相同，所見所聞又各有角度，大家在記述中都包含著大量的隱諱和誇張，又缺少當場對證和辯駁機制，時間一長，所謂「客觀」的歷史幾乎無從談起。這一點，二十世紀的法國新史學已經尖銳地指了出來，他們到後來只相信「心中的歷史」，或者說，只相信歷史在集體心理中的個別投影。這就是說，過去大量看起來「確證無疑」的歷史，其實都有明確的主觀立場，只不過在西方現代，都被科學主義的客觀形態掩飾了。司馬遷很誠實地表達了自己的立場，這與當時流行的官場意志相比，已經比較客觀了。他把官場不喜歡也不在意的那些群落，比如失敗的英雄、孤獨的俠客，和其他種種「邊緣人物」也都一一寫了進去，讓我們看到了官場立場之外的世界。

其二，司馬遷怎麼知道項羽唱歌、虞姬自殺的具體情景？司馬遷其實有過不少考察，不僅有當時留下的文字資料，還包括大量的傳聞，他還親自到過那些地方。但是，他不像當代的歷史學家，要用大量的注釋來證明資料來源，中國歷來沒有這個傳統。如果司馬遷還在，你問他，他會告訴你當時是根據多少資料的集中對比才做出最後選擇的，但他沒有機會說明這一切，也不知道兩千年後還有一些西方學流派的博士論文必須以注釋來證明每一個觀點的來源。

因此，司馬遷的史學是一種「文學化的史學」，而不是「科學化的史學」。這也是中國文化的一大特徵。但是，司馬遷畢竟是在寫史，因此他的文學又受到嚴格控制。例如，寫到傳說的地方，他會讓讀者感覺到這是傳說，彼此心照不宣。

過了幾千年以後，我們年輕的讀者才會對這樣的傳說產生了合理的疑問。司馬遷其實沒有消滅這些疑問，也沒有消滅自己說法之外的其他可能性，這對於一個古代歷史學家來說已經不錯了。我們今天可以評判他的得失利弊，目的是為了我們今天寫史，能夠用更好或者更科學的方式。但是，從更宏觀的歷史悖論來看，我們現在的選擇，眞會比司馬遷更好嗎？其實我們沒有這個信心。

◉薩琳娜 秋雨老師，您認為《史記》所確立的價值觀念，對中國這個官本位的文化，有什麼樣的影響，是一種促進，還是有某種方面的制約呢？

◉余秋雨 司馬遷的基本思維確實是「官本位」的。第一，他是一個史官，而不是現代意義上的「獨立知識分子」；第二，身處英雄的時代，使他對漢武帝的業績由衷欽佩，自然而然地成了他價值判斷的主軸。

雖然我們不能在這個問題上對司馬遷有多大的抱怨，但是還是應該認識到官本位歷史觀的嚴重局限。當代學者太懶，只會順著兩千年前司馬遷的觀點來看歷史而不知放開，一切都是朝廷博弈，權謀高下，名士沉浮，責任已經不在司馬遷。看中國歷史，包括今天寫出的中國歷史，社會生態的各個方面少而又少，普通民衆的心理狀態不留蹤跡，連寫「文革」也總是停留在「紅牆」之內的政治升降，派別勝負，而完全無涉幾億民衆的眞實生活。官場、官場、官場，政治、政治、政治，這種取向，恐怕連司馬遷的在天之靈也會頻頻搖頭了。

第二十課

漢武帝的大地遇到了司馬遷的目光

◉余秋雨

我們同情某些非常有眼光的歷史學家，無奈地只能在一塊非常瑣碎骯髒的土地上鑽研；我們也同情某些盛大的時代，沒有一個智者的眼光去觀察它，沒有一枝奇妙的筆去描述它。然而在漢武帝和司馬遷的時代，居然這兩種遺憾都沒有了。從這個意義上講，即使司馬遷承受了奇恥大辱，也可以獲得某種安慰，因為兩種偉大終於相遇。司馬遷的偉大，首先是那片土地給他的。我們曾經否定過「憤怒出詩人」「災難產生偉大」的說法，因為我也不認為《史記》是他受刑後的「發憤」之作。「發憤」發給誰看？「發憤」要發得那麼從容而宏大麼？請記住，一切弊氣之作、解恨之作、泄怨之作是不可能寫好的。司馬遷寫作的動力不在這裡。因此我們在講述司馬遷的生平時也不要老是糾纏在他的宮刑話題之中。他的動力，是當時意氣風發的中華文明給予他的，是漢武帝的大地給予他的。因此，我們還要從這個角度重新來說說他的生平。

在很年輕的時候，他已經用自己的腳步觸摸過這片遼闊而又統一的土地。他利用自己作為皇帝侍從的便利，成了當時走得最遠的青年學者。

為了今天的課堂，我特地參照多種古籍畫了一張司馬遷年輕時代的行旅圖，昨天已經傳真給你們，我們一起按照他的漫遊順序，用當代地名溫習一下吧，哪一位先來？

◉**劉　璇**　出發地是現在的西安，先後經過河南南陽、湖北江陵，然後到達湖南長沙。在長沙，他當然不能不想到屈原，於是去汨羅江悼念，後來還專門寫過關於屈原的文章。

◉**王牧笛**　他沿著湘江南下，到沅江後，應該是沿著長江向東到了江西九江，登上了廬山。再順著長江東行，上岸以後到了紹興。

◉**余秋雨**　那就到了我家鄉附近。

◉**王牧笛**　那裡有禹穴——現在叫大禹陵，他到紹興要紀念大禹，這是一個著名的遺跡。然後再由浙江到江蘇的蘇州——猜測起來應該是這麼過去的，因為路比較近。到蘇州看五湖——五湖到底是哪幾個湖還有爭議，因為後來水文地理也發生了一些變化。接著渡江到江蘇的淮陰。

◉余秋雨　大家都可以想到，他一定會去訪問淮陰侯韓信的故居。

◉劉　璇　以後他北上山東，到了曲阜，參觀了孔子遺跡。又到了北方齊國的都城臨淄，再到鄒城、滕州，再南行到徐州、沛縣、宿州，拜訪陳勝吳廣起義以及楚漢相爭的各個地方。

◉余秋雨　這應該是司馬遷興趣最大的地方。儘管他在江蘇的北部，以及安徽、河南這一帶，都遇到很多麻煩，但心裡卻一直非常高興，因為他的整個思維全都沉浸在歷史當中。對這個心中裝著雄偉歷史的旅行者來說，現實的困難不算什麼。擺脫麻煩以後，他去了淮陽，訪問春申君的故地，再到河南開封，訪問戰國時期魏國的首都。然後就從這一帶出發，返回長安，即現在的西安。這一條路線，我們在地圖上畫一圈，發現中原一大半地方都被他考察到了。不僅是中原，當時的長江流域，甚至一些還沒有被開發的地方，他也到達了。

這是他二十歲的一次旅行，得到了有限的官方資助。一路上他的感受很多，後來在《史記》中頻頻提出的批評，就是一路上產生的。總的來說，他為大漢帝國遼闊的疆域和這個疆域裡所埋藏的可歌可泣的歷史感到驕傲，他由此而意氣風發。

之後他得到了一個很小的官銜叫「郎中」，可以隨從漢武帝出行了。這個官職很小，他做的事情就是伺候車輛，有時候做點警衛工作。但是這個小官職對司馬遷來說卻是求之不得，因為他可以名正言順地把自己已經開始的旅行繼續下去了。哪一位同學把他的行程說下去？

◉薩琳娜 在二十三、二十四歲的時候，司馬遷侍從著漢武帝出行，到陝西的鳳翔，山西的夏縣、萬榮，河南的滎陽、洛陽，陝西的隴縣，甘肅的清水，寧夏的固原，西北的地方實在走得不少，比較多，然後再回到陝西淳化的甘泉山，漢武帝的別墅行宮在那兒。

◉余秋雨 走完了這一大圈，司馬遷在二十五歲的時候接受了一個使命：到雲南和四川的一些少數民族地區去考察和慰問。在漢武帝的時代，一方面要和北方的匈奴作戰，開疆拓土，安定邊境；另一方面又要對西南地區的少數民族進行安撫，並把漢朝的政權力量延伸到那裡。在當時，那些地方的路都非常難走，任務非常艱巨，會遇到很多危險，不適合位高、年長的官員去。結果像司馬遷這樣年紀輕，身體好，又有過旅行經驗，又有處理複雜問題能力的小官員，就成了最好的派遣對象。司馬遷的這一行程，促使他更清晰地認識了大中華的遼闊版圖、複雜生態、險峻山水。

◉王安安 司馬遷剛剛從西南回來，又跟著漢武帝出行，去了山東的泰山，河北的昌黎，河北的盧龍，內蒙的五原。那時候他大概是二十五至二十六歲。二十七歲又到了山東的萊州，河南的濮陽。後來他又到了寧夏的固原，河北的涿州，湖南的寧遠，湖北的黃梅，安徽的樅陽，山東的膠南……

◉余秋雨 走了那麼一圈又一圈，我想讓大家思考一個問題：司馬遷一路上最大的收穫是什麼？是史料的考證？是傳聞的蒐集？是對每個歷史事件地點的確認？都有一點吧，但我認為最重要的是兩個收穫，一是採擷到了豪浩之氣，二是獲得了現場感。這兩種東西，我們在讀《史記》的時候能夠充分領受。

司馬遷在二千多年前極為落後的交通條件下走了中國那麼多地方，是他後來成為中國首席歷史學家的基礎。

司馬遷在「李陵之禍」之後的生活，有點奇特。他為寫《史記》而勉強活了下來，沒想到，他反而升官了。漢武帝這樣做的理由，沒有見之於史冊。我很想聽聽同學們對這件事情的看法。

◉王牧笛　隔了兩千多年，我覺得這兩個時代的邏輯真的不一樣。我們現在這個時代，如果有官員或者學者，因為犯罪進了監獄，又沒有為他平反，他的政治生命就終結了。可在那個時代，我們會發現司馬遷的政治生命得到了第二次展開。

◉魏　然　這可能跟漢武帝本人的極權地位有關。這樣的皇帝心裡沒有罪和非罪的界限，禍福只憑他一句話。

◉余秋雨　在中國古代，王權高於法律，一個皇帝絕對地掌握著決定一切官員命運的權力，這是大家都知道的。我感興趣的是漢武帝這樣的皇帝在這個問題上的特殊表現。他們的雄才大略使他們樂於做一些突破規範和理性的遊戲。把一些高官一會兒投向監獄、一會兒又投向高位，是他們的樂趣。他們似乎在這種快速轉換中享受著權力的快感。因此，漢武帝不是僅僅突然可憐起了司馬遷，優待他的刑後生活，而是狠狠提升一把，而且提升得比原來還高，又不說明理由。提升了，還會注意他踉蹌走路的背影，欣賞自己在這位大智者身體上留下的暴虐。我發現，不少特別有成就的皇帝，往往越喜歡玩這種故意穿越理性的遊戲，並由此走向乖戾。漢武帝的這次乖戾，落到了偉大的司馬遷身上，成為他在執政過程中最為可恥的紀錄，比連打幾個敗仗更可恥。由此也可證明，極端權力即使由英明雄主掌握，也必然走向非理性，因此又必然走向罪惡。

◉魏　然

正如秋雨老師所說的，司馬遷已經領受過民族的偉大和時代的偉大，因此受了冤屈還能堅持寫作，但我讀他寫的《報任安書》，其中說到他自從受了刑之後，汗流終日，一睜開眼睛就想起自己屈辱的往事。我很難想像他在那樣的身體狀態和精神狀態下，如何具體地來完成這部著作。

◉余秋雨

謝謝你提到《報任安書》。這篇文章確實寫到了他近乎崩潰的心理狀態，除了你所記的汗流終日外，還說自己沒有顏面到父母墳頭祭掃，而且預想以後時間越長，污垢越重，因此難過得「腸一日而九回」。但是，司馬遷為什麼要對任安說這一切？

多讀幾遍就知道了，他恰恰是要告訴任安，自己咬牙忍受這一切而活下去的理由，那就是為寫《史記》而搶得一線生機。所以，他不能答應任安要他去營救的請求，因為這樣做很有可能使這一線生機斷裂。司馬遷的意思是，用自己的命去換任安的命，他毫不猶豫；但是，用《史記》去換任安的命，他拒絕。

生命本是輕微的，但也有可能與泰山連在一起了，因此不能由於自己而毀了泰山。為此他說出了那句大家都聽到過的話：「人固有一死，或重於泰山，或輕於鴻毛，用之所趨異也。」——這後面六個字大家可能不熟悉，卻很重要，用現在的話來說，就是不同的生命走向決定了生命的天差地別。司馬遷的「泰山」，就是《史記》。

◉王安安 秋雨老師曾經說過，《史記》的終筆也就是司馬遷生命的終結。我認為這是一個象徵意義的死亡，司馬遷在真實意義上的死亡，並不為大家所記住。這是不是暗藏著一個反諷？司馬遷寫了多少人的生命與死亡，可是作為一個史學家，他自己的死亡卻沒有被後世記住。

◉余秋雨 有一點史料透露，似乎是由於司馬遷在《報任安書》裡的一些話，還是為朝廷所不容，結果被處以極刑。郭沫若先生為此專門做過考證，只是史料畢竟語焉不詳。一般的說法是：司馬遷總是表達不滿，所以最後被殺。為什麼歷史書上對此不作敘述呢？我想這是歷史學家們對自己開山祖的一種仁慈，大家都不願意看到這樣的結局。另外一種可能就是，司馬遷自己選擇了退場，退得很徹底，讓大家找不到線索。

第二十一課

《史記》的敘事魅力

◉余秋雨

討論文化，應該更多地從文化的觀念層面落實到文化的運作層面。我希望同學們能明白這個道理。北大，容易出觀念，這本是好事，但是文化說到底是一種實踐狀態。實踐、勞作、書寫，決定著文化存在的眞實性。因此，我們要學會「面對細部」的本領，不要成為永久的「空空道人」。

我會安排時間來專門討論《史記》在寫作上的特色，今天先討論它的敘事魅力。記得好像王安安同學提到過，《史記》刻畫的一些「原型」人物給人們留下了深刻的印象。確實，《史記》的歷史敘事，總圍繞著人物展開。其他國家的歷史也講人，都以人說事，而《史記》則反過來，有以事說人。可以說，這是一種「以人為本」的敘事方式。梁啓超先生很早就指出過這一點。圍繞著人物的敘事，會讓歷史人格化，而且又會讓事件變成人生故事，散發出文學魅力。

讓我們在實例中體會一下吧。大家不妨舉幾段印象最深的敘事，作一點分析。誰先來？

◉魏　然　我比較熟悉的敘事是「蕭何月下追韓信」，出自《史記・淮陰侯列傳》。故事雖然非常簡短，卻勾勒出了三個人鮮明的性格特點。比如，蕭何只跟韓信說了幾句話，就了解他的才能，雖然當時韓信只是個小輩。蕭何把他追回來之後，還說服劉邦一定要封他為大將，否則他可能還會跑。韓信也非常自信：你如果不封我、不用我，我就不在你這兒玩了！有人感歎道：蕭何這一追，追回了漢朝四百年的江山！

◉余秋雨　我前年去漢中，當地的朋友帶著我走一條長長的路。一直走到晚上，月亮上來了，路越來越僻靜，看到了一道溝渠。這便是蕭何追韓信的路，而溝渠邊，還有石碑。有時，空間上的小小穿越，卻能帶來時間上的長長延伸。那個月夜，那番馬蹄，那條泛著月光的溝渠，有可能支撐起了一個偉大的王朝，以及這個王朝之後的綿延。

◉王安安　我印象最深的是霸王別姬那一幕。項羽被包圍之後，聽到帳外有故鄉楚地的歌聲，虞姬起舞，項羽飲酒、吟詩：「力拔山兮氣蓋世，時不利兮雖不逝。雖不逝兮可奈何，虞兮虞兮奈若何！」最後虞姬拔劍自刎——英雄的生命終結得充滿了美感。我注意到司馬遷在寫這一幕的時候，視角很獨特。看做一部電影的話，他選擇了項羽作為主觀視角，而沒有選擇一個客觀、全知的視角。有時候我想，也許劉邦這個人和他所採取的行動本身，也構成了一種詩畫結構：他包圍項羽，令四面唱響楚歌，這也是複雜而有戲劇性的，司馬遷沒有選擇他，而是選擇了項羽的視角，顯然是做了更加高貴的選擇：一個人在面臨死亡時所做的事情對他的人生構成折射，富有意味，令人感動。

◉余秋雨

項羽是一個失敗的英雄。這個形象，需要有美學渲染。美學渲染不是言辭評價，而是情感告別。在這個情感告別儀式上，司馬遷準確地為他選擇了故鄉的歌，選擇了愛他的美人，選擇了他自己的詩句，選擇了鮮血，選擇了自刎。這些審美部件集中在一起，就構成了一個極為悲壯、淒美的經典場面。這個場面被整個中國歷史所記憶，也提升了中國歷史的高貴。世界上還有另外一個悲劇英雄享受過這麼高貴的告別儀式嗎？我一時想不起來。

◉薩琳娜

剛才安安講的是一個大悲劇，我來講一個《滑稽列傳》裡的小喜劇吧。楚莊王喜歡一匹馬，到了什麼程度呢？給這匹馬穿上華麗的衣服，住在華麗的房屋裡，給牠睡床，甚至還用蜜餞去餵牠，搞得這匹馬最後得了肥胖症死了。悲痛的楚莊王讓大臣們都去哀悼牠，還要用大夫的規格葬牠，並且說，誰要是因為這事兒上諫，就殺頭！這時候優孟出場了，他跑到宮廷裡仰天大哭。楚莊王很奇怪，說：「你哭啥呢？」優孟說：「我們楚國，泱泱大國，國君這麼愛的一匹馬死了，怎麼只用大夫的禮節下葬啊，這太薄了，對不起這匹馬啊，應該用仁君的禮節下葬才是！」楚莊王終於恍然大悟：「噢，我竟然錯到這種地步。」於是他收拾了殘局，不讓全國的人傳揚。上千年過去，我們再復述這件事的時候，看到在一個暴政集權下，沒有辦法與上層溝通的社會中，優孟這個人，以自己的聰穎、智慧，以及正直，挽回了這件事。這故事到現在想起來，還讓人覺得非常好笑，而滑稽、幽默背後的東西，是高貴。

◉余秋雨　喜劇美，是一個大概念，其中有一項叫滑稽。滑稽的一大特點，就是用荒誕的方式讓人跳出慣性，然後破除更大的荒誕。人是容易沉迷的，因此需要喚醒。沉迷得淺的，可用悲劇來刺激；沉迷得深的，可以用喜劇來阻斷。因為悲劇用的是和沉迷者同一邏輯，而喜劇用的則是另類邏輯。

◉魏　然　《史記．趙世家》有「趙氏孤兒」的故事，核心的情景叫「搜孤救孤」。說趙盾這家人觸犯了趙王以及他的老對手屠岸賈，趙家就被殺掉了三百餘口人，只留下一個孤兒。趙家的一個門客程嬰，為保護這個孤兒，用自己親生的孩子給調換了，還託付老朋友公孫楚臼去照顧這個孤兒。他們兩人之間有個對話，是關於生與義孰輕孰重的選擇。公孫楚臼選擇了死，程嬰忍辱負重，被全國視為出賣朋友的叛徒，然而保住了趙氏的血脈。這個故事讓中國人和外國人都感到一種強烈的共鳴，後來被伏爾泰發現，改編成一個歐洲的戲。這個故事有著強烈的震撼性，我認為所有說「中國沒有悲劇」的人，都應該去看看這個故事。

司馬遷的筆寫到這段故事，居然悲得那麼豪邁而純粹。作為史學家，他不得不寫出一個個具體的人名和官職；而作為一個文學家，他關注的是一批生命前仆後繼的力度和造型。真正的文學不在乎具體的歷史依據，只在乎承接這種力度的造型。這種力度和造型是超時空的，因此，我在法國看到羅丹雕塑的一批義士為救全城而慷慨赴死的群像，立即想到了《趙氏孤兒》。我所著的《中國戲劇史》在寫到這一段時，也表達了這樣的意思。

由此可知，司馬遷的敘述魅力，一是來自於以人為本，二是來自於對喜劇美和悲劇美的深度挖掘。

第二十二課

混亂和美麗同在

◉余秋雨

我們已經梳理了中華文化最早的幾項文化記憶，那就是從甲骨文到諸子百家，從屈原到司馬遷。按照一種最古典的觀念，中華文化的奠基過程到漢代已經完成。但是，僅僅把文化記憶集中在奠基階段是不能令人滿足的。下面要討論的，是漢代以後的數百年亂世——三國兩晉南北朝。先請大家談談對這個時代的看法。

◉劉　璇

我覺得整個三國兩晉南北朝都亂七八糟，到處都打仗，社會也不安定。還有很多變態的統治者，像吳國那個孫皓，喜歡剝人的面皮，挖人的眼睛，完全喪心病狂。再看一看《三國志》，不到十頁就跳出來一個「人相食」——人吃人，這完全掉到生存底線以下了。這種時代，老百姓過日子一點安全感都沒有，我是很難對此產生好感的。

◉**叢治辰** 我對於亂世的態度，說出來就顯得有點「卑鄙」。所謂「亂世」的意思，其實就是「失範」——沒有規矩了！這「沒有規矩」又包含兩個層面：文化生活和社會生活。文化生活上沒有了規矩，異彩紛呈，特別好玩，我喜歡。但是你要讓我到亂世的社會生活當中去過日子，那我不幹。

◉**余秋雨** 我理解你的意思。人有兩種需求，一個是基本的生活需求，一個是文化需求，而生活需求和文化需求很可能是分裂的。當它分裂的時候，比如亂世，我們可以欣賞它卻不願意進入它。

◉**王湘寧** 我的看法可能極端一些。我覺得亂世的那些人，雖然日子過得不好，但是因為規範都沒有了，反而可以少很多束縛。比如我現在還只是一個學生，但是專業一確立，我就似乎已經看到了我以後要走的路。但如果我是在亂世，可能就自由和超脫得多，會有更多的選擇。亂世裡有很多非常非常壞的人，但是也有很多英雄，我們且不管是善還是惡，畢竟他們可以把善和惡都發揮到淋漓盡致。從藝術的角度來說，我都覺得是一種美。

◉**余秋雨** 你的這番話，我覺得很有價值，尤其是你來自新加坡。我對新加坡也很熟悉，它在社會秩序方面堪稱典範，但有時也會讓人產生一種惶恐，嚴密的秩序造成了全方位的控制，不僅控制今天，而且控制明天，一直控制下去。正像你所說的，一個人甚至能夠大致預見到生命是怎麼終結的，而且一步步走下去都有外部力量呵護著。很安全，很舒服，但又可能太沉悶、太單調。

我們都有一種追求美好生活的人文理想，但同時大家不要忘記，我們來到這個世間是讓自己的生命來接受試煉的：我的生命精彩與否？我與客觀世界的關係如何？我有沒有可能改變命運和環境？過於安定、過於規整的社會，往往會使這些問題褪色。如果眼前還有不少混亂、險灘、陷阱、障礙，還有種種未料的空間、突發的偶然，那麼，你會覺得手裡把握著自己的方向盤。人生的厚度、重量、意義，都與這種把握有關。因此我對文化意義上的亂世，並不那麼討厭。

亂世中的文化人其實是一個個傳道者、點火者。一片黑暗裡，把自己當做燈，甚至把自己當做蠟燭，燃燒了自己都在所不惜，也要給這個亂世一線光亮。所以這些亂世中的文化人，比盛世中的文化人更值得我們尊重。不管他們有多少毛病，正是他們，我們要說到的亂世中，什麼人讓亂世有了人文延續。這裡我想問問你們，在這些人中，特別能夠牽動你情感的是誰？

◉**叢治辰**　我印象最深的兩個人物是阮籍和嵇康。這兩個人物，秋雨老師在《遙遠的絕響》這篇文章中詳細談論過，而這篇文章也是秋雨老師的文章裡最令我感動的。這兩個人少年的時候都有大抱負，是想要經世濟民的。可是他們的躊躇滿志一下子就墮入到司馬家族所編織的羅網之中了。這兩個有才華的人用自己的生命去應對這種亂世，要麼沉默，要麼抗爭，所呈現出來的那種生命姿態相當富有魅力。

◉王安安　魏晉時期的知識分子給人的印象是很帥、很瀟灑，但是有那麼一個人長得很醜，就是劉伶。他雖長得很醜，但是特別好玩，在家裡不喜歡穿衣服，就光著身子。別人問他：「你為什麼不穿衣服啊？你這樣多不好啊。」他就說：「我是把天和地當成我的家，房屋就是我的衣褲，你為什麼鑽到我的褲襠裡來？」我很喜歡這種放浪形骸的瀟脫的感覺。

◉王牧笛　還有個名氣很大的蔡文姬，她一輩子嫁了三次，經歷非常坎坷，在文學和音樂上都有很高的造詣。她嫁到匈奴，被曹操接回來以後，曹操跟她聊天的時候說，非常羨慕過去她家裡那麼多藏書。蔡文姬說：「我家原來有藏書四千卷，但是因為戰亂都遺失了。」曹操聽了非常遺憾。但是蔡文姬說，「不過興許我還能背一些出來」，就背出了四百卷，把曹操高興壞了。這種博聞強識，令人震撼。

◉劉　璇　南渡之後的東晉有幾個大家族很厲害，其中「王謝堂前燕」裡那個謝家就非常有名。謝家有一個子弟叫謝靈運，是謝玄的孫子，可惜出生的時候世家已經衰落了。他不能實現自己的政治抱負，就把主要精力都花在山水之間，在他故鄉周圍的永嘉、會稽這些地方到處玩，開創了山水詩派——不寫人物只寫山水，但是感情已經融入到山水裡面了。他有很多自然清新的佳句，像「池塘生春草，園柳變鳴禽」（《登池上樓》），「野曠沙岸淨，天高秋月明」（《初去郡》），「明月照積雪，朔風勁且哀」（《歲暮》）等，從不同角度去刻畫自然景物，給人一種清麗唯美的享受，這在中國文學史上是占有很高地位的。

◉余秋雨 我的一個忘年交，著名電影導演謝晉，就是這個浙江謝家的後裔，他老家還在紹興上虞東山那個地方，經常回去。幾年前，謝晉叫我為他的老宅寫四個字「東山謝宅」掛在那裡。謝家的文化之脈，居然延續到謝晉。

◉王湘寧 剛才劉璇說的那些大家族裡還有一個王家，王家出了個大書法家王羲之。我在新加坡也是像大陸很多同學一樣，從小就練書法，那個時候就覺得王羲之的字真好！可是老師不讓學他，只讓學唐代的三位名家——顏眞卿、柳公權、歐陽詢的字。因為王羲之的字好是好，卻很難模仿。在那個亂世裡，書法學有宗師，但沒有門戶，他是集大成的人物。在我看來，他的字是一種境界的代表，初練書法者學不來，但是任何大家到後來卻都追求他那種境界。現在，我們的書法和繪畫匠氣那麼重，我看王羲之的風範還是很值得我們追懷的。

◉費　晟 我也和其他同學一樣，非常喜歡這個時代的才子，但是我更欽佩這個時代裡一個默默無聞的實幹家——酈道元。他一開始也是一個有政治抱負的人，當過地方官，執法非常嚴明，所以，雖然給老百姓做了不少好事，卻遭到豪強的忌恨。在中央做官的時候，更是引起權貴的不滿，被人用借刀殺人的手段除掉了——當時陝西的蕭寶夤要造反，對朝廷很顧忌，這個大家都知道。侍中、城陽王徽就特意建議任命酈道元當關右大使，蕭寶夤果然以為他要對自己不利，就在半道上把酈道元給殺了。

酈道元從小就喜歡地理考察，在旅遊途中對河道尤其關注，特別是對於農業生產非常重要的河流、水汛特別留意。他看了古代的很多地理著作，最後選定前朝的《水經》做了很詳細的注解。以前的《水經》只記載了一百餘條河流，他把這個數目擴充到一千二百餘條，然後詳細地記述了這些河道的情況，豐富了古代的地理學研究。

酈道元，現在我們講他的時候感到特別親切。因為，在我們終於開始注意環保的時候，發現那麼遙遠的古代有一個人，把自己的文化生命和自然環境緊緊地連在了一起。他是一個既非常古代，又非常現代的人。相比之下，中國古代的絕大多數文人，過多地關注文本文化，即使聲言「歸隱林泉」，也沒有考察自然的志向，並不與自然產生整體交往。

他的文筆也很好，凝煉而又有詩意，很難想像一個古代的地理學家有那麼好的文采。我寫過一篇散文《三峽》，在概括三峽兩岸險峻的山壁時，不得不引用他的語句。他又一次證明，文采未必屬於來寫散文、詩歌的人，也屬於地理學家、歷史學家或其他什麼專家。

◉叢治辰　我還想起一個人，就是劉義慶，這個名字乍一聽大家沒印象，但他留下一本書，大家都知道，就是《世說新語》。我們現在知道那麼多魏晉名士的「八卦」，都是這本書記下來的。他本人好像做過官，但政治上也沒什麼成就，我們對他的個人情況基本沒什麼了解，但他記別人的「八卦」的書倒是流傳後世了。

◉余秋雨　我很高興你提到他。我們談三國兩晉南北朝很多事情的時候，重要的資料來源就是《世說新語》。如果沒有這本書，我們就失去了那個時代的一大半。

《世說新語》，我們應該把它看成歷史小記還是文學隨筆？都可以，劉義慶自如地出入於文采和史實之間。而且用的是「碎步」，一段段的短篇筆記，有時只有幾句話，卻讓人玩味不盡。這種「碎步」，也讓人感覺到亂世留給文化的零散空隙。不像《史記》，大漢之氣，浩蕩恣肆，即便是作者受了難也還是這樣。

第二十三課

如果換了文學眼光，三國地圖就完全改變了

◉余秋雨

三國兩晉南北朝時期值得記憶的亮點很多，幾乎每一項人文學科都能在那裡找到自己的開拓性巨匠。我們的討論就從每個中國人都知道的一個人物——曹操開始。不同的是，平日我們知道的是軍事上、政治上、權謀上的曹操，而現在我們要探討的，是文學上的曹操。

我特地請他出場，是想說明，即使在一個著名的政治人物身上，他身上的文化素質也可以拿出來單獨討論的。但很多文人犯了一個通病，總把一個人的政治、軍事行為看作第一生命。代代都在講述曹操的政治權謀，那實在就不上文化話語，儘管這些講述常常打著「文化」的旗號。

我想改換一下慣常的思維，做一個遊戲：我們如果撇開政治地圖和軍事地圖，拿出文化地圖來看，三國的對壘將會出現完全不同的情勢。

三國當中，孫吳政權在文化意義上一定是最弱的。它有一些年輕的將領，像周瑜，在做赤壁之戰總指揮的時候才三十出頭，陸遜在打敗劉備軍隊的時候也只有三十幾歲。這些年輕的軍官在吳國左右著上層社會的思維，他們追求的是英姿颯爽、指揮若定的形象，他們看不起吟詩作文的書生氣。這種集體人格影響了東吳的文化格局。當時的東吳在農桑方面發展得很好，航海業也不錯，首航台灣就是在那時候由東吳人完成的。但是這都不能直接連通到文化。三國時代的東吳，沒有一個重要的文化現象值得我們今天討論。

◉王安安 當時大家都爭著在馬背上當老大嘛，年輕軍閥只關心沙場權謀，認為那才是男子漢的事業，那比較正常。

◉余秋雨 照理西邊的巴蜀也應該是差不多的情形，沒料到與諸葛亮相關的兩篇文章，改變了整個局面。一篇是《隆中對》，即他對東漢末年軍事格局的宏觀分析，在陳壽的《三國志》中以《隆中對》之名廣為流傳。這雖不是他親自寫的散文，而是用講話的方式給劉備所作的形勢分析，但還是有一種浩浩蕩蕩的快感和美感。你們如果在讀熟之後大聲朗誦一遍，就能感覺到。

此外，諸葛亮又親自寫下一篇《出師表》，藝術價值要比《隆中對》

高多了。這篇文章的美不在於文辭，而在於它的情境。諸葛亮跟隨劉備，是他二十六歲時候的事情，寫這篇文章的時候是四十六歲，整整二十年。這時他要領兵出征，又覺得凶吉難卜，能不能活著回來還不知道，所以要給年幼的小皇帝寫一封信，告訴他該怎麼做。為了增加說話的感染力，要說說自己和他父親的交往關係，這一說，他自己感動了，也把一代代讀者感動了。杜甫說「長使英雄淚滿襟」，就是說一切有英雄情懷的人看到那篇文章都會流下眼淚。我小的時候都會背，特別是後半段「臣本布衣，躬耕於南陽」，直到「臨表涕零，不知所言」，直到今天還能脫口而出。我們這樣的小孩子當然說不上英雄情懷，卻在那種語言節奏中接受了諸葛亮的心理節奏，接受了典型的中國道義文人的精神節奏。

◉叢治辰

說實話，《隆中對》我到現在也沒看過，就是在電視上見諸葛亮和劉備兩人促膝談心。但是對《出師表》，我印象很深刻。小時候買過一本字帖，是岳飛默寫的《出師表》，剛開始「臣亮言：先帝創業未半」那幾個字還工工整整，後面越寫越草，到最後字都飛起來了。估計岳將軍想起諸葛亮，觸動自己的傷心事，也「臨表涕零」，控制不住了。

◉余秋雨

諸葛亮的這兩篇文章確實不錯，可是和曹操一比，在整體文化等級上還有很大的距離。任何一部中國文學史，曹操都會占據不小的篇幅，而諸葛亮卻很難進入。這可能會使不少人產生某種心理障礙，因為大家早已形成一個強烈的歷史觀念：曹操是奸雄的最高代表，諸葛亮是忠臣的最高代表。

◉裘小玉

確實，給曹操以好評，連我也很難接受。我們翻一翻《後漢書》和《三國志》，他進攻徐州，一下子殺掉徐州百姓男女老幼數十萬人，雞犬不留，以至於屍體堆積，把泗水河都堵住了。後來的很多次攻城戰，最後也都是屠城。這種殘暴實在喪心病狂，我難以認同。再看諸葛亮，他在《出師表》裡說他要率領三軍，北定中原，攘除奸雄，還於舊都，他說到做到，用他整個生命一次又一次去實踐這份理想。這是中國古代文人依靠自己的道德修養和政治才智能夠達到的極致。諸葛亮治蜀二十年，武侯祠煙火不絕兩千年，在中國歷史上還能找出第二個嗎？我也是很小就接觸了諸葛亮的《出師表》，初一就能背下來，非常喜歡。我覺得秋雨老師剛才的判斷對他多少有點不大公平，因為他從來沒把自己當成一個文學家，我們卻要從文學史上談他的地位。但即使這樣，我仍然覺得《出師表》是一篇不可忽略的經典之作。從劉勰的《文心雕龍》起就已經給了這篇文章很高的評價，杜甫、白居易都非常喜歡——大家都知道，杜甫是諸葛亮的超級「粉絲」，寫了《蜀相》。還有《八陣圖》中的名句「功蓋三分國，名成八陣圖。江流石不轉，遺恨失吞吳」，對諸葛亮的敬佩之情躍然紙上。然後宋朝時候又有陸游，陸游說「出師一表眞名世，千載誰堪伯仲間」，對諸葛亮的文學成就和個人的功業做了很高的評價。

◉余秋雨

你的發言，證明諸葛亮已經進入文學座標。因為歷史上比他打過更大的仗、建立過更大功業的人很多，為什麼唯有他特別讓人感動？那就與他寫文章有關了。既然已經進入，那就不能拒絕在這個座標上作比較。這就好比，兩位大廚下棋，既然已經坐下，那在棋藝上也可以一比高下，而比棋藝的時候，他們的人品和廚藝就要暫時擱在一邊。

當文學座標一旦出現，就有它獨立的價值標準，而不應該成為政治座標的附庸。文學家最容易被政治座標感動，被文學家感動的，未必是文學座標在起作用。以宋代為例，岳飛、文天祥大義凜然，讓人尊敬，他們也都寫詩，卻不能因此認為，他們的文學成就高於陸游和辛棄疾。即便在文學家內部，也不能以一端而概括全盤，例如魯迅影響那麼大，但他寫古詩就比不上郁達夫。

總之，在世間千千萬萬個座標中，文化座標有它獨立存在的價值。

◉王牧笛

確實不能用單一的固有評判座標。在我看來，曹操和諸葛亮代表了截然不同的兩種人。諸葛亮對於劉備情誼深重，大概很能打動重感情的中國人。但是像曹操這樣天才型的人物，關心的可能並不是這個層面。他關心的是自己和世界之間的關係、和宇宙之間的關係、和整個存在之間的關係，而不是他和人之間的事情。剛才小玉說諸葛亮勝在以眞情動人，那曹操也是有眞情的呀：《苦寒行》寫於赤壁之戰前一年，正是他用人征兵之際，可他反而寫出了非常慘烈的行軍狀態，曹操在這裡面也是有大悲憫的。

◉**余秋雨**　即便在政治上，歷代的史官只相信血緣上漢皇室後裔的正統性，因此把歷史的正義全都投給了劉備，並以此來選擇史料，慢慢構成了忠奸兩分的「史料群集」，這就使後人失去了作出客觀判斷的基礎。對此我們應該清醒。

◉**叢治辰**　對。一個歷史人物文化形象的形成，其實並不因為他眞正做了什麼，而在於我們後來附加了多少東西。諸葛亮只有一篇文章，但這一篇文章足以讓後來人給它不斷穿上華麗的衣服，刷上光鮮的油漆；相比之下曹操就很慘，曹操做了很多工作，但他的衣服不斷被人扒下來。所以，我們是不是對曹操也該公平一點，至少把那些扒下來的衣服再給他穿回去一些。曹操的行為方式儘管看上去殘酷，卻代表一種更加開闊的情懷。曹操說過一句話，大致意思是，「我要是不當大爺的話，這天下想當大爺的人就多了；我如果不把這個天下搞定的話，這個亂子就大了。」一個人作為政治家，和作為文學家或者作為一個普通人都是不同的，到了一定的地步，就必須做某些事情。比如戰爭，以及與戰爭相伴隨的血腥。但這並不能代表他的情懷就沒有高尚之處。他的情懷其實是天下大治，他看到的是整個一盤棋。他的大悲憫未必虛假。

◉**王湘寧**　我大學之前都在新加坡，曹操的作品接觸得比較少，諸葛亮的《出師表》倒是很喜歡。能不能請秋雨老師為我詳細解釋一下，為什麼說曹操在文學上比諸葛亮要高一個等級呢？

◉余秋雨

簡單說來，諸葛亮在文學上抒發的是君臣之情，曹操在文學上抒發的是宇宙生命。由此高下立判。

曹操一拿起筆，眼前出現的是滄海、星漢、生命的盈縮、憂思的排解、天下的歸心……都是文學的終極關注點。這種關注點對一般讀者來說都太高太大，遠不及諸葛亮的關注點容易感應。因此，曹操在文學上也是孤傲的。

文學憑作品講話。如果就作品論作品，我們不能不承認，曹操在他的作品中所表現出來的生命格調，實在很高。有人說，他可能是在作偽，其實這不可能。曹操是那種做了壞事也不想掩飾的人，他心中沒有「輿論」概念，更不必說當時寫詩也沒有地方「發表」，他只唱給自己的內心聽。

另外，在詩歌技巧上他也非同尋常。句式、節奏、用詞，全都樸茂而雄渾，簡潔而大氣。一種深沉的男低音，足以把文壇一震。他的詩中有一些句子，已經成為中華文化的「熟語」，例如「老驥伏櫪，志在千里。烈士暮年，壯心不已」、「對酒當歌，人生幾何」、「山不厭高，海不厭深」等等。這說明，他參與了中華文化主幹話語的創造。

◉劉　璇

曹操的文學成就我們已經明白。不過我想，既然我們在這裡談的是三國時代的文學地圖，光看諸葛亮和曹操兩個人肯定還是不夠的。我們是不是也該把視野擴展到這兩個領軍人物的後面，看看這兩個文學意義上的老大，後面能不能帶出一批人來？

◉余秋雨 說到後面的人，曹操就更讓人嫉妒了。因為他還有兩個兒子也是重量級的文學家，那就是曹丕和曹植。

◉王湘寧 提到曹丕，我還記得我小學入學的時候要分實驗班和普通班，老師就說你背首詩吧，我就背了傳說中的那首七步詩。因為這個，我一直對這個曹丕沒有什麼好感。

◉余秋雨 確實，曹丕的名聲因為受到七步詩的傳言而嚴重受損，大家覺得他是一個壞人，其實他在文學界也是個大人物。他是嚴格意義上完整的七言詩的創立者，是一個文學社團的主力，又是中國早期最優秀的文學評論家，他的《典論．論文》第一次完整地論述了文學的題材和素質等等重要理論課題。

說曹丕擠壓和迫害過自己的弟弟曹植，這應該是事實，有不少資料都可以證明。但曹丕這樣一個要面子的聰明人，不大可能在宮殿上做這樣殘暴而又兒戲式的惡作劇。讓弟弟走七步寫出一首詩，否則就殺頭，這是當衆炫耀自己對中國儒家親情倫理的踐踏，曹丕絕不是這種「爆炸式」的人物。而且，七步吟四句詩出來，又沒有特殊要求，對任何一個中國古代文人來說都不是難事，曹丕更知道作為大詩人的曹植的寫詩能力，因此要刁難也不會做得這麼笨。

我的判斷是，這首詩比喻得體，有樂府風味，很可能確實出於曹植的手筆，但後人為此虛構了一個宮廷上的戲劇性場面，那就是強加曹丕的了。

◉**叢治辰**

我現在對這哥兒倆的看法倒是跟一般看法略有不同，我覺得曹丕在文學上是個綜合型人才，他不僅僅是作家，還是評論家，更是一個文體體例的開創者。而曹植給我們展現出的是一種才氣，這種才氣僅僅體現在他本人強大創作力上面。就文化的傳承意義而言，我個人認為曹丕的意義還是要更大一些。

◉**余秋雨**

請等等，如果以作品論作品，詩還是曹植寫得好。曹丕寫得有點粗糙，有些詩寫得太一般，甚至於有一點陳腔濫調。而曹植，似乎一定要創造出一個美的世界來，每一首詩都是一個美麗的世界。而且他有幾部曹丕所不能比擬的大作品，像《洛神賦》。因此，曹植的文學地位在我看起來還是高過曹丕。曹丕命定當政，他有宏觀思考的能力，而曹植一直失意，就產生了一種淒淒涼涼的詩人素質。得意和失意，也就這樣造成了兩種不同的文學成果。即使在盛世，也很難找到這樣的家庭，父子三個人一起出現在文學的高位上。一般文學史對這三個人排列，會把曹植放在第一，曹操放在第二，曹丕放在第三。但我把曹操放在第一，曹植第二，曹丕第三。

第二十四課

中國歷史上最奇特的一群文人

◉余秋雨　其實，最能代表三國兩晉南北朝時代文化特徵的，並不是曹操和諸葛亮，而是一群被稱為「魏晉名士」的人。曹操、諸葛亮他們畢竟是殘酷戰亂環境的製造者和參與者，而一些眞正的文人卻在這種殘酷的環境中放浪形骸、縱情自然，成了傳統儒教的叛離者。

◉王安安　剛才我們還談起這兩個人，也談起秋雨老師那篇《遙遠的絕響》。雖然是好多年前讀的，但是對那篇文章我們都印象深刻。余老師用這兩個人，眞是把魏晉那一批名士的風采寫絕了！

◉余秋雨　既然我已經寫過，你們也都已經讀過，那今天就不必講得太多了。但是我還想與大家分享兩個意象。原因只在於，這種意象非常奇特、難以解釋，進入了一種特殊藝術人格的神祕部位，而且貫通古今。

第一個意象是阮籍的哭。他經常坐著牛車往前走，到哪裡去也不知道。當時的路，四通八達的不多。走著走著就走不通了，於是牛車停下了，他就號啕大哭；然後再讓車子掉轉過來，走另外一條路，又走到路的盡頭了，又號啕大哭。這是在荒野之間，沒有任何人看見他，他是哭給自己聽。

◉叢治辰

這種方式是不是有點後現代的味道？阮籍可能只有用這種「後現代」的表意方式，才能表達出內心的苦悶吧。我在秋雨老師的文章中看到，他曾在劉邦和項羽打過仗的地方感嘆過「時無英雄，使豎子成名」。這就可以想見他心裡原本是有多大的志向，但是偏偏遭遇了這麼個破世道，也算是一種「心比天高，命比紙薄」吧。我能體會他的絕望和痛苦，眞是不哭不行。

◉余秋雨

很抱歉，我的看法可能有點不同。阮籍一次次在路盡頭的哭，並不包含很具體的針對性。既不針對古人，也不針對自己。那是一種宏大的哭，具有整體象徵意義的哭，卻又說不清象徵什麼。我看中的正是這一點。好像是在哭人生途窮、世間窘迫，也好像是在哭草樹淒迷，長天冷漠。更重要的是，這種哭又與一般意義上的悲傷不同，他一次次地重複尋找這種哭的機會，一次次尋找走不通的路。他追求這種體驗，而且是一種隱祕的、純個人的體驗。這是一種極為超越的大人格、大行為，足以凌駕古今中外。

與他有關的第二個意象是「嘯」。這是一種發聲方法，沒有內容，沒有言辭，只讓一種喉底的聲音自然傾吐，婉轉悠遠。他曾到蘇門山去尋找一個叫孫登的高人，兩人見到都不說話，他就「嘯」了起來。「嘯」了一遍之後，孫登從打坐入定的狀態中抬起頭來看了他一眼，他便再「嘯」一遍，「嘯」完，發現孫登又已打坐入定。他覺得已完成任務，就下山了。走到山下面，突然聽到另有一種「嘯」聲從山上傳來，立即鋪蓋得漫山遍野。這是孫登在回答他。

你們這些當代大學生能夠想像這種情景嗎？雖無言詞，卻把自己的心聲傾吐得那麼透徹，但又不是我們平常理解的音樂的功能。阮籍寫過一篇《大人先生傳》，他所說的「大人先生」就是孫登這樣的人，是一種與造物同體，與天地並生，逍遙浮世，與道俱成的存在。從大人先生他就想到小人了，有一段關於小人的話很有名。他說這些小人就像寄生在褲襠縫裡的虱子，爬來爬去都爬不出褲襠縫，還標榜說是循規蹈矩；餓了咬人一口，還自以為找到了什麼風水吉宅。世間那些專事咬人的人，與褲子裡面的虱子有什麼差別呢？這個比喻很精彩，但是，我覺得最精彩的還是那「嘯」，比多少話都更有味道。正是這種「嘯」，與前面所說的哭連在一起，概括了一種難以企及的高邁，讓人永久神往。

◉王湘寧　我很想知道，在現實生活中，他是怎麼生活的呢？

◉余秋雨　在現實生活中，他處處反對當時的主流意識形態禮教。他做得很故意，因此極有影響。例如，他聽說有一個兵家的女兒死了，這個女孩子長得很漂亮，沒有結婚就走到了生命的盡頭，他根本不認識這個女孩和她的家人，卻趕到靈堂放聲大哭，哭得比女孩的親族更悲傷。這種哭，看似荒誕，卻很純粹，完全是為生命而哭，為生命的美好卻不可延續而哭。

但是，當他的母親亡故的時候，他聽到噩耗居然沒有停止下棋，這讓周圍的人大吃一驚，因為那畢竟是一個嚴格提倡孝道的年代。大家奇怪地看著他，只見他臉色越來越青，下完棋喝了兩升酒，大號一聲，便吐出大量的血。

總之，他處處與世俗規矩反著來，卻以最坦誠的方式吐露出生命的本眞。

母親的靈堂裡來了好多人，都是來弔唁的，照理他作為兒子應該站起來感謝他們。他不，他還是坐在那裡，用冷漠的白眼看人。後來，有一位叫嵇喜的人去弔唁，回來告訴他的兄弟，說我去弔唁阮籍的媽媽，他居然給我白眼。他兄弟想了想，就拿著酒和琴到靈堂去了，既喝酒又彈琴。這是多麼荒唐的事，但阮籍反而站了起來，走向他，用的不是白眼，是青眼。我們似乎能夠聽到他心裡的聲音：謝謝你，用美酒和音樂來送別我辛勞的母親。

費　晟　常人根本理解不了阮籍，就跟鑰匙和鎖不配套一樣。他這把孤獨的鎖，找不到鑰匙。這就跟「高山流水」一樣，眞得是碰上知音才行。

余秋雨　說得不錯，這個到靈堂裡來彈琴喝酒的人就是嵇康。嵇康比阮籍還要厲害，他是大學問家，對道家和《易經》都研究得很深，但他整天在洛陽郊外打鐵，當然不是為了自己的生活賺錢，仍然是為了顯示不願進入一般的社會規範。當時，一起打鐵的還有他的一個朋友向秀。向秀給他拉風箱，做做零碎活，但是大家不要小看向秀，他也是個大學問家。他們兩人埋頭幹活，也不怎麼講話，這種感覺很特別。

王安安　比較起來，嵇康的性格比起阮籍要暴烈得多，甚至有點不近人情了。在那種血雨腥風的年代，這樣的性格肯定會給嵇康惹麻煩。

余秋雨　你們都讀過我對嵇康遇害的描寫，這兒不重複了。簡單說來，司馬昭政權無法容忍一個不願合作的獨立知識分子，於是藉著一個事件，受到小人的挑撥，嵇康便慷慨赴死了。死前，還在刑台上彈奏了古曲《廣陵散》。

裘小玉　「手揮五弦，目送歸鴻」。這種從容赴死的態度，眞是連死也死得不同凡響。

余秋雨　這就是魏晉名士的風采。按照羅宗強先生的說法，他們把莊子的理想人間化了，使生活變得詩化、藝術化了。

王安安　確實感覺他們是把生活藝術化了，不是在過日子了，而是把自己所有那些不能實現的理想，都放到自己的生命方式裡去燃燒。於是，就迸發出非常燦爛耀眼的光芒來。

◉余秋雨

他們鄙視權貴、漠視世俗、傲視陳規、無視生死，最後凝聚為一種充滿詩意的孤傲美和寂滅美。這種生態在後來世世代代知識分子身上無法重複，只能仰望，或者，只能局部模仿。

他們的這種心態，還包含著一個特別的話語方式，那就是清談。我們前面已經說到，他們平常在一般情況下很少說話，但一說起來，便延伸為一種雲遮霧罩的冗長結構，一種超塵脫俗的話語邏輯。

我想聽聽你們對清談的理解。

◉劉　璇

我早就關注清談，查過一些資料。清談是源於漢代的清議，就是品評人物，那時，其實是為了選拔官吏。縣裡面品評一下，覺得這個人好，就推薦上去當官。後來，品評的權力集中到了名士手裡，名士如果說這個人很牛，那這個人就暴得大名。這種品評最早是針對道德，後來，慢慢發展為評價一個人的風度儀態如何，這就從關注名士發展到了關注個人。之後慢慢就發展到了談玄。我覺得就品評人物這一點來看，清談還是有積極意義的，是以一種輿論的方式來干預政治。

◉余秋雨

討論清談，不要過多地著眼於它的內容和目的。不在乎內容和目的，恰恰是它的一個重要特徵。它不是學術爭論，也不是主題研討，更多的是一種智力遊戲和社交活動。一有固定的內容和目的，魏晉名士們就覺得俗了。他們就是為了擺脫世俗才進行清談的。清談在進行過程中，也不講究尋常邏輯，只求驚世駭俗。它在無功利、無對象的世界中游蕩，並獲得快感，有點像西方現代派的「意識流」。但「意識流」主要集中在寫作，而清談卻需要與他人一起進行，而且必須讓潛行的意識外化為語言，而且語言必須漂亮。在這樣的智力遊戲中，一些模糊又飄逸的概念也有可能獨立出來，獲得智力論定，例如像當時一直搞不清的「無」和「空」。這兩個概念的差別，就是通過清談搞清楚的。清談又建立了一個特定的社交圈子，就像後來法國的沙龍那樣，構成了一群貴族知識分子的聚合。這在非常講究實用的中國社會中，具有獨立和逆反的色彩。但是，他們又不以獨立和逆反為旗幟，因此又洗去了政治色彩。

清談的最大貢獻，是大大提高了中華文化的「非實用智慧」，這對今後哲學的推進至關重要。當實用的羈絆被擺脫，思維就可以在抽象的天域裡自由漫遊了。中國傳統思維缺少自由漫遊的廣度和深度，人們往往以為是受制於政治，但是在我看來，更受制於實用。

「清談」這件事情好像後來名聲很糟糕，大家總要說什麼「清談誤國」，但我覺得這是比喻的用法，意思是你們知識分子搞那些文化的東西都沒有用。救國靠的是實力，是武力。這樣說的人當然可以舉出很多例子，三國兩晉南北朝的時候就有很多。可是如果硬要說清談誤國的話，那什麼不誤國？寫詩作詞不誤國嗎？畫花賞鳥不誤國嗎？文化發達的文明一定比野蠻的豺虎之邦要孱弱，軍事上打不過人家。所以，把誤國的罪過推給清談、推給文化是不公平的。

關於誤國不誤國的問題，在當時就出現了一些分歧。有一次，王羲之和謝安有過交鋒。王羲之的想法是，做人還是要有所作為，不能老是空談，他的目標是做治水的大禹。而謝安則說，秦為什麼亡得這麼快，就是商鞅、李斯他們太有作為了。謝安認為快速地推進自己的行政措施反而有可能誤國。我們記得，這是老子和莊子的思維。

王羲之想有所作為，但他的兒子王徽之卻是個清談的專家。我想以他做例子來說說清談具體進行的方式。王徽之曾經做過桓沖的騎兵參軍，桓沖問他在哪個部門工作，他說：「經常看到牽馬的來，大概是馬曹。」桓沖又問他管了多少馬，他回答說：「不問馬。」桓沖又問最近死了多少馬，他答道：「未知生，焉知死？」這種聽起來莫名其妙的回答，其實都幽默地嵌著典故。回答說「不問馬」，古人都知道，《論語》中記載馬廄失火，孔子退朝後問：傷了人嗎？不問馬。回答「未知生，焉知死？」也是出自《論語》，當子路向孔子問死後的情形，孔子就回答了這句。有一次，桓沖要他管事，王徽之回答說，今天早晨西山的空氣特別涼爽。這就是典型的清談之風。

這樣的清談之風，對實際政務確實產生了負面效果。大家都仿效著這種機敏、俏皮、錯位、脫軌，連官員也跟著來。如果這些名士也做了官，結果可想而知，完全建立不了社會管理所需要的順暢溝通，行政效率嚴重低下。

◉**費　晟**　但是，從文化來講，清談導致了中國一個玄學流派的形成，通過清談把佛學、儒家、道家融合在一起，中國的文化在這裡形成了自己的性格。清談在這個意義上，功勞是很大的。大家不要忽視這種文化上的意義。胡適先生就曾經說過，發現一個古文字的意義，和發現一顆小行星，學術價值是一樣的。我們得允許在兵荒馬亂當中，有一些人能夠從容地談點哲學，建構一下文化。

◉**余秋雨**　哈哈，你還是捨不得談魏晉清談的負面效果，堅持著它的正面意義。平心而論，如果作為一門課程正面論述魏晉清談，花費一學期、一學年都值得，我也鼓勵哲學系、歷史系、中文系的博士論文可以多寫一點以魏晉清談作為研究對象的文章。但是，我們現在的課程是對中國文化史的快速掃描，只能稍稍涉足便拔腿而走，要急著講講它對中國後世文化的負面作用了。

中國的文化歷來與政治關係密切，清談本來是可以拉鬆這種關係的，但是，如果這種關係沒有拉鬆，那麼，反而會把空談之風帶入政治。不幸，這種情況果然發生了。高層哲學依然沒有怎麼發展，而文化人卻越來越喜歡空談政治。你所說的清談把佛學、儒家、道家融合在一起，這是有的，但功勞不全在清談，融合程度也不能估計過高；而文化人空談政治的風潮，卻越談越烈，成為中國文化發展的一大弊病。用我的話來說，該空的不空，該實的不實，造成兩頭失落。

中國古代社會後期，也有不少人對此進行檢討。他們發現，很多文化人平日喜談玄空的心性、道統，又自以為能夠以此治國，連社會上很多人也有這個誤會。但每次出現社會危機，朝廷急急地把他們拉出來做顧問，結果總是一塌糊塗，甚至加速了朝廷的敗亡。即使在平時，要這些人來管理行政，也是一片疲沓、民生不振。於是，清代出現了一些提倡「實學」的呼籲，明確指出空談已經成為很多文人官員掩飾自己低能、醜陋的保護傘。

因此，研究魏晉清談和它的後續影響，可以成為打開中國傳統文化人格結構的一把鑰匙。研究中國傳統的文化人格，不能光是說人格結構中有幾分儒、幾分道、幾分佛。這種人格結構中最嚴重的裂痕是，理性抽象能力和實踐執行能力的對峙和互消。這就造成了上又上不去、下又下不來的兩難境地。中國傳統的文化人格，一直在這兩難境地中徘徊。

第二十五課

一座默默無聲的高峰

◉余秋雨

我們前面談到的三國魏晉時代的人物，在當時就已經比較有名。曹操、諸葛亮，都是軍事和政治上的強人，魏晉名士，都是名氣不小的貴族知識分子。但是，那個時代的文化最高峰，在當時差不多沒人知道，默默無聞。這是一座隱藏了的最高峰，被雲遮住了，而且遮了很久。是的，對陶淵明來說，這個雲散得實在太慢了。

按照慣例，我還是想先聽聽大家對陶淵明的印象。在我看來，一個古代文化人不管在歷史上命運如何，他在當代年輕人心目中的印象，卻是一個重要的落腳點。他如果天上有知，也會傾聽你們的談論。

◉王湘寧　在我的印象中，陶淵明是一個崇尚美、愛好自然、懷有理想主義的人，讀了他的《桃花源記》，會覺得他是一個喜歡做夢的人。

◉余秋雨　喜歡做夢的人很多，但你知道最厲害的做夢人是什麼樣的嗎？那就是把自己的夢變成民族的夢。在中國文化的歷史上，眞正做到這一點的只有陶淵明。那夢，叫桃花源。

◉王牧笛　我非常喜歡陶淵明寫的一篇自傳——《五柳先生傳》。文章非常短，只有一百來字，裡面有一句話很有名，「好讀書，不求甚解，每有會意，便欣然忘食」，所有學生都特別喜歡。這句話是說我喜歡讀書，但是我不太想琢磨它裡面具體是什麼意思，每當我有一些體會，就很高興，就忘了吃飯。

◉余秋雨　一鑽牛角尖就會把美夢鑽破。不求甚解，是一個傑出人物避過文化陷阱的基本策略。

◉劉　璇　他的《飲酒》詩中，有四句我印象很深刻，就是「採菊東籬下，悠然見南山」「問君何能爾，心遠地自偏」，是說只要你的心情很寧靜，無論身處多麼喧囂的世事當中，都像在靜謐的山林裡一樣。這兩句詩對熙熙攘攘的現代生活中的我們格外有啓發，因為我們不可能再像陶淵明那樣回到偏僻的山林裡歸隱了，我們只能克服浮躁，讓自己的心靈變得寧靜純潔，回歸自然與淳樸。

◉余秋雨　「心遠地自偏」，也就是心能移地，這是一種哲學思考。但陶淵明畢竟不會滯留在玄思之中，他立即為我們提供了一個感性的美麗境界，「採菊東籬下，悠然見南山」，一種色彩明亮的大安靜。

◉裘小玉 我喜歡陶淵明的《輓歌》：「親戚或餘悲，他人亦已歌。死去何所道，托體同山阿。」這裡面有陶淵明對生死的觀念，他不是不珍惜生，相反他非常珍惜生，所以才不為五斗米折腰。他是以一種審美的眼光看待生，對於俗世中的事情順其自然，不會特別介懷。死在他看來是一種永恆，所以他會說「托體同山阿」，死去以後就和青山同在。

◉余秋雨 如果把這首詩讀成人們對死亡的無奈，對他人的抱怨，那就錯了。它為人類的死亡下了一個最積極的定義，那就是「托體同山阿」。全世界各種各樣的死亡定義中，沒有一個比得上。

◉王安安 陶淵明有一個非常顯赫的曾祖父，就是陶侃，在東晉的政治中發揮了很大的作用。但是陶淵明似乎從來沒有從陶侃那裡得到過什麼好處，也不說自己的曾祖父是誰，但是最後他的名聲反而比陶侃大。

◉余秋雨 炫耀自己出身名門，等於是宣布自己沒有出息。

炫耀的人可能不知道，就在他炫耀的片刻，人們正在對比他與家世門庭的巨大差距，從心裡輕輕搖頭，深深歎息。

好，你們五位都說了，我也加入一份。我本人在人生的一個關鍵時刻曾經受到過陶淵明的「加持」。那是在十八年前，我為了成為一個獨立文化人決定辭去一所高等藝術學院院長職務，卻阻礙重重。我說服不了學院裡的師生和上級領導，已經到了放棄的邊緣。但是就在這時，頭頂上似乎出現了陶淵明《歸去來辭》裡的呼喚：「歸去來兮，田園將蕪，胡不歸？」這呼喚，像一聲聲催促，又像一聲聲責問，一聲聲鞭策，終於使我下了破釜沉舟的決心。因此，最後在學院接受我辭職的歡送大會上，我特地引用了陶淵明的這首詩。他的這首詩，是我實現一次人生大轉折的路標。

陶淵明所說的「田園」，也就是我們現在所說的「精神家園」，既是有形的，更是無形的。他本人早年為了家裡的生計，做過幾次小官，但只要能勉強過日子，他就辭職回家了。我們初一聽，他家裡有菊花，有東籬，又看得到南山，非常舒適，但應該明白，他必須自己耕種。就像嵇康掄起鐵錘打鐵一樣，親力親為。我當時辭職後獨自去甘肅高原考察中國文化，「田園」是龐大而不確定的，我在生活上也遇到了很大的困難，因此一路上就靠陶淵明和嵇康鼓勵自己。

◉**叢治辰**　秋雨老師，我覺得陶淵明和嵇康畢竟有一點不同，嵇康的日子過得很好，飯吃得飽飽的，才有力氣去打鐵。打鐵是他的個性。物質生活上，陶淵明好像不能跟嵇康比。可以說耕種是他的個性，但更主要的，還是為了養家糊口過日子。這樣一比，好像嵇康比陶淵明顯得更浪漫，陶淵明卻更不容易。

◉**余秋雨**　你說得很對，嵇康再怎麼打鐵，也是一個貴族知識分子，而陶淵明則選擇了遠離貴族生活。而且，嵇康和其他魏晉名士都有一點點故意要顯擺自己的叛逆姿態，而陶淵明則是完全消失，不讓別人追蹤。因此，陶淵明更徹底。

細說起來，陶淵明家裡人不少，完全靠種田，日子過得比較艱難。最要命的是，回家三年以後，一場大火把他們家燒得乾乾淨淨。這下他就陷入深深的貧困之中。四十五歲以後，他的詩文不太講自己田園生活的瀟灑了，更多的是想到老和死。他的一百多首詩裡面，有幾十處提到老和死，是中國古代詩人當中提到老和死最多的，因此他也成了其中最具有生命意識的一個人。他的生命意識，不像先秦諸子那樣空蹈，也不像屈原、嵇康那麼奇麗，而是體現為一種平實、懇切的狀態，與人人都能接通，因此變得特別浩大。

前兩天聽季羡林先生說，他畢生的座右銘就是陶淵明的一首詩。我一聽便笑了，因為那也是我的人生指南。那首詩只是最樸素的四句：「縱浪大化中，不喜亦不懼。應盡便須盡，無復獨多慮。」

陶淵明的樸素，是對一切色彩的洗滌，因此也是中華文明在當時的一種最佳歸結。他吸取了儒家的責任感，但放棄了儒家的虛浮禮儀，他更多地靠近道家，又不追求長生不老，他吸收了佛教的慈悲和看破，卻又不陷入輪迴迷信……結果，他皈依了一種純粹的自然哲學：以自然為本，以自然為美，因循自然，欣賞自然，服從自然，投向自然。他本人，也因自然而淨化了自我，領悟了生命。

◉王安安 季羨林老師和余秋雨老師所喜歡的那四句詩，還有前面說過的「托體同山阿」等，確實從自然哲學通向了生命哲學。順其自然，別跟天道自然擰著幹，心態平和一些。聽起來，陶淵明確實是把各種各樣的中國學派提煉成了一種人生態度。讓我感到吃驚的是，最高的提煉居然是樸素和尋常。

◉余秋雨 陶淵明畢竟是一個大藝術家，他在完成上述有關生命哲學的實驗以後，從自己種地的院子裡面跳了出來，跳到了桃花源。桃花源是對他實際生存的田園的超越。我曾在一篇文章中說過，田園是陶淵明的「此岸理想」，桃花源則是他的「彼岸理想」。田園很容易被實際生活的艱難所摧毀，因此他要建造一個永恆寧靜的世界。這個世界雖然寧靜，卻對現實世界具有一種批判性，批判改朝換代的歷史，批判戰亂不斷的天地，批判刻意營造的規矩，批判所有違背自然的社會形態。但是，他又把這些批判完成得那麼美麗，那麼令人神往。

桃花源是無法實現的，因此這不是一種奮鬥目標，而是一種形而上的存在，構成了一個精神天國。有人說中國文化缺少一種超世的理想結構，我覺得桃花源就是。

陶淵明正是為了防止人們對桃花源作出過於現實化、地理化、景觀化的低俗理解，因此特地安排了一個深刻的結尾。

當漁人離開桃花源的時候，桃花源人請他不要告訴別人。他出來的時候還在路上做了一些記號，結果再回頭就找不到了，徹底迷路了。不僅他找不到了，連官府動用力量找，也完全沒有結果。這可寫得眞好。我們的許多小說，即使像《水滸傳》《三國演義》和《紅樓夢》，都缺少好的結尾，而這個結尾卻非常漂亮。

◉劉璇

不但結尾漂亮，整篇文章都特別優美。不是那種華麗的美，很清淡，好像就是隨手點染出來的。「忽逢桃花林，夾岸數百步，中無雜樹，芳草鮮美，落英繽紛。」簡簡單單這麼一句，也不堆砌詞語，但是感覺全出來了！

◉余秋雨

中國的超世理想，是由這麼乾淨的文學筆調寫出來的，因此不符合西方的學術規範，不被很多學者承認。其實，即使在古代中國，陶淵明也被承認得很晚。陶淵明的作品一直非常寂寞，甚至到了唐代還是這樣。唐代已經有人提到他，但那個時代更需要熱烈和多情，更需要李白、杜甫、白居易。直到中國歷史終於拐入雅致的宋代，大家才開始重新發現陶淵明。最誠摯的發現者是蘇東坡，他在《與蘇轍書》中說：「吾與詩人，無所甚好，獨好淵明之詩。淵明作詩不多，然其詩質而實綺，癯而實腴，自曹、劉、鮑、謝、李、杜諸人，皆莫過也。」你看，蘇東坡認為陶淵明超過了李白和杜甫，這眞是石破天驚之見，不由讓人一震。蘇東坡晚年又說，「深愧淵明，欲以晚節師範其萬一」，也就是說，他不僅佩服他的文字，而且佩服他的氣節。從此以後，人們越來越喜愛陶淵明。當然，這和後來的時勢變化也有關係。兵荒馬亂的時代，人們會更加思念田園和桃花源。

第二十六課

光耀千古的三四個字

◉余秋雨

好多年以前，在巴黎的塞納河邊，我曾經和一個法國的建築學家有過一次小小的爭論。他對中華文化的很多方面都有很高的評價，卻認為中國民眾的審美水平普遍低下。證據是中國所有的飯館，裝潢都是描龍繪鳳、大金大紅。「中國城」裡的建築裝潢，都色彩氾濫，而且是最豔俗的色彩。他說：「你們都會認為這是傳統的民族特色。但是，人類在審美方面有一些基本的共識，這又與人類的視覺和聽覺的共性有關。例如，大家都不喜歡噪音。那些豔俗色彩的氾濫，就是視覺噪音。出現在公共場所，你們為什麼不抗議？」

這個毛病，我長期以來也痛心疾首，幾經呼籲都沒有效果。因此，我只能告訴這位法國建築師，這是我們中國人在近兩百年才患上的審美傳染病，在古代可不是這樣。

我說，早在兩千五百年前，全世界各大古文明都還在奠基的時候，只有中華文明的一位智者提出：「五色令人目盲」。我看別的古文明中，沒有另一個人表述過這麼高明的見解。在這之後，世界上也只有一個民族，敢於用一種單純的黑墨色為基礎，來延綿它的主流視覺藝術，那就是水墨畫和書法。書法在視覺藝術中處於至高的地位，卻幾千年一貫用純黑色表達自己的全部美麗。

我說，這，只發生在中國。因此，中國人的普遍審美水平，在根子上並不低下。

那位法國建築學家怔怔地看著我，最後說：「對不起，我沒有認真想過這個歷史。但是，希望大家都不要失去這麼驚人的審美記憶。」

我想由此開頭來表達一種驕傲：書法藝術游動不定的抽象黑線，是中國歷史的高貴經緯。談中國文化，我們要讓出一塊時間來專門面對它。

書法在中國歷史上很重要，它用一種單純的也是高貴的顏色傳承著文化。但是近代以來，尤其是白話文運動和使用簡體字以來，書法的重要性喪失了，或者用一句比較流行的話說：自身去價值化。現在很多文人墨客把練習書法當作一件附庸風雅的事情，是茶餘飯後的消遣。這導致

◉王牧笛

了書法藝術變得很小衆，而且也很自戀，它的重要性沒有以前那麼大了。

◉王安安 我不同意你的觀點——書法對中國的藝術來說太重要了，甚至是最重要的！全世界可能只有中國能夠把文字變成一種這麼活潑而深邃的藝術，它甚至影響了整個中華民族的思維方式。它是抽象化的思維，是一種飄逸的、不那麼拘謹的、躍動的、有節奏的思維。

◉余秋雨 你們兩位的不同觀點，牽涉到書法的不同功能。在我看來，書法有三個層次的功能：一是社會實用功能，二是淺層審美功能，三是深層審美功能。

牧笛所說的「書法的重要性的喪失」，其實指社會實用功能。不僅是現在，早在鋼筆文化代替毛筆文化時這種功能已經喪失大半，這一點我在《筆墨祭》一文中曾有詳細論述。

但是，它之所以還餘音嫋嫋，正因為它還有審美功能，讓人割捨不下。其中的淺層審美功能很多人都發現了，因此現在仍有不少地方喜歡用書法來寫招牌、做裝潢，有些官員還在努力練習書法。但是，對書法的深層審美功能卻很少有人領悟，其實這才最為重要。它不僅僅是工具，也不僅僅是裝飾，而是中國傳統文人的一種風範的外化。那或工整或游動的黑色線條，在頓挫撇捺間把君子行為提煉了，也抽象了。它變成了有形式感的生命節奏，讓人一目了然又玩味不盡。它是一種紙面化的精神舞蹈，經過一代代積累又變成了一種通用的文化密碼，正如安安所說的，它甚至影響了整個中華民族的思維方式。在這個層面上，書法是中國美學的重要圖騰，永遠是研究和欣賞的對象，不會褪色。

同學們都知道我沉迷書法，據說網上還有不少人在學習我的書法，建立了一個「秋雨書法課堂」。因此，我不能因為個人原因在這個話題上逗留太久。我們就說說王羲之的《蘭亭序》吧，好在我們正討論到魏晉，而且王羲之確實也是中國書法的第一人。

請問，你們對王羲之了解多少？

◉**裘小玉**

我曾在一本書裡讀到這麼一個記載，說王羲之在二十多歲的時候，有一個叫郗鑒的太尉，要到王家來招女婿。王家男孩子又多，遇到這麼一個高官來招女婿，每個人都很重視，紛紛裝模作樣。唯獨在東邊的床上有一個人，袒露著肚子在吃東西，滿不在乎，這就是王羲之。來看的人回去向郗鑒報告，郗鑒說：「就東邊床上那個人了！」——「東床快婿」的典故就這麼來的。成語辭典裡有這個故事。

◉**王湘寧**

我聽到過一個很通俗的故事。有個老太太在街上賣扇子，賣不掉。王羲之看著可憐，就說：「我給你在扇子上面寫幾個字吧！」寫了以後老太太就哭了，她說：「我乾乾淨淨的扇子都不好賣，你給我塗得亂七八糟怎麼賣得掉？」王羲之就說：「你可以增加十倍的價錢去賣。」結果，果然引起了大家的搶購。

◉劉　璇：我也聽到過一個故事。王羲之最喜歡鵝，有一次他看上了一位道士的一群鵝，要買。但這位道士知道他是王羲之，就要他寫一篇《黃庭經》來換。後來李白還為這事寫了詩。

◉余秋雨：在王羲之之前，也有一些著名的書法家，像寫小篆的李斯，寫隸書和楷書的鍾繇等。有的人也不一定比王羲之差，比如後來韓愈看到石鼓文時，就覺得王羲之俗了。

中國確實不乏各種各樣的好書法，但是無論如何，王羲之和他的《蘭亭序》是最高峰。中國古代很多文人，每天臨摹一遍《蘭亭序》三百二十四個字，一共二十八行。有的也不看字帖，乾脆是默寫，默寫到連王羲之寫錯的地方也要跟著寫錯，改的地方也要一模一樣改。

有趣的是，王羲之本人也覺得這一幅即興發揮的字寫得好，後來曾多次重新寫過，但都沒有這幅好。因此他說，「這幅字雖說是我寫的，其實是神助。」

歷代文人天天默寫《蘭亭序》，只默寫它的書法，卻很少在意它的內容。其實它的內容倒是不錯，我順便介紹幾句。

王羲之開頭交代了他們相聚的時間、地點、風景，然後抒發了一段人生的議論。如果用白話文翻譯一下，大致意思是這樣的：「人的一生，有兩種要求，對內實現抱負，對外寄託山水。這兩方面無所謂好壞，卻都會遇到是安靜還是躁動的問題。想要安靜，不大喜大悲，就要選擇一個意念。常見的意念是說生死是同一件事，長壽和短命是同一件事，而我選擇的意念是把古人、今人、後人看成是同一件事。這麼一想，今天的聚會也有意思了，我們把詩寫在一起，後人看到，時間就會像眼下的流水一樣貫穿起來。」

我記得不準，說個印象，是不是感覺不錯？

正如王羲之所預言的，僅僅這幅《蘭亭序》，就把歷史像流水一樣連起來了。這幅字代代相傳，第七代是智永和尚，也是一個大書法家，他把這幅字傳給了徒弟辨才。於是，就出現了唐太宗派蕭翼去騙得《蘭亭序》，最後又將之作為自己陪葬品的事情。

陪葬前，朝廷組織了不少人臨摹。比較起來，還是馮承素的那個本子好。有不少更大的書法家的摹本，太自我，或太規整，反而少了活氣。

王羲之書法的衍伸，還出現了另一種途徑，那就是他的兒子王獻之構成了書法史上的另一座高峰。甚至，在王羲之去世後有一段時間，人們對王獻之的評價還超過了王羲之。他們父子倆究竟誰寫得更好？我覺得各有特色，難分高下。兒子的字，靈動、活躍、漂亮，而父親的字，則端莊、華貴、經典。

你們看，僅僅一個王羲之，我們粗粗糙糙地說，已經說了那麼多。其實中國有很多書法家和書法作品都經得起這麼說。即使把話題縮小在行書裡面，顏真卿的《祭侄帖》和蘇東坡的《寒食帖》也能引出一大堆話題。由此可見，書法在中國文化史中的地位實在很高。而且，它的高，又與普及連在一起。我曾說，中國文化中有三樣東西最普及：一為書法，二為唐詩，三為崑曲。相比之下，書法又因它的抽象提煉而接通高低兩端，更具有時間上的長度和空間上的廣度。

第二十七課

中國第一個知名的大畫家

◉余秋雨　看過了書法，我們再看看繪畫。繪畫的起源一定比書法早，這是大家都知道的。我曾經好幾次翻山越嶺尋找過原始人留下的岩畫，繪畫在那裡就開始了。我想問：你們對於中國早期繪畫有什麼印象？

◉金　子　記得在中學歷史書中看到半坡出土的彩陶，上面有一些簡單的線條，給我印象挺深刻的。

◉薩琳娜　還有長沙楚墓出土的戰國時期彩繪帛畫——《龍鳳仕女圖》，一個仕女祈求飛騰的龍鳳把墓主人的靈魂接走，早日升天成仙。

◉裘小玉　以前看到湖北博物館的棺槨，棺是小的，槨很大，上面畫了、雕刻了很多獸之類的複雜的圖案，使人產生很強烈的神祕感。還有在宜昌看到的懸棺，棺材裡邊隨葬的一些物品中，也有很多特別神祕的東西。我覺得古人對圖案、裝飾的美術感覺是現代人很難理解的，他們有很豐富的想像力。

對，中國古代的很多繪畫和雕塑，往往出現在喪葬場所和宗教洞窟中。面對這些作品，我們常常感嘆無數眞正的大藝術家混跡在畫匠的隊伍中沒有留下名字。商周青銅器的設計者是誰？良渚玉琮的磨琢者是誰？昭陵六駿的雕刻者是誰？敦煌石壁的繪畫者是誰？宋代官窯和元代青花的燒製者是誰？……這樣的問題還可以沒完沒了地問下去。這些問題讓我們產生了一種精神解脫：原來天地間無數大美是不署名的。這正像，漢語的發明者並不署名，中醫的發明者並不署名。凡是署名的，很可能已經小了好幾個等級。老子的「名可名，非常名」，也有這個意思。

承認了這個大前提，我們在談論一個個在文本上留下名字的大藝術家時，就比較安心了。

在繪畫領域，最早留下名字的畫家，應該是三國東吳時的曹不興，但他只留下了一點故事，沒留下作品。對於一個沒有留下作品的畫家，我們就無法談論了。因此，第一個必須好好看一看的畫家，是顧愷之。

顧愷之是無錫人，比王羲之小一輩。那天王羲之在寫《蘭亭序》的時候，顧愷之九歲。當然，他們都生活在亂世。這眞讓人奇怪，天下最平靜、優雅的筆墨居然都出現在亂世。也許，藝術就是來突破時代的，每每與「時代精神」相反。

顧愷之佩服阮籍、嵇康這樣的魏晉名士，喜歡畫他們，卻又不畫眼睛。別人問起，他說，畫了眼睛他們就活了，到時候我怎麼說得過他們？

不要僅僅把這個回答看成是一個說笑。「點睛」，已經體現了中國藝術追求神似而非形似的關鍵特點。或者說，「點睛」之說本身就是一種文化點睛。

我想問一下，你們所知道的顧愷之的畫，有哪幾幅？

◉薩琳娜 一幅叫《洛神賦圖卷》，一幅叫《女史箴圖卷》。

◉裘小玉 其實現在留存於世的已經都不是顧愷之的真蹟，好像一個是唐代摹本，一個是宋代摹本。

◉余秋雨 對於《洛神賦圖卷》，我要搶著發言。我怕你們像一般書籍中寫的那樣又來講述《洛神賦圖卷》與曹植寫的《洛神賦》的關係、曹植心中的「洛神」是誰、這個女人與曹植的關係等等。這些話題，至多只能說是背景，而沒有涉及畫作本體。請注意，藝術作品的本體，主要是指形式，內容只沉澱在形式中。

在《洛神賦圖卷》中，顧愷之並不是僅僅畫了一個曹植心中的女性，而是讓曹植和那個女人一次次在不同場合出現，成了一種「連環蒙太奇」的結構。畫中的曹植與那個女人的反覆對晤，並不是實際相遇，而是精神交會，這讓「寫意」之「意」，變成了一種流動之「意」，隨之讓思念變成了一種流動的延綿。

反覆出現的曹植和那個女人，在神情上又有前後的一致性。曹植不失貴族風範，矜持、專注、悲涼，而那個女人也有類似的神情，接近於《洛神賦》上所寫的「輕雲蔽月，流風回雪」。

繪畫的這種結構方式，即使拿到今天的新興藝術創意現場，仍然不失超前。

◉薩琳娜｜那麼，秋雨老師是怎麼看待《女史箴圖卷》的呢？

◉余秋雨｜《女史箴圖卷》依託的文本是西晉詩人張華的《女史箴》，這當然遠遠無法與曹植的《洛神賦》比了。《女史箴》是當時的一種「宮廷教育文本」，與看上去很不正經的《洛神賦》正好相反。當然，在藝術上，總是不正經的作品超過正經的作品。

顧愷之的《女史箴圖卷》不僅超越了張華的《女史箴》，甚至還超過了他自己的《洛神賦圖卷》。面對《女史箴圖卷》的線條、力度和結體，誰都不會再去注意它的訓誡內容。

顧愷之之後兩百多年，閻立本出現了。三百多年後，吳道子出現了。從此，中國的人物畫就越來越走向高峰。人們一般有個誤解，以為中國畫更多地擅長於山水花鳥，人物畫比較缺欠。尤其與西洋的實寫人物畫產生對比以後，更會覺得我們的人物畫不夠好。這其實是不對的，在中國繪畫的早期階段，人物畫，特別是寫意式的人物畫，恰恰是中國美術史的一個主流。

第二十八課

山川間的文明融合

◉余秋雨　今天我要讓大家舉一下手，誰去過山西大同的雲岡石窟？（同學們全都搖頭。）

◉余秋雨　山西來的同學也沒有去過？

（同學們仍然搖頭。）

◉余秋雨　啊呀，那今天只能聽我一個人講了。雲岡石窟是一種山川間的宏偉存在，只有去過才能談論。談論它，也是讓它成為其他石窟如龍門石窟、莫高窟、麥積山的代表，構成我們探詢中華文化的一個特殊視角。

很多年前我寫過一本關於審美心理學的著作，其中講到人世間的文化刺激強度，第一是視覺，即圖像，第二是聽覺，即音樂，第三才是抽象轉換信號，即文本。只可惜，我們的文化研究常常顛倒了，習慣性地把文本放在第一。連一些散文家也試圖用文字去描述繪畫和音樂，真是笨。

人類的充分健全，表現在生理功能和心理功能的進一步釋放，尤其是不借助轉換信號的視覺功能和聽覺功能的釋放。學會凝視，學會聆聽。在視覺功能上，我更主張抵達現場，去凝視那些大環境中的大圖像。第一度，先看那些石窟；第二度，再看那些考古現場。北大學生在人文學科上，首先要學會田野考察。

遺憾的是，中華文化對那些石窟和考古現場的認識，都比較朦朧。原因是，它們的發掘都很晚。大家熟悉的那些詩人、文豪、學者，幾乎都沒有去過，因此也未曾做過相關表述。這使它們在中華文化的價值座標中難於「登堂入室」，占據主位。直到近代，即使被發現了，由於處處兵荒馬亂，那些重要的文化現場也無法被接近。

為了誘惑你們，我先說幾句雲岡石窟。在時間上，它也比較早。

雲岡石窟，首先是氣魄驚人。我去過多次，每一次都會重新震撼。它體量巨大，與山相依，讓人感到佛教的頂天立地、俯視山河。其次是雕刻精美，一眼看去便知道是大師之作，卻又密密層層地排列在一起，高高低低地展示在一起，產生了一種延綿不絕的藝術力量。除此之外，你還會產生一種巨大的異樣感：為什麼齊山的石柱極像古希臘的風範？為什麼很多佛像都是高鼻梁、深眼窩，一派西方的神貌？這種異樣感也讓人產生一種遠觀式的世界性審視，眼前的一切更覺偉大了。

原來，雲岡石窟帶給我們一個大家都不太熟悉的重要時代——北魏。

北魏王朝是北方的少數民族鮮卑族創立的。鮮卑族通過二三百年的努力從原始的遊牧部落變成一個強大政權的締造者，並有效地控制了華夏文明遼闊的北部領土。但是，由於歷代漢族史官和學者的偏見，對它缺少論述熱忱，因此後人對其知之不多。幸好，還有雲岡，還有大量碑刻、廟宇、雕塑，這些足以讓我們大吃一驚。

對我來說，中國文化史上有幾個「穴位」是碰不得的，一碰就會讓我攝魂奪魄。譬如魏晉，譬如盛唐，譬如北魏。

鮮卑族的名稱，與鮮卑山有關。鮮卑山其實就是大興安嶺，我們現在還能在那裡找到一個叫「嘎仙洞」的鮮卑石室，是這個民族曾經退居、隱潛、祭祀、出發的地方。隨著他們的軍事勝利，他們本來極有可能把自己習慣的生態強加給征服地，但鮮卑族的上層王族中有人作出了英明抉擇。那就是，以軍事征服者的身分，恭恭敬敬地做漢文化的學生。

這是中華文明史的大事件。鮮卑貴族如果不作這種選擇，稚拙的鮮卑文化終將在暴力的裹卷下張揚一時又快速走向滅亡。人類歷史上很多征服者文明都是這樣。同時，那樣也必然會給以漢文化為中樞的華夏文明帶來極大的傷害，甚至使之消亡。但是，鮮卑貴族恰恰選擇了以漢文化為師，這使一切都走向了良性。鮮卑族在表面上收斂了自己，改變了自己，實際上提高了自己，擴充了自己；而漢文化，則因為有了遊牧民族強勁生命力的加入，也頓時一改老敗斯文之氣，快速變得生氣勃勃。

這中間，北魏的孝文帝功勞最大。在鮮卑族裡他叫拓跋宏，只活了三十三歲，是一個非常年輕的帝王。由於他的祖母專權，他實際施政的時間不長。但僅僅七八年，他便邁出了「漢化」的重要步伐。整個鮮卑貴族不能再說鮮卑話、再穿鮮卑服，而且他力爭與漢族通婚，又把首都從山西平城，也就是雲岡石窟的所在地大同，遷到河南洛陽。

結果，北魏不僅在地理上逼近了隋唐時代的來臨，而且在血緣上也融入了隋唐王室。他們，因謙恭的文明態度而參與了偉大。

既然可以汲取漢文化，當然也可以汲取印度文化、西域文化、中亞文化。以佛教為中心的印度文化中又包含著古希臘亞里士多德的學生亞歷山大大帝東征所產生的犍陀羅文化。這樣一來，從北魏到隋唐，世界幾大文明都融合在一起了。雲岡石窟，就是這種融合的最早呈現；盛唐，就是這種融合的最高呈現。

年輕的孝文帝死於公元五世紀的最後一年。他不知道，由於他的融合之功，中華文明已經避免了一次幾乎必然的滅亡。在遙遠的西方，羅馬文明也遇到了「北方蠻族」的反覆侵擾，但沒有一個「北方蠻族」能像孝文帝衛護中華文明一樣衛護羅馬文明。結果，正當中華文明走向輝煌的唐代時，羅馬文明滅亡了。由此，西方進入漫長而黑暗的中世紀。直到文藝復興，西方文明才又初露曙光。

為此，我對孝文帝評價很高。這些年我一直被河南省黃帝故鄉聘為「黃帝文化國際論壇」主席，我曾在演講中設想，如果設立一個黃帝大獎頒發給歷代為炎黃文明做出過最大貢獻的五六個人，我主張讓孝文帝入選。

高度評價孝文帝，也能使我們進一步蕩滌狹隘的民族主義思維。中華文化的偉大，是多元融匯的結果，這中間，很多少數民族的傑出人士起到了至關重要的作用。並且，我清楚地看到，正是經由少數民族，中華文化才與世界上的其他大文化相遇並結合。因此，我希望在這裡與你們諸位達成共識：不管在任何時候，都不要玩耍民族主義，更不要把民族主義推向極端。多元融合，歷來是中華文化的吉兆。

在古代，文化融合，常常表現為「胡漢一家」，即「胡人漢化」「漢人胡化」。我們在座的都是漢人，我想請你們今天回去後作一個準備，下次的課程一開始就要請大家舉出歷史上我們祖先在生態上被「胡化」的點滴例證。

第二十九課

胡漢相融共強

◉余秋雨　上次課程結束時作過預告，今天首先要請大家舉出一些「胡漢融合」的生態例證。我看王牧笛的表情還是想爭取第一個發言，那就請吧。

◉王牧笛　這種例子其實俯仰皆是——坐的椅子，有高高靠背的這種，就是從以前的「胡床」發展而來的，沒有它之前，我們漢人是坐在地上的。由於有了這樣一把椅子，距離感就產生了，與地面有了間接性接觸。建立間接性，也就建立了更進一步的文明。

◉余秋雨　好。我很喜歡你講到了一個比較艱深的命題：建立間接性是對文化的促進。一般人也許認為，越直接、越貼近，才是進步。其實，人類從裸露到穿衣，從群居到分居，都由間接性而走向文明。

王安安 還有好多樂器，本來也都不是我們漢族的，比如我們熟悉的琵琶，還有箜篌、羌笛都是北方的遊牧民族帶來的。「羌笛何須怨楊柳，春風不度玉門關」，這些樂器今天都成了很具典型性的中國民族樂器。

余秋雨 盛唐的壯麗和聲，胡樂占了一半。

薩琳娜 漢族也學習了胡人的服裝，我記得美人楊貴妃就非常偏愛「胡服騎射」。中國傳統的服裝是寬袍大袖的，引進了胡服窄袖的衣服後，就方便多了。

余秋雨 在唐代長安的街上，最時髦的一度是波斯服裝。緊身、薄料，又經常翻新，一時風行。美麗的「胡姬」們的中亞服飾也引人注目。還有世界其他地方的各種服裝，都林林總總，互相融合。由此組合成了一個自由、多彩的時代。前不久有人竭力主張，北京奧運會的中國觀眾，都必須一律穿「漢服」。我說，這種主張，連唐代人聽了都會傻眼，然後大笑而去。

王安安 秋雨老師，我在翻閱有關當時的一些書籍時，發現西域和絲綢之路對於文化交融非常重要。你前面說到的雲岡石窟，也經常被說到是「涼州風範」，那也是說明與絲綢之路有關吧？

余秋雨 說得一點不錯。各個大文明一旦成熟都比較自以為是，若要彼此間保持長時間交流，必須有一個龐大的緩衝地帶，即所謂「既隔又通」。太近的鄰居，反而處理不好彼此的關係。遼闊的西域，就是幾大文明之間的「隔」，而絲綢之路，又是隔中之「通」。

你所說的涼州，大體位於現在的甘肅省西部以武威為中心的黃河西邊，正處於絲綢之路上。北魏征服涼州之後，曾把其間的三萬戶人家俘虜到平城（大同）。當時的涼州處於文明交流的要衝之地，所以這三萬戶人家中包括著很多學者、建築學家、藝術家、高僧、翻譯，正是這批人造就了雲岡石窟。其中最重要的一個人是高僧曇曜，他是幾個最重要洞窟的監造者。因此，雲岡石窟就出現了最典型的「涼州風範」。

那個時代，很多大遷徙都與戰爭有關，因此文化交融也往往由俘虜隊伍來完成。世界古代文明史都是如此，只可惜，我很少看到描寫這種內容的藝術作品。例如，有沒有可能出現這樣一種形象：一個馬其頓士兵和印度土著混血的後裔，從犍陀羅經庫車來到涼州，成為名震遠近的大雕塑家，又作為俘虜來到了平城，成了雲岡石窟的營造師……這一路上，有多少氣吞山河的情節、豔情漫漫的故事；沿途所見，又有多少大漠朔風、沙場夕陽。

如果說，我們今天丟失了太多古代的美麗，那麼，萬萬不可再去花心思尋找「四大美女」之類。我們的丟失，要大得多，珍貴得多。如果連這一點也不知道，那這就會成為最後的丟失。

第三十課

中華文化爲什麼會接納佛教

◉余秋雨

我們在說到雲岡石窟時，已經繞不過石窟的內容——佛教。其他一系列重要石窟，也都與佛教有關。佛教在中國的山河間以這麼宏大的規模處處呈現，是一個非常重大又非常讓人吃驚的文化事件。這是因為，佛教對中國來說完全是一種外來文明，而中國自己的文化濃度已經很高。

請大家想一想，如果佛教所在的印度文明是一種片段存在，那麼，它的局部外移也就不奇怪了；反過來，如果佛教要傳入的中華文明是一種鬆軟存在，那麼，它被外力成片成團地滲入也就不奇怪了。但是，無論是印度文明還是中華文明都早已高度成熟，各自有嚴整的體系，兩者之間的大規模迎送就變成了令人難以置信的奇蹟。

所以，今天我要問大家的問題很艱深：中華文化接納佛教，是必然的還是偶然的？

◉王牧笛　我覺得是必然的。首先，在中國文化中，無論是儒家還是道家，都沒有眞正的宗教性和信仰力，這就是大缺口。儒家講聖人，道家講眞人，但都只是在生命範圍內兜圈，唯有佛教講到成佛，跳脫輪迴，才具有對生死的超越性。

◉叢治辰　牧笛講得這麼高深，我倒覺得佛教的門檻很低，即使不識字的老太太可以說我信佛。但儒家、道家不同，它要求人們有一定的知識素養、文學修養，這是它們難以飛入尋常百姓家、為大衆所接受的原因，也是它們給佛教留下的缺口。

◉裘小玉　我覺得魏晉時社會比較動亂，而法家、儒家關注的主要是官方等級思想，比如當時流行的玄學，就只關注上層社會的士大夫階層，而佛教比較關心百姓疾苦，他們讓人追求來生，追求涅槃，讓普通人產生美好的願望。

◉余秋雨　說得不錯。佛教比中國的儒家、道家、法家都更關注尋常百姓。我們前面說過，墨家按理也是關注尋常百姓的，但那只是從上面、外面對百姓的保護性關心，而不能讓百姓自己獲得身心安頓。然而，怎麼才能讓百姓獲得身心安頓呢？這還是要從內容上找原因。而且，我必須提醒大家的是，佛教並不僅僅是一種平民宗教，很多王公貴冑、博學之士也都篤信。可見，它實在是具有中國文化原先缺乏的思想成分。

◉**王湘寧**　秋雨老師，我來自新加坡，我們那裡除了佛教徒之外，還有許多人信奉基督教和伊斯蘭教。和他們相比，佛教隊伍顯得比較寬容，沒有什麼「異教徒」的概念，對「蒼生」一團和氣，而且佛教藝術很有魅力，佛經裡面的許多非常有意思的小故事也很能打動百姓的心。

◉**王安安**　中國原始文化裡也不乏打動人心的故事啊。但我記得秋雨老師曾經在哪裡說過，佛教的特點在於它是眞正意義上的對人生本身的關注。也正是因為這個所謂的「至高」和「至低」的目標它都能達到。「什麼是人生，什麼是快樂？」這些終極問題對於每個人來說都有意義，能回答這些問題的只有宗教。我不得不說，這正是中國本土文化從未眞正面對過的問題。

◉**余秋雨**　你們各位觀察的角度不同，但都說到了點子上。我綜合一下，那就得出了大家都能接受的結論：佛教既塡補了中國本土文化在傳播上的重大缺漏，又塡補了中國本土文化在內容上的重大缺漏，它的進入，是必然的。

但是，這畢竟是人類兩大獨立文明之間的磨合，有一段時間，「磨」得相當費勁，「合」得頗為艱難。這個過程，我們如果放開討論起來，話題又多又複雜，會耗費太長的時間，那就讓我匆匆概括幾句吧。

我想大家都聽說過中國自北魏太武帝開始曾出現過幾次「滅佛」事件。由於事情由朝廷發起，對佛教造成的傷害很大。有些歷史學家過於強調了道教在這些事件中的作用，那對道教是不公平的。道教是一個純粹的中國宗教，它的創立和佛教在中國的立足幾乎同時。道教既有深厚的文化淵源，又有廣闊的民間背景，一開始就有不小的社會號召力。在統治者眼中，道教很容易與黃巾起義這樣的農民運動連在一起，因此也曾受到統治者的禁錮。到兩晉時期道教重新有機會興盛時，佛教已經非常壯大。這就產生了兩種宗教之間的對立情緒，那個太武帝就由信奉佛教轉而信奉道教，又懷疑佛教與農民起義有聯繫，就下了禁佛令。其實，後來統治者的滅佛、禁佛，有時又是與打擊道教同時進行的，常用的理由是僧、道人員太多，作為一個龐大的非生產人口而成了社會負擔。

佛教在文化上遇到的真正對手，是儒家。佛教的「出家」觀念與儒家所維護的家族親情倫理嚴重對立，更沒有治國平天下的抱負了。按照佛教的本義，這種抱負是應該看空、放下的。由此可見，儒家不是在具體問題上，而是在「綱常」上，無法與佛教妥協。而且，從孔子開始，儒家對於堯、舜、禹、夏、商、周時代的王道多有寄託，而那時候佛教都還沒有傳入。哪個皇帝的滅佛命令，到太子接位就能廢除，但儒家的綱常卻很難動搖。你們都讀過的韓愈的《諫迎佛骨表》，就是代表著儒家文化的基本立場在對抗已經很強大的佛教。

這場對抗的結果如何呢？大家都知道，既沒有發生宗教戰爭，也沒有出現你死我活之後的重大湮滅。佛教進一步走上了中國化的道路，而儒學也由朱熹等人從佛教中吸取了體系化的理論架構之後完成了新的提升。佛教和中國文化的共同優點，顯現得非常大氣。

現在，事情又回到了我們談話的起點，佛教究竟憑什麼在中國形成這麼大的氣候，最後還融入了中國文化？

對於這個問題，我已經寫過一篇文章《西天梵音》，你們也許已經看到。我找了四個答案——

第一，別的學說雖然也會涉及人生，卻不會集中地關注人生。只有佛教，全部聚焦於人的生、老、病、死，研討如何擺脫人生苦難。表面上看起來，關注人生是小事，大事是朝廷社稷、征戰勝敗、門庭榮辱。但佛教堅定地認為，那些都不重要。結果，反把最高貴的人和最低微的人拉到了一起。

第二，佛教經典很多，教義很深，但基本立論卻乾淨俐落，鞭辟入裡，不像其他學理那樣繞來繞去說不透徹。例如，佛教斷言人生是苦，苦因是欲，滅苦之途是建立「無我」「無常」的覺悟……這種痛快勁頭，讓大家覺得醍醐灌頂。

第三，佛教因戒律明確，為人們顯示了參與規則。乍一看，戒律是一種阻擋，其實就像欄杆、籬笆、圍牆，反而成了它切實存在、可以進入的證明。相比之下，要成為儒家的「君子」只能意會，好像沒有障礙，但要步履清晰地拾級而上，卻很少有人能夠做到。

第四，佛教有一個嚴整而可以辨識的弘法團隊，他們有序、集中、大體統一、代不絕人，成了佛教教義的人格示範。

以上這四點未必準確，卻來自於我的切身體驗。我在第二次世界大戰結束之後出生在浙東農村，那時一片兵荒馬亂，盜匪橫行，走再遠的路也找不到一個識字的人。因此，也絲毫不存在現在不少文化人幻想的那種人人都懂得《論語》和《三字經》的景象。唯一的文化纜索，就是小廟、袈裟和天天念經的婦女。她們讀不懂佛經，但從僧侶們的行為中知道了一些基本佛理和戒律，由此覺得有了依靠和指望。而她們作為當家人，又強有力地影響著一個個村莊。我的這個記憶，大體可以說明佛教在遼闊土地上的超常生命力。

供你們參考。

第三十一課

一種文化的制高點

◉余秋雨

魏晉南北朝的各種文化現象，單看起來自成氣候，但在我們討論的序列中，卻只是通向大唐的台階。我們在欣賞它們的同時，也從北方的群山和西部的沙漠中尋找著構建大唐的祕密，分析著唐王朝的血緣脈絡。現在，唐朝就在眼前了，我們終於攀登到了一個制高點。

在說唐朝之前，我要向你們介紹一部藝術作品。一九九〇年去世的瑞士作家迪倫馬特，寫過一部作品叫《羅慕洛大帝》，表現了處於歐洲歷史轉折點上的西羅馬帝國最後的一個皇帝羅慕洛。這個人如此關鍵，但看上去卻非常有趣，竟然迷上了養雞。國破家亡之時，所有的錢財都被大臣們搶走了，連自己的女兒也要被搶走了，他還樂呵呵地在自己家裡養雞。任何兵臨城下的報告都沒有使他驚慌。終於，入侵者破門而入，走到了他的眼前。他匆匆打了個招呼，還在用心照料雞。一個入侵者聽到他在用大臣的名字叫雞，就懷疑他是國王。一問，果然是。那個入侵者自我介紹，自己也是國王。然後，兩個人就聊起來了。沒想到入侵的國王也喜歡養雞。羅慕洛說，我失敗了，你把我逮捕吧。那人說不，我想問問你不問國家大事專心養雞的原因。羅慕洛說，我知道羅馬帝國已經無救，一定會滅亡，如果我竭力地挽救它、維持它，那肯定是開歷史倒車。那個入侵的國王說，你以為我是勝利者嗎？不，我發現在我們的部落裡，找不到我的接班人，我的侄子會接我的班，但我早就看出他是個口是心非的野心家，我今後的下場會十分可悲。因此，我入侵，是來投靠你的，通過戰爭的方式來投靠你。

迪倫馬特通過這樣一個故事，發掘出人類歷史上的勝敗祕密，背後可能有相反的原因。情節沒有太多依據，歷史上只記載羅慕洛喜歡養雞，其他情節都是迪倫馬特虛構的。但這個作品之所以值得提起，是因為它存在著我們的歷史劇中很難看到的哲理。

我向你們介紹這個作品，是想引出那個年份：羅馬帝國的滅亡是公元四七六年。從公元四七六年開始，以殘酷的宗教裁判所為核心的中世紀開始了。到了六世紀，西方的黑暗已經越陷越深。歷史學家說，如果沒有那些修士，沒有那些教會，西方文明可能就此滅亡了。其實修士和教會也未必能延續西方文明的最重要內容。這裡倒真應該感謝很多阿拉伯商人，因為在一片戰後的廢墟中，古希臘柏拉圖、亞里士多德等人的文稿就是藏在阿拉伯商人的馬背行囊裡。如果他們不把這些文稿交給那不勒斯的修道院，由阿奎那這樣的大學者來保存、整理和注解，那麼後來的文藝復興還復興什麼？

與此同時，在中國卻出現了一種完全相反的景象，開啟了一個人類史上最輝煌、最自由的時代。那就是唐朝。從公元七世紀到九世紀，連帶今後好幾個世紀，中國出現了當時世界上最頂級的文明。

那麼，就讓我們開始親近唐朝吧。在大家心目中，唐代的偉大表現在哪些方面？唐代很豐富，我們不妨多講一些。

◉王牧笛

我覺得盛唐氣象首先從唐都長安可見一斑。因為唐都長安是人類歷史上第一個擁有百萬人口的城市，它的規模比現在的西安要大六到七倍之多。最關鍵的是長安城布局嚴整，白居易形容說「百千家似圍棋局，十二街如種菜畦」。日本的京都就是完全仿照長安建設的，包括其中的朱雀大街。

◉費　晟

我看重管理上面的一些細節。比方說它的街道兩邊都安置了下水道，下水道旁邊種植了榆樹、槐樹做林蔭道，旁邊還有一米寬左右的人行道。它的商業區和居民區分開，實行一種封閉式的管理，就是每天晚上準時宵禁。所以西方在那麼一個比較混亂的狀況的時候，就安定而言，長安可能是當時世界上最安全的一個都市吧。

◉余秋雨　很高興你們作了這麼充分的準備，關於城市的規模我補充幾句。當時世界上最有活力的軍事大國阿拉伯帝國，把千古名都巴格達當做了首都，但巴格達再宏偉，也只是當時長安的六分之一。羅馬城已經衰落，但古代的格局還在，只不過與長安一比，也只有七分之一。長安城的朱雀大街，寬一百五十五米，比巴黎的香榭麗舍大道還要寬三十多米。當時，長安城有一百零八坊，每天太陽下山的時候，長安就要宵禁了，把一個個坊關起來，市民只能在坊裡邊活動，大家的生活井井有條。長安市民如果覺得晚上關閉坊門不太自由，那就可以移居到東邊的洛陽和南邊的揚州去，那兒沒有坊的規整，具充分的自由。成都在唐代，也已經很發達了。

◉王安安　唐朝的偉大還應該體現在當時的藝術上，它呈現出一種集體的繁榮。我想這可能跟唐時民族關係密切、中外交流頻繁分不開。所以我想唐朝的偉大，不僅是一種表面上的繁榮，更深層次的應該體現在那個時候人們的心態，它是包容、開放的。

◉裘小玉　我覺得當時要保證這種交流，需要疆土的統一和遼闊。從盛唐時的歷史地圖上我們就可以看到，唐朝北部和西部的邊疆遠遠超過了曾經非常輝煌的漢朝。這就為整個東西方文化交流提供了一個穩定保證，也是它

「唐」而皇之的表現。

◉羅　璞　我覺得民生問題是最重要的。我們在談唐朝的時候，一個直觀的感覺就是唐朝的經濟繁榮，國力昌盛。杜甫有一首詩就說，盛唐時「稻米流脂粟米白，公私倉廩俱豐實」。唐朝有一年因為犯刑事案件而被處以死刑的只有二十九個人。這說明那個時候人民的生活非常安定，我覺得這非常有意思。

◉余秋雨　這一切，都說明唐朝最有資格享有一個概念——頂級的歷史生命力。

給我留下最深印象的，是唐太宗的陵墓昭陵。這麼一個可以說上千言萬語的盛世開拓者，在墳墓上只用六匹他騎過的戰馬來默默地概括自己的全部生平，再也不講別的什麼話。這眞是一個充滿動感的時代，馬背上的時代。

只有大家都認識這六匹馬，這個設計才能成立。但是，如果大家都認識這六匹馬，那該是多麼富有想像、又多麼令人神往的景象！

果然，大家都認識。

那就讓我們也好奇地來認識一下牠們：第一匹叫颯露紫，是征戰王世充時的坐騎。第二匹叫拳毛騧，所謂騧就是一種黑嘴的黃馬，是征戰劉黑闥時的坐騎。第三匹叫青騅，所謂騅就是青白顏色相間的馬，是征戰竇建德時的坐騎；第四匹是什伐赤，是征戰王世充和竇建德時的坐騎；第五匹是特勒驃，所謂驃就是白點子的黃馬，是征戰宋金剛時的坐騎；

最後一匹叫白蹄烏，是征戰薛仁杲時的坐騎。

這六匹戰馬的浮雕，在當時已成為一種進入全民常識的「社會公共圖像」。唐代的氣韻，由此可見一斑。

這六匹戰馬的浮雕，現在有四匹收藏在陝西省歷史博物館，另外兩匹則流落到了美國賓夕法尼亞大學美術館。我由於太喜歡了，這幾年正與陝西的朋友一起，想說服賓夕法尼亞大學美術館，找個什麼合適的地方讓六匹聯展在一起。但他們知道自己「收藏」得不夠道德，怕中國民眾不願還回去，不敢拿出來。

一個敢於用幾匹戰馬概括歷史的朝代，一定是輕鬆而幽默的，一定是更願意以愉快的表情來代替刻板言語的。因此，唐代沒有朝廷頒布的「主流意識形態」，更不提倡「國學」之類。這就像，一部傑出的文學作品，不會把主題思想印在封面上，或者，像你們這樣一批優秀的北大學子，也不會把某句共同的格言，一起寫在額頭上。

一個時代與一本書、一個人一樣，把什麼寫在封面上、額頭上，那一定是犯病了。人家會問：「你沒事吧？」口號，往往是大家做不到，才發出的一種焦急呼籲。我們在歷史上經常聽到「中國人不打中國人」的口號，這個口號並不證明中國人歷來不打中國人，恰恰相反，倒是證明了中國人老打中國人。因此，過於強調某個理念、某種學說，都只能說明大事已經不妙。唐代信心滿滿，既沒有這種危機感，也不會產生種種文化藥方。

在唐代，每個人都可以選擇自己的信仰，也可以改變自己的信仰。大家尊重各種思想，卻又不迷信它們，在任何情況下保存著自己的獨立和自由。

李白比較接近道家，也受過儒學的深刻影響，否則他不可能有那麼多建功立業的理想。但是他出口就是這樣：「我本楚狂人，鳳歌笑孔丘。」這麼一種態度，放到今天，可能在網路上就被人家罵死了，但在唐代卻很正常。大家都覺得特別接近儒的杜甫，也可以對自己早期學習的儒學產生一些懷疑。比如杜甫有這樣的詩句：「儒術於我何有哉，孔丘盜跖俱塵埃」；「儒生不及遊俠人，白首下帷復何益」；「兵戈猶在眼，儒術豈謀生」……杜甫說了這麼多調侃的話，並不是說他把儒學丟掉了。從他的詩歌當中，可以看出他有儒學的君子精神，但他不是一個恭敬、虔誠的主流意識形態的宣講者。白居易就更不要說了，他對儒學曾經投入很深，到了晚年卻更接近佛教。王維也是如此。

不僅詩人如此，甚至連皇帝也如此。唐太宗更接近於道家，但當他聽說玄奘從印度取經回來的時候，就非常興奮。玄奘當初其實是違反了邊疆管制法令出去的，按照我們現在的說法就是偷渡。玄奘回來後，在半路上給唐太宗寫了一封信，請求處治。但是唐太宗真誠地歡迎他，稱他為「師」，兩次邀請他還俗做官。遭到玄奘拒絕後，唐太宗還為玄奘安排了很好的翻譯場所。

就這麼一來二去，唐代使中國文化更豐富、更完整了。我們不少學者太喜歡把文化提純，其實，提純後的文化一定是衰弱的。唐代的中國文化，因不提純而強大。

唐代的文化話題太多，我們不妨在制高點上多逗留一陣，因此下次還是延續對唐代的討論。我已經想好下次討論的題目：盛唐是一種心態。

第三十二課

盛唐是一種心態

◉余秋雨

盛唐，是一種擺脫一元論精神控制後的心靈自由，是馬背上英雄主義的創造性歡樂，是具有極高審美水準的藝術聚會，更是世界多元文化的平等交融、安全保存。

凡此種種，並不完全出於朝廷的政策，而是出於一種全民心態。全民心態，就是「集體無意識」，源於深刻意義上的「文化」。

現在我們國內有好多城市，都在爭取成為「國際名城」，口氣很大。從面積、人口、GDP等數據來看，都很像樣。具體的硬件更是國際化，例如設計是法國的，木材是巴西的，鋼材是德國的，好像這樣就是國際大都市了。從市長到市民，都有這個誤會。

我認為，國際大都市當然需要有經濟、交通等方面的基礎，但更重要的是一種精神吸引力。它需要有一種特殊的集體心態。

這種心態，簡單說來，就是對美好的一切有一種吸納的熱情、保護的敏感，不管它們來自何處。不像我們以前，只有提防和批判的敏感。除了吸納和保護美好的事物外，對於那些一時還不能立即辨別美好還是不美好的事物，也給予存在的權利。特別是對於在外面受到迫害而瀕臨消亡的事物，更應加以保護，儘管自己還沒有鑒賞它們的能力。

不僅是羅馬的醫術，拜占庭式的建築、阿拉伯的麵食，西域各地的音樂舞蹈，都大受唐朝人歡迎，而且還歡迎來自境外的各色人等。外國來的商人、留學生、外交官、宗教人員隨處可見，幾乎不存在任何歧視。

◉ **王牧笛**

唐朝的開放還體現在一點上：唐朝允許外國人當官。這是很奇怪的現象。我不能想像現在的公務員考試會允許留學生參加。

◉ **余秋雨**

這在唐代不算奇怪。更奇怪的是連皇帝也會特別關心到中國來的外國人，關心得很具體。幾年前，在西安出土了一個方形的墓碑，上面刻有墓誌銘。墓主是一個十九歲的日本遣唐使，他在長安去世了，中國的皇帝居然親自給這個外國留學生寫了墓誌銘，而且其中提到「日本國」。這是歷史上第一次正式出現「日本」兩字，二〇〇六年我去東京的時候，他們正在紀念這件事，我也參加了隆重的儀式。外國留學生可以參加唐朝的科舉考試，科舉考試的目的就是選拔官吏，因此外國人在唐朝做官很正常。

唐代讓我特別佩服的是，收容了不少在自己本土已經被毀滅的宗教。你看，不管摩尼教也好，祆教也好，在原來的流傳地的遭遇都很不幸。摩尼教的創造人摩尼，已經被處以死刑，非常殘酷。祆教迫害過摩尼教，但後來自己又被伊斯蘭教消滅了。而這些宗教在長安城裡，卻各有自己的據點，各有自己的信徒。唐朝，盡自己的力量搜羅並保護著世界各地的精神流浪者。

◉王牧笛 祆教其實就是拜火教，是當時比較重要的一個宗教，也叫瑣羅亞斯德教。其教義是二元論，就是有一個代表光明的善神和代表黑暗的惡神。火是善神的兒子，是神聖不可侵犯的，所以他們寺廟中要有祭壇，點燃聖火。人死之後，就不能火葬，而要天葬。祆教直到中晚唐才漸漸廢止。好多人說金庸先生在《倚天屠龍記》裡面弄混了拜火教與摩尼教，鬧了笑話。

◉余秋雨 拜火教當時主要還是波斯商人參與。我在伊朗的波斯波利斯考察波斯王宮的時候，偶然地發現祆教發源地就在離那裡幾十公里的地方。我趕到了那裡作了考察，曾在《千年一歎》這本書中有詳細描述。我在那裡看到的敗落景象，中國唐代時就應該是這樣了，因為祆教當時已被消滅。但怎麼想得到呢，在長安城裡面，祆教教堂有四座，都建在朱雀大街上，都建造得很好。

薩琳娜 我對景教是比較感興趣的，因為它是基督教的一個分支，傳入唐朝的時候，叫聶斯脫利教派。貞觀九年的時候，由一個叫阿羅本的人傳入唐朝，房玄齡出城迎接了他，而且唐太宗也親自接見過他。唐朝名將郭子儀最後也皈依了這個教。唐代的宗教寬容眞是令人震驚。

魏　然 景教來到中國，要考慮到當時歐洲嚴重的宗教迫害背景，這個教派在整個歐洲被視為異端，受到打壓，到了中國才找到一片生存的土壤。直到成吉思汗興起、統一蒙古部落的時候，還有很多大部落信奉景教。

余秋雨 在本土已遭消滅的文化，到另外一個地方「死灰復燃」，這就構成了一個重要的文化現象，叫「異地封存」。異地封存看似可憐，卻有可能保持住它們的本來形態，就像被蠟封在一個罈子裡。有時，在本土還餘脈猶存，但本土對它們有極大的改造可能，反倒比不過「異地封存」。一個地方，能讓異域文化「異地封存」，這是一種文明的氣度，應該受到永遠的尊敬。

王安安 秋雨老師，我看古往今來那些排外的民族主義者主要是擔心外來的價值系統改變自己傳統的價值系統，對於這個問題，好像唐代並不擔憂。

余秋雨 對，唐代並不擔憂。即使有擔憂也沒有成為主流。這與充分的自信有關。唐代吸收了外國那麼多東西，卻沒有吸收外國的制度文化，而日本和新羅都根據唐代的制度文化促進了自己國家的改革。什麼叫盛世？這就叫盛世。如果發現自己的制度文化出了問題，需要根據更好的範型來改革了，像當時的日本和新羅那樣，也很好，可稱為更新之世，嬗變之世，目的是為了迎來自己的盛世。最壞的情況，是內外封閉，那就必然導致衰世。

王牧笛 我有一個建議，我們在討論了唐代長安作為當時真正的「國際大都市」之後，能不能聯繫今天，談談現代的國際大都市？秋雨老師在我們討論唐代一開始就說到了這個問題，因此在我腦子裡揮之不去。

余秋雨 我本來也有這個意思，從唐代長安比照一下現代世界。現在已經是全球化時代，信息充分公開，哪個城市是國際金融都市、航運都市，都有明確的數據可以比較，但從文化上來評判國際大都市就有一定難度了。

那麼，我們就來討論一下，現在世界上有哪幾個城市是公認的國際文化大城市？

金　子 我認為最有說服力的還是美國的紐約。

薩琳娜 我認為世界級的文化都市少不了法國的巴黎。

魏　然 我覺得我們不應該忘了擁有過莎士比亞的英國倫敦。

余秋雨 你們的選擇確實是國際公認的。要成為國際文化大都市，必須憑藉著自身的體制優勢在近代至現代的很長時間內成為世界文化創造者聚集和活動的中心，並有源源不斷的重大創新成果被世界廣泛接受。按照這個標準，現代的匯聚能力和創造能力至關重要。倫敦擁有過莎士比亞，這當然不錯，但這並不是它成為國際文化大都市的主要原因。歷史畢竟只是歷史，在歐洲，雅典、羅馬、佛羅倫斯的文化歷史更輝煌，卻也無法進入我們選擇的行列。對此，過於喜歡炫耀本地歷史的中國市長們需要清醒。

如果把事情推到十九世紀後期到二十世紀前期，我們的第一選擇應該是巴黎。多少藝術創造者在那裡工作，多少新興流派在那裡產生。普法戰爭中法國慘敗，但在七年後舉行的世界博覽會上，巴黎又驕傲地顯示出自己仍然是歐洲文化創造的引領者。兩次世界大戰之後，美國地位的急劇上升，使紐約具有了更大的匯聚文化創造者的能力。這曾使巴黎很不服氣，直到現在，巴黎市面上對於美國文化還有點格格不入。但是事實是無情的，從好萊塢到麥當勞，都已經對巴黎深度滲透。倫敦的匯聚力和創造力，雖然比不上紐約和巴黎，卻也不可小覷。

◉王安安 您覺得日本的東京是嗎？

◉余秋雨 我覺得不是。這裡有一個吞吐結構的問題，東京吸收得多，吐出的少。日本文化從本性上比較內向，即使在過去的軍事擴張和現在的技術輸出中，文化還是內向的。日本的文化創意，更多地停留在設計層面和技術層面，而較少在人文層面上被世界廣泛接受。

◉周雙雙 中國的香港也應該算世界級文化都市吧？

◉余秋雨 香港具有國際化和自由度的優勢，本應在文化上產生更大的力度。但是，由於一直缺少文化身分，構不成城市規模的文化氛圍。個人是孤立的，話題是分散的，上下是脫節的。我現在還看不到香港文化的樂觀前景。

在大中華文化圈裡，大陸幾座城市的文化，官場意志太重；台北的文化曾經有不錯的底子，但近年來政治話題過於濃烈，分散了文化的能見度。

總之，在大中華文化圈裡，現在還沒有形成一個嚴格意義上的國際文化大都市。

◉**王安安** 法蘭克福算得上嗎？我看到有人把它排在紐約、巴黎、倫敦之後，跟得很緊。

◉**余秋雨** 法蘭克福本來是有資格的，倒不是因為它是歌德的故鄉。它可以被選的原因有三：一是法蘭克福學派，二是法蘭克福書展，三是它一度被稱為德國傳媒中心。但這些年來，三個因素都明顯趨軟。法蘭克福學派已經有很多年缺少重大成果，法蘭克福書展仍然不錯，但世界上其他大規模的書展也已經層出不窮，至於傳媒中心，自從德國把首都從波昂遷回柏林，情況發生了很大改變，而在這個網路時代，原先所謂的傳媒中心已缺少現實根基。因此，這幾年我已經不把它劃入進來了。

◉**王牧笛** 對於中國城市的文化創建，秋雨老師有什麼建議？

◉**余秋雨** 一、必須著眼於當代創新，而不要繼續炫耀自己城市過去有過的文化現象：二、必須著眼於多方人才的引進、匯聚，而不要繼續在已有的圈子裡拔苗助長，三、必須著眼於保護文化人才，使他們免遭傷害，而不要對文化傷害事件漠不關心；四、必須著眼於個體創造和民間群落的組建，而不要繼續以官方的意志來打造文化。

我在說這些意見時，不完全以國外的文化大都市作為標準。更常用的對比座標，倒是唐代的長安。

三年前我在美國紐約大學亨特學院演講時曾說：「作為當代國際文化大都市，紐約與古代國際文化大都市長安相比，有一個重大欠缺，那就是欠缺詩意。一座城市缺少詩意，就像一個美女缺少韻味，終究是一個遺憾。」

好，我們下一次再來談談唐詩吧。

第三十三課

詩的時代

◉余秋雨

終於要講唐詩了。唐詩開啟了一個奇蹟：世界上居然有一個地方，很多人都在寫詩，不分年齡和職業；寫詩倒也罷了，寫出來之後還被爭相傳誦，從朝廷高官一直傳誦到寒門書生，大家都把它當做一件正事，一代又一代。要確認一個嚴格意義上的中國人有一個辦法，那就是看他能不能背幾首唐詩。如果你在遙遠的海外聊起中國文化，大概免不了來幾句唐詩。如果完全拋開唐詩，就會像一次演奏少了一種最重要的樂器。

既然唐詩已經成為中國人文化生態的一個重要組成部分，那麼，一個不以文學為專業的普通中國人，生活在當代的繁忙之中，心中應該記多少唐詩呢？前不久，西安曲江新區做了一個唐詩園，請我做總顧問，這就遇到一個具體問題，該讓進園子來參觀的海內外華人遊客看到多少唐詩？三百首肯定太多了，現代人共同記憶的負擔太重，每一項應該少而精，哪怕是唐詩。大家一致的意見，是要分幾個等級。那麼，大家都應該記住的第一等級，應該是多少？我想聽聽你們的意見。

◉薩琳娜 十個詩人，三四十首詩歌，大概差不多。當然，越多越好！

◉王牧笛 如果給個最低限度，詩人記住兩位就夠了。詩歌的話，可以完全不限於這兩個人的，因為有很多非常精彩的句子，隨時都能夠想起來，拿來用，要記住一些。

◉王安安 我們應該選擇三到五位自己比較喜歡的詩人，記住他的生平，包括藝術特色等。不需要記一個詩人創作的很多首詩，但要記得一個詩人和他最著名的一首詩。這樣就可以廣泛接觸，種類多元。

◉余秋雨 好，那我們今天就要為唐代詩人排一個座次，以供別人記憶時參考。我昨天晚上花了不少時間列出了十個唐代詩人的名次，當然都是我個人權衡的結果。我想先聽聽你們如何安頓唐代詩人。

◉王牧笛 我先說，第一名杜甫，第二名李白，第三名白居易，第四名李商隱，第五名杜牧，第六名王維，第七名劉禹錫，第八名王昌齡，第九名王之渙，第十名李賀。

◉諸叢瑜 我把李白排第一，白居易排第二，王維排第三，杜甫排第四。我比較欣賞李白和白居易，因為他們都比較浪漫，符合我的性格及欣賞的流派。他們為世人開創了一片想像之外的天地，讓我們的思維飛翔，不受局限，不受桎梏。

◉**費　晟**　能不能把王之渙的位次排得靠前一點？我認為《全唐詩》中他的七首詩每一首都是精品，比如說《涼州詞》，曾經被認為是唐人七絕中的第一。

◉**王安安**　我的前三名是李白、王維、白居易。第二名選王維，是因為我欣賞那種禪味的人生境界，也欣賞詩中有畫，畫中有詩的意境。

◉**裘小玉**　我把王維排在了第三位。在《紅樓夢》裡黛玉比較推崇他，從這可以看出，以曹雪芹為代表的後人，很看重王維的五言律詩。另外，我覺得王維他「有貌」，精書畫，也善琵琶，性情非常溫和。雖然官位很高，卻是樂山樂水，過著亦官亦隱的生活。

◉**余秋雨**　你怎麼知道他「有貌」？

◉**裘小玉**　我看了古籍裡的畫像。當然，也許是因為欣賞他的飄逸感覺，我主觀上描述了一個才俊的形象。

◉**王安安**　王維字摩詰，他之所以叫這個字，因為「維摩詰」這三個字連起來是一個菩薩的名字。他是中國士大夫階層的一個精神偶像，有錢，生活優裕，卻把這些看得很輕。這種人生觀可能是從王維開始的，他開創了後世中國士大夫階層的重要精神流派。

◉王牧笛　我很奇怪為什麼北大的女生不喜歡李商隱。我覺得李商隱就是那個時代的周杰倫啊！

◉王安安　可是他老是在詩裡引用了太多典故，不是很多人都能懂，在詩裡面過多地掉書袋好像不是什麼好習慣。

◉諸叢瑜　我卻是非常喜歡李商隱，但是他太柔情了，只適合談戀愛，不適合嫁。

◉余秋雨　他是唐詩中的「現代派」。不再豪情，不再山川，不再歷史，不再民生，全然轉向內心意象。每個時代都會有一次從「古典派」到「現代派」的輪迴，而每個時代的「現代派」總是永遠年輕的，所以你會與他談戀愛。論及婚嫁就太眞實，「現代派」是不能眞實的。

◉薩琳娜　我故意把白居易放到了第六位，因為雖然他的詩很有才氣，每句單拿出來都很好，但是合在一起，就總是透出一種政治上懷才不遇的自憐情緒，這在很大程度上把他的詩品往下拉了。但他那首「花非花，霧非霧」就不一樣，這首詩直接把他的名次往前提了提。

◉余秋雨　《長恨歌》和《琵琶行》是兩首很重要的長詩，因此他也是一個大人物，不能排後。我只是不太喜歡他的文學觀念，過於政治了，又有點奉迎。

◉費　晟　王昌齡的詩也很好，他特別有唐朝詩人強烈的民族意識，有一種投筆從戎、立功海外的豪情。

◉裘小玉　我還把杜甫排得比較靠前，可能跟我的專業有關係，我是學歷史的，杜甫被稱為「詩聖」，他的詩中描述了從很繁盛的狀態跌落到顛沛流離的過程，讓我感觸到他的腳踩在大地上面。

◉費　晟　我想說三個並列第一——李白、杜甫、李商隱，因為他們是三個不同階段和不同流派的代表，杜甫是現實主義，李白是浪漫主義，李商隱是現代主義。

（在大家發言之後，余秋雨老師安排大家對唐代詩人的前十名進行投票。）

◉余秋雨　我現在把大家投票的結果宣布一下：

第一，李白；
第二，杜甫；
第三，王維；
第四，白居易；
第五，李商隱；
第六，杜牧；
第七，王之渙；
第八，劉禹錫；
第九，王昌齡；
第十，孟浩然。

這個順序，我相信很多中國人會大體認可。至少，這是唐詩在一批不笨的當代中國青年心中的存活排序。

我們和唐代詩人一起遊戲，一會兒把這位老爺爺放到這裡，一會兒又把這位老爺爺搬到那裡，我們既覺得這一位可愛，又覺得那一位也可愛。我發現，在場的所有人，沒有一個人的最終排列是和別人完全一樣的，這就讓我非常愉快。用我們各人的喜愛去參與這樣一個排序，是我們的幸福。

第三十四課

頂峰對弈

◉余秋雨

我們已經把唐代的重要詩人投票排列了一遍。在投票中，雖然沒有兩位同學的排序是完全相同的，但是對於一個核心問題卻沒有任何異議，那就是必須為李白和杜甫讓出至高的地位。這正符合人類文化史的普遍現象：越是高超，越容易獲得公認。

但是，對於已經確認為第一流的文化對象，互相之間的高下還是會有爭議的。李白和杜甫就是最好的例子。一大批中國人喜歡李白，又有一大批中國人喜歡杜甫，沒完沒了地爭議。幾百年前已經在爭論了，幾百年後還會爭下去。

我是一個不喜歡爭論的人，但總覺得有關李、杜的爭論很有意思。誰也不想眞正壓倒對方，因此都不會臉紅脖子粗。大家都固守著自己所喜歡的那種美，所謂爭論也就是抒發。凡是熱愛李白的人是不可能討厭杜甫的，反過來也一樣，凡是熱愛杜甫的人也不會討厭李白。因此，說上說下只是一種「頂峰對弈」。

正因為這個道理，我想也讓你們爭爭李、杜。

◉薩琳娜 惠特曼有一首詩說「我是肉體的詩人，也是靈魂的詩人，我占有天堂的愉快，也占有地獄的痛苦」。這種劃分也可以大致區別李白和杜甫。李白是靈魂的詩人，占有著天堂的愉快，杜甫是肉體的詩人，占有著地獄的痛苦。

◉王湘寧 我喜歡李白，在我心目中，李白更可愛，有一份童心，不受任何束縛。我小時候就喜歡李白，長大了還是喜歡。李白比杜甫大很多歲，但在我印象中李白永遠年輕、英俊、瀟灑、飄逸，而杜甫就老成一些，厚重一些。

◉羅　璞 李白人如其名，他的每一首詩都好像是在一個白板上面天馬行空所留下的思想的足跡，去寄託我們空缺的心靈上的解放和追求。

◉王牧笛 我更欣賞杜甫，欣賞他筆底的民間疾苦、蕭蕭落木，而不是一派陽光。我羨慕李白，但是作為一個社會人而言，應該有公共意識，有一種超越個體的生老病死、歡心愉悅或者是悲痛傷感以外的一些情感。特別是作為一個知識分子而言，要有公共責任意識，要關注百姓疾苦，為他們代言。從這個角度講，我們希望自己能像杜甫。

◉王安安　我們在現實生活中需要關注民生，關注社會。但是心靈還有另外一種關懷，就是關注情感，關懷生命，關注人和自然、宇宙、萬物之間的關係，而這個恰恰是藝術領域的事情，是文學的最高境界。

◉費　晟　藝術確實需要純粹，但未必像李白那樣，面向自我的靈魂才能稱為一種純粹，其實杜甫面向現實，也可達到一個純粹的境界。藝術不僅包含靈魂，也包含現實，包括知識分子的擔當意識，杜甫就體現出這種擔當的意識。也正因為有了這種知識分子的擔當，才會給李白的追求創造一種曠達的、靈魂層面的自由，提供一種公共空間和一種時間可能性，他們倆是這樣的一種互補關係。話說回來，正是因為我們在杜甫的詩中看見了太多的愁苦、疾苦，在很多情況下無法擺脫束縛，所以才希望在李白的精神層面上肆無忌憚地豪放，因而我也更喜歡李白的詩。

◉裘小玉　我一方面喜歡李白的詩歌，因為他的青春氣息和豐富的想像力；另一方面我更喜歡杜甫這個人，因為他更關心民間疾苦，關懷社會現實，希望幫助最底層的弱勢群體，發出自己的聲音。

◉余秋雨　你們的簡單表述讓我更加確信，審美爭論比觀點爭論更有意思。照理，審美爭論是很難成立的，因為審美沒有是非。但是，任何民族對於自己精神家園的最佳風景，總會有難分軒輊的徘徊和猶豫。因此所謂審美爭論其實不是爭論，是同行者們充滿享受的徘徊和猶豫。

請相信：一往情深是一種審美狀態，徘徊和猶豫則是一種更富足的審美狀態。

我們在李白和杜甫之間的徘徊和猶豫，首先是因為那是一道巨大歷史裂口兩邊的壯麗圖紋。這道裂口，就是發生在公元七五五年的「安史之亂」。這道裂口，不僅把唐朝一折為二，而且也把整個中國古代社會一折為二。

中國的歷史分期，大多以改朝換代為界。這當然是一種方便，但也是一種偷懶。改朝換代未必改變社會性質，如果只看外相，還要現代的歷史學家幹什麼？為此，我覺得陳寅恪先生真是一位優秀的歷史學家，他把發生在唐代中的這一事件作為全部中國古代史的最重要分界，實在是看到了骨子裡。朝代還是唐代，皇家還是姓李，但一切都變了。好像上天也要向人間強調這條分界，故意安排一個李白、一個杜甫來描繪分界。他們是最重要的兩個詩人，分別站在最重要的分界線兩邊；兩番「最重要」才互相匹配。

站在這條分界線前面的，是李白。安史之亂之後他還寫詩，但最重要的詩作已經完成。而杜甫的光彩，則主要展現在安史之亂以後。一個是充滿歡樂的高歌挺進，一個是飽含誠懇的沉鬱蒼涼。這兩番神情，正是歷史的分野。

第三十五課

中國歷史的分水嶺

◉余秋雨　安史之亂發生的那一年，李白五十四歲，王維五十五歲，杜甫四十幾歲，而孟浩然已經死了十多年。由於他們，我們對於這個政治事件前前後後的人文生態有了感性氣氛上的了解。我想知道，在你們的印象中，安史之亂前後，歷史究竟有些什麼變化？

◉王牧笛　安史之亂以後，中國歷史的氣魄小了，憂患多了；坦蕩少了，心機多了；君子少了，小人多了。

◉余秋雨　殘暴和無賴一旦得勢，就會使歷史的品質走向低劣。我對於歷史，一直不太在意別人很重視的話題，而特別注意歷史的品質。你看安祿山和史思明叛亂的時候，對普通老百姓非常殘暴，見人就殺，見城就燒，見房子就毀，一看就知道是邪惡的一群。邪惡不僅對外，也對內。安祿山自己，才過了短短幾年，就被兒子安慶緒殺了，安慶緒又被史思明殺了，史思明又被兒子史朝義殺了，史朝義最後自殺。在這個過程當中，史思明曾想投降唐朝，但他投降之後不久又背叛了——這些事實足可證明，這些人眞是一群烏合之衆。他們自己內部的基本倫理和基本信任，都沒有建立起來。

在邪惡的追逐下，高貴的皇室也失去了高貴。安史之亂發生不久，長安城就淪陷了，唐玄宗只能出逃。在出逃的半路上他犧牲了楊貴妃。當時唐玄宗已經年邁，已經沒有恢復高貴的絲毫力氣。在這種情況下，唐玄宗做出兩個重大決定：一方面找自己在揚州的兒子李璘，讓他守住江南這塊土地；另一方面，同意西北的另一個兒子李亨繼位，自己成為太上皇。這樣才使唐朝得以勉強維持，但已經沒有雄健之氣。文化要關注的就是這種「氣」，這與歷史學家的眼光很不一樣。在歷史學家看來，「氣」太空泛，而對文化人來說，最值得捕捉的只有「氣」。

◉王安安　我認為盛唐的那種「愉快」的文化氣氛再也沒了，甚至對中國文化史來講，這種愉快的氣氛都再也沒有了。

◉余秋雨　對，歷史失去了愉快。這很要命。

◉費　晟　另外，文化創造的制度環境也喪失掉了，中央出現宦官專權，地方出現軍閥割據，大量財富和文明成果被銷毀。作為當時的文化人，不僅居無定所，而且失去了最起碼的物質和精神的支柱。

你說得很深刻，失去了「文化創造的制度環境」。這是文化社會學中的一個至高命題。「文化創造的制度環境」建立很難，破壞卻很容易。其中最主要的標準，是看幾個代表性的文化創造者的處境如何。當他們的處境都不好了，那就證明制度環境已經破壞。

我曾經在〈唐詩幾男子〉一文中詳細地論述了李白、杜甫、王維這三個最重要的詩人在安史之亂中的狼狽處境，大家不妨找來一讀。他們三人遇到的麻煩完全不同，但都很大，甚至到了致命的邊緣。這再清楚不過地表明，當時已經形成一個難以逃遁的環境。

在三位大詩人的遭遇中，有一點讓我非常震驚，那就是，當他們陷入泥淖的時候，幾乎沒有人來救他們。李白的詩，在當時已經名滿天下，大家都知道他只不過是接受王子李璘的邀請參與平叛，而沒有什麼不良行為。但是，當王子之間產生矛盾，他的讀者們卻全然拋棄了他。杜甫曾經描述當時李白的處境是「世人皆欲殺」，即普天下的人都要殺李白，認為他該死，這是多麼可怕的情景！他那麼多深入人心的詩句，那麼多已成為讀者自身文化一部分的詠吟，居然沒有引發人們一點點的憐惜之情，這就是文化創造者和文化接受者之間的千古隔閡。當然，也是「文化創造的制度環境」失落的證據。後來，他雖然僥倖獲釋，但，他的晚境，他的死亡，他的後事，包括他兒子伯禽的兩個女兒的不知所終，都讓人長嘆。其實，杜甫、王維後來的處境也並不好。他們把那麼多的美麗饋贈給歷史，而他們的實際人生卻基本無助。中國社會的這個毛病，一直未能有根本的改變。從某種意義上說，「文化創造的制度環境」，曾經偶爾出現過一抹晴意，而大多數年代都烏雲密布。

除了廣大民眾對文化創造者的漠然外，文化領域自身的嫉妒更是鋪設了一張消解傑出、篩選平庸的大網，使優秀的文化創造者一直難於生存。只有當他們死去很多年，再也不會給人們帶來嫉妒的理由時，才會被封聖稱賢。因此，我一直認為，在中國，比文化創造更重要的，是文化衛護。

大家都看到了，當歷史傷害了什麼等級的詩人，那麼，這個等級的詩人便再也不會出現在歷史上了。從此，不僅李白、杜甫不見了，李白、杜甫的等級也不見了。

我希望大家在朗誦李白、杜甫的詩句時再多記一句：「世人皆欲殺，吾意獨憐才」。

第三十六課

多記一個名字

◉余秋雨

大家一定有點擔心了，我們用一學年的時間談中國文化史，怎麼到現在才談到唐代，難道明年還要繼續嗎?說心裡話，我很想與諸位長談幾年，但明年確實沒有時間了，你們中好幾位也要畢業。不要擔心，到年底一定結束，只不過我前面講過，我心中的史，輕重長短不按照實際展開的時間。我只願在歷史的魂魄處盤桓流連。這就像遊黃山或泰山，我們不必像當地居民委員會主任那樣把每個村莊、每條山溝一一走訪，而只要選取幾個最有代表性的制高點就行。唐代，就是最值得停留的制高點。

今天我要強行向大家介紹一位文化人，那就是我前面提到過的顏眞卿。為什麼要強行？因為他的文化人格，光耀千秋。具有這種人格水平的文化人，在幾千年中國文化史上絕無僅有。

安史之亂突然爆發時，唐玄宗毫無思想準備，朝廷毫無思想準備，整個軍事行政系統毫無思想準備。盛世危機，就在於此。大家全都如癡如醉地進入了另一種習慣性準備：準備當夜的詩會，準備明天的樂舞，準備河邊的郊宴，準備山間的論道。在這種情況下，當危機轟然降臨的時候，猝不及防的大地只能等待著首先挺立起來的人格支柱。這第一個人格支柱，就是顏眞卿。

唐朝的三分之一軍隊都掌握在叛亂者安祿山手裡，唐玄宗著急而又淒楚地問道：「河北二十四郡，難道沒有一個忠臣嗎？」首先回答這個詢問的，居然是一個大文人。顏眞卿當時眞的不容易，因為他和哥哥顏杲卿都是安祿山管轄下的太守。顏眞卿的所在地在平原，即現在的山東德州，顏杲卿的所在地是現在的河北正定。顏眞卿首先起兵，發表了討伐安祿山的檄文，並且在一天之內就募集了一萬多士兵。由於他有巨大的號召力，黃河以北的反安祿山力量都紛紛靠近他。在很短的時間裡，就集中了二十萬軍隊，顏眞卿被推舉為主帥。

顏眞卿領導的軍隊很快就和安祿山的部隊交鋒了。身在山東德州的顏眞卿要與身在河北正定的哥哥顏杲卿互通信息，距離比較遠，需要有專人聯絡，誰是聯絡人呢？就是顏杲卿的兒子，一個年輕人顏季明。他來來往往騎馬坐車，什麼時候起義，什麼時候發表檄文，什麼時候組織隊伍，現在安祿山的部隊在哪……這些信息都是顏季明在傳遞。安祿山看到顏眞卿起事後，他估計顏杲卿也可能策應，所以把顏家人全部扣為人質。通過顏季明的聯絡，顏杲卿也終於起事了。這時，安祿山就回過身去攻打顏杲卿所在的城市常山。

攻下常山以後，安祿山逮捕了顏杲卿，把他的舌頭割下來，把他的手剁下來，用最殘酷的刑罰對付這位了不起的英雄。隨後，顏家三十幾口全部被殺害，顏季明被砍頭。

在幾乎全家喋血的情況下，顏眞卿仍然堅持領導隊伍攻打叛軍。這個仗很難打，因為臨時召集起來的人，缺少戰鬥力。而且當時唐王朝的戰略有誤，所以只能邊打邊走，經過河北一帶往南，慢慢向當時正在陝西扶風的唐肅宗靠攏，最後終於會合了。

對於顏家的巨大犧牲，皇帝當然有高度評價，但朝廷總是打敗戰，也顧不上去紀念這個家族了。

兩年後，顏眞卿自己用文章來祭祀犧牲的家人，其中最震撼的，是那份祭祀侄子顏季明的《祭侄稿》。由於後來成了中國書法史上的經典法帖，又稱為《祭侄帖》。世界上很少有這麼一個藝術作品，即使不了解它產生的背景，一上眼就被它淋漓的墨跡、痛苦的線條、倔強的筆觸所感動。滿篇的漢字，都在長嘆和哭泣，而在長嘆聲和哭泣聲中，傲然筋骨又畢現無遺，足以頂天立地。這是中國文化史上唯一用感情的圖像符號，勾勒最偉大的文化人格的一幅作品。這種最偉大的文化人格，刻畫了一個英雄的時代、英雄的家庭、英雄的文人。幸好有它，讓盛唐即使破碎也鏗鏘有聲。

我上面這些話，是想誘導你們像我一樣，在人生過程中一遍遍地觀賞《祭侄帖》，並從中汲取力量，領悟中國古代的大丈夫氣質和君子風範。

顏眞卿舉起旗幟，躍上馬背，帶著二十萬人向安祿山的部隊進攻的時候，那一年他四十六歲。又過了二十八年，誰也沒想到，七十四歲的顏眞卿又接受了一個使命。

安史之亂以後，各地的藩鎮各自稱王，形成了藩鎮割據的局面。藩鎮本來應該被嚴格控制以維護國家的統一，但是在安史之亂的折騰中，這裡打打那裡打打，每個地方的軍事集團又各自為王，而且因為曾經與叛軍交過手而獲得了存在的理由和力量。這對唐王朝來說，又構成了大患。其中，河南許昌的李希烈，非常明確地與另一支部隊聯合起來，準備跟唐王朝唱對台戲。當時在位的唐德宗認為李希烈帶了個壞頭，如果其他的藩鎮也跟著效仿，那麼唐王朝就不像樣子了。

安史之亂帶來的眞正災難，是它改變了社會結構：一個統一的王朝變成了一個個獨立王國。皇帝想來想去，覺得沒有實力去打李希烈，能夠做的只是勸誡和安撫。這個重任交給誰呢？皇帝想到了七十四歲的顏眞卿，其理由非常充分：第一，你李希烈過去打安祿山立過功，但第一號功臣應該是顏眞卿，他完全有資格居高臨下地教育你，第二，顏眞卿的年齡那麼大，你能把他怎麼樣？

皇帝這一著棋，遭到有良知的官員們的一致反對，因為李希烈造反的態度很明確，用不著再去勸誡，從長安到許昌路途遙遠，老人家顏眞卿的身體折騰不起；朝廷好不容易有這樣一位德高望重的文化大師，相當於國師了，讓他親自出馬去執行這麼一個凶多吉少的使命，風險實在太大。然而，顏眞卿自己認為，這是他義不容辭的職責，毅然決定前往。在去許昌的路上，不論經過哪個城市，那裡所有的將士都會出來勸阻他，但顏眞卿沒有回頭。

李希烈在城門外擺出一個陣勢來，企圖把顏眞卿鎮住。顏眞卿根本不在乎這一套，反而把李希烈給鎮住了。顏眞卿住在李希烈那裡，了解他們的情況，不斷地說服他。李希烈開始還希望顏眞卿能做他的軍師，為他起草自立為王的文件，用盡了流氓手段。顏眞卿非常憤怒，他說，我來就是要解決你這個問題的。李希烈說，你在這胡言亂語，我要把你推出去燒死。李希烈下令把顏眞卿推到烈火前，顏眞卿面不改色；好幾次又把他推到土坑前要活埋，顏眞卿毫不屈服。於是，李希烈把他關在一個廟裡。顏眞卿的態度非常明確，他對身邊的人說：「這就是我的墳墓，我準備死在這裡了。」在虎狼窩裡，顏眞卿生活了近兩年，他不斷勸誡李希烈，阻止其謀反。李希烈想：如果我把他殺了，第一，沒有什麼意義；第二，影響我的形象，所以還是留著年邁的顏眞卿。後來，朝廷在其他地方採取行動，殺了李希烈的弟弟，李為了報復，縊死了顏眞卿。朝廷為顏眞卿舉行了隆重的國葬，葬禮期間德宗皇帝五天不辦公。遇難的那一年，顏眞卿已經是七十六歲高齡。他用生命捍衛了大唐文化的最後一絲尊嚴，也為中國文人在政治災難當中的文化人格做出了最高的表率。對於顏眞卿的壯烈事蹟，歐陽修在《新唐書》裡贊道：「嗚呼，雖千五百歲，其英烈言言，如嚴霜烈日，可畏而仰哉。」

顏眞卿的事蹟告訴我們，即使在最好的時代，也潛伏著嚴重的危機。當危機一旦爆發的時候，大家都會企盼國家的力量。但是，那時候國家力量已經自顧不暇。因此，最終賴仗的，是深明中華文明興衰之道的文化人格。

文化人格看上去只是一枝破殘的毛筆，一具老邁的身軀，卻是中國人的延續命脈。

為此，我甚至不讓你們討論，把一個顏眞卿推到你們眼前。我相信中國社會今後還會遇到我們今天想像不到的磨難，因此必須把文化提升到人格層面。

第三十七課

夕陽下的詩意

◉余秋雨

盛唐不再，這看上去好像是個悲劇，其實對文化來說倒是未必。光耀的時代雖然過去，唐朝還要延續近一百五十年時間。在一片蒼涼之中，一種新的詩意出現了。

在一場大災難之後，別的可以「恢復」，而文化卻不可以用「恢復」一詞，因為它必須以一種不同的精神狀態向前延伸。大災難之前的標準，可以用來衡量其他部門，卻不可以拿來衡量災難後的文化。

安史之亂後的唐代文化，首先是被一種悲劇氣氛所裹卷，把這種悲劇氣氛表達得最好的是杜甫。杜甫用他那枝充滿人性關懷的筆，把離亂之情、喪亂之景，寫得無人能夠超越。但是，再深沉的痛，也會被時間所疏離，在杜甫之後，一個在安史之亂發生時才十七歲的小夥子將首先對這場災難進行更宏觀的美學挖掘，那就是寫《長恨歌》的白居易。

白居易是一位創作了近三千首詩的大詩人。他寫詩，負有「兼濟天下」的使命，又通俗易懂，大受民衆歡迎。在傳世的唐詩名句中，他的作品占了不小的比例。我本人並不太喜歡白居易的詩，覺得境界不高；在他的兩篇著名敘事詩中，我更喜歡的是《琵琶行》。但是，不能不承認，白居易用《長恨歌》，把唐代歷史和中國歷史的大裂口，引向了故事化、情節化的情感審美之途。這是歷史終於用文學方式告別災難的一個信號。

相比之下，格調更高的是與白居易同年出生且關係很好的詩人劉禹錫。他的懷古詩寫得最好，可謂空前絕後。中國文化中有一個龐大的主題是其他文化所缺少的，那就是滄桑之慨、興亡之嘆。這個主題，劉禹錫完成得特別成功。請讀〈石頭城〉：「山圍故國周遭在，潮打空城寂寞回。淮水東邊舊時月，夜深還過女牆來。」還有〈烏衣巷〉：「朱雀橋邊野草花，烏衣巷口夕陽斜。舊時王謝堂前燕，飛入尋常百姓家。」

中國文人那麼喜歡抒發滄桑之慨、興亡之嘆，與中國歷史的連貫性有關。看來一切都變了，但是，能說「變」，是因為有一個不變的座標。如果社會發生了徹底的巨變，文字語言不復存在，社稷家國無從參照，那麼，連感嘆的可能也沒有了。因此，詠史而嘆，其實是一種奢侈。

終於，我們要跳過很多詩人，直接到達晚唐，去面對李商隱了。我對晚唐詩歌有一種偏好，乍一看離開了國計民生的大課題，離開了風雲變化的大空間，只是涼涼地、幽幽地，讓人半懂不懂地吐露著個人的內心，卻非常契合文學深層的那個角落。我相信，當代年輕人也會有這種感應。因此，我希望聽聽你們對晚唐的看法。當然，也可以倒溯到那位李賀。

◉王牧笛

宗白華先生評價晉人之美時說，晉人向外發現了自然，向內發現了自己的深情，我覺得後半句特別符合這種晚唐餘風。那種情感匪夷所思，很隱晦，像是一種獨語的感覺，你在看它的時候，覺得能體會那個情感，但又說不出來，語言變得蒼白無力了。

◉劉　璇

對，比如李商隱的多首〈無題〉，「相見時難別亦難，東風無力百花殘。春蠶到死絲方盡，蠟炬成灰淚始乾。曉鏡但愁雲鬢改，夜吟應覺月光寒。蓬萊此去無多路，青鳥殷勤為探看」，「昨夜星辰昨夜風，畫樓西畔桂堂東。身無彩鳳雙飛翼，心有靈犀一點通。隔座送鉤春酒暖，分曹射覆蠟燈紅。嗟餘聽鼓應官去，走馬蘭台類轉蓬」，「來是空言去絕蹤，月斜樓上五更鐘。夢為遠別啼難喚，書被催成墨未濃。蠟照半籠金翡翠，麝薰微度繡芙蓉。劉郎已恨蓬山遠，更隔蓬山一萬重」。這些詩對感情的摹寫是沒法用語言清晰地表達的，只有用心地體會，心有靈犀才能契悟。

王安安　那首著名的〈錦瑟〉：「錦瑟無端五十弦，一弦一柱思華年。莊生曉夢迷蝴蝶，望帝春心託杜鵑。滄海月明珠有淚，藍田日暖玉生煙。此情可待成追憶，只是當時已惘然。」特別是「此情可待成追憶，只是當時已惘然」，此情是什麼？能說清楚嗎？只有留待追憶罷了。

呂　帆　晚唐詩人還善於用豐富的想像力描繪景物，李賀寫過一首詩叫〈蘇小小墓〉：「幽蘭露，如啼眼。無物結同心，煙花不堪剪。草如茵，松如蓋，風為裳，水為佩。油壁車，久相待。冷翠燭，勞光彩，西陵下，風吹雨。」裡面的很多比喻非常形象，非常美。

余秋雨　我沒想到你們會流暢地背誦那麼多詩，是昨天晚上臨時準備的吧？不過我剛才看到了，不管準備沒準備，在發言中能夠背誦一些好詩的年輕人是很耐看的。當然，要背誦的必須是好詩，好得讓人覺得應該背誦，那就自然了。如果磕磕巴巴地背誦幾句並不精彩的古詩，那就有賣弄之嫌。

對這些詩，我想談一種感覺。李白、杜甫的詩能裹卷我們，但是李商隱、李賀的詩卻沒有這種裹卷力。讀他們的詩，我們似乎在偷窺別人的隱私，影影綽綽、撲朔迷離又華彩紛呈。有的隱私也能讓我們聯想到自己的隱私，但那只是聯想，產生不了整體共鳴。

晚唐的詩，不要求共鳴。這一點顯然衝破了文藝學裡的好幾個教條。

晚唐的詩，只讓我們用驚奇的目光遠遠地看，片段地看，碎碎地看，並由此獲得另類審美。這有點像歐洲二十世紀美學中那種阻斷型的、陌生化的審美方式，別具魅力。

產生這種創作風尚的原因，與時代有關。豪邁或哀愁的詩情已被那麼多大詩人釋放完了，即使沒有釋放完的，如果再釋放出來也顯得重複了，也不真切了。為什麼會不真切呢？因為整個社會已被門閥政治分割，宏大的感覺已不復存在，或者說，已成為一種記憶，一種幻想。因此，儘管很多二流詩人還會模仿前輩，而一流詩人則必然轉向自我，轉向獨特，轉向那個與社會共同話語脫離的深祕領域。這裡，文學建立了一種新的自信：即使不涉及社會共同話語，也可能創造一種獨立的美。現在我們知道了，這種獨立的美，也就是純粹的美。

面對這種更深祕、更純粹的美，我們會遇到一個被普遍誤解了的課題，以為「難懂」是美的障礙。其實，懂和美是兩個完全不同的概念。從晚唐詩到當代的朦朧詩，都會讓不少人覺得讀不懂。其實，大家不妨聯想一下，你們也會覺得秋山落葉是美的，女性忽閃的眼神是美的，但能從懂不懂的層面上來解釋嗎？你們為自己家購買窗簾時也會選擇一些不知含義的色彩組合，而不會選擇那些一眼就能看懂的雞、牛等的圖像，那又是為什麼？我用這些最淺近的事例來批駁大批文藝評論家，他們實在掉在懂不懂的泥坑裡太久了。

還是回到晚唐詩上來。從初唐、盛唐、晚唐的詩歌發展模式，我把它看成是在任何時代、任何地方都有可能出現的三段論規程。從氣象初開到宏偉史詩，再到悲劇體驗，再到個人自問——這個模式，反覆地出現在世界各地成熟的文學藝術的每一個發展段落中。

我們這樣來討論唐代文字，當然遺漏了很多重要人物和重要作品。例如，散文領域的韓愈和柳宗元。尤其是韓愈，在中國文化史上起著承前啟後的作用。但是，由於時間的原因，詩歌比散文更經得起隔代傳遞，而韓愈的文學主張我又不喜歡。在很多情況下，不少產生過重大影響的文學現象漸漸暗淡，我們沒有必要抗拒時間而把暗淡了的一切重新照亮。後代的文化史目光，應該尊重時間的選擇。

對於下一個跳躍，我是以一個問題開始的。我們現在要用一個唐以後的人，具體說來是在唐朝滅亡三十年之後出生的人，來作為唐代詩歌的回響。我把他看做是唐代文學最搶眼的餘光。你們能猜出這是誰嗎？

◉王安安 當然，李煜。

◉余秋雨 當然，李煜。他是一個非常特殊的詩人，他的帝王權位和他的文學成就，如此矛盾地並存於一身，在世界文化史上都是奇蹟。

李煜在文學上的最大貢獻，在於為中國詩歌的一種重要體裁——詞，樹立了一個重要的里程碑。

李煜把詞從民間演唱上升到了士大夫的藝術等級，進入到了高貴領域來呼喚高貴。事實證明，在他之後，這種文學體裁可以無愧地與楚辭、漢賦、唐詩比肩了。甚至有人認為，辛棄疾、李清照都只是李煜的餘風。作為一個無能的帝王，他在生活中是那樣地多愁善感，那樣地風花雪月，那樣地無奈，但是他的詞卻是豪放派的，即使在悲哀的時候也是一片故國山河，而且語言乾淨俐落，曉暢明白，直達人心。在政治領域，他無所作為，但在詩詞領域卻是一個真正的大家。

皇帝或者政治家中也有喜歡寫詩的，有些也寫得不錯，如劉邦、趙匡胤，因為他們的生命力很強健，直接體現在文化形象上也豪邁可喜。如果要在帝王的詩作中作一個優劣排列，我說過，即使是曹操的兒子曹丕也只能是第二名，第一是李煜。

李煜做皇帝的糟糕程度，幾乎是讓人生氣的。他做的有些事情是不可容忍的，例如害死了很多直言的人。在軍事上更是亂成一團，完全不知道怎樣去面對趙匡胤已經建立的宋朝。趙匡胤勸李煜投降，答應在汴京給他造宮殿，李煜完全不能審時度勢，不知道該怎麼辦，直到趙匡胤覺得他實在不聽話，就只能打了。渡江的時候，宋軍把船連在一起將整個長江貫通了，部隊浩浩蕩蕩地過了江。但李煜身邊的幾個知識分子告訴他，看遍中國的歷史書，沒有把船排起來過長江的例子，李煜就放心了。結果他很快就被宋軍包圍，後面的情景可想而知。

投降的場面很屈辱。上身要全部裸露，跪下來接受宋軍對首都的占領。然後坐著船，在雨天北行，到現在的河南商丘這一帶再轉道汴梁，即現在的開封。在那裡，趙匡胤舉行了隆重的受降儀式。所有李煜帶來的大臣、官員全部穿上白衣服，慢慢地朝著受降台走去，齊齊下跪。趙匡胤以非常高的姿態說，我們現在終於走到了一起，宋朝在文藝上有點弱，李先生的詞寫得不錯，需要你這樣的人才來帶動文化的發展。這要按我們現在的說法，就是讓李煜當了個掛名的文聯顧問。

趙匡胤還封李煜為「違命侯」，因為李煜違反過他的命令。說起來，趙匡胤也算是中國歷代統治者中特別尊重文化人的一位皇帝，他也知道李煜的文化價值，但他實在太不喜歡政治上的李煜了。這不僅僅因為李煜對抗，對抗還能引人尊重，而是李煜在趙匡胤眼中根本是一個游移、無信、陰澀的政治人物，因此要用政治手段加以鄙視和污辱。在這一點上，李煜的兩重性引發了趙匡胤的兩重性。

但是，直到這個時候，在政治上已經什麼也不是的李煜，仍然是雄視千年的文學家。我們隨口背誦一下他的《浪淘沙》吧：「簾外雨潺潺，春意闌珊。羅衾不耐五更寒。夢裡不知身是客，一晌貪歡。　獨自莫憑欄，無限江山，別時容易見時難。流水落花春去也，天上人間。」寫得真好。

再背誦一下他的《虞美人》：「春花秋月何時了，往事知多少。小樓昨夜又東風，故國不堪回首月明中。　雕欄玉砌應猶在，只是朱顏改。問君能有幾多愁，恰似一江春水向東流。」他善於捕捉最典型的圖像，又善於運用最貼切的比喻，結果一氣呵成，一字難改。

從李煜的詞，我又聯想到，他在還沒有敗亡前，曾派畫家顧閎中去刺探韓熙載的生活情況，結果產生了《韓熙載夜宴圖》。從政治上著眼，這是一個愚蠢可笑的舉動，但從文化上著眼，卻在不經意間釀造出了藝術傑作。這與李煜本身的傑出詞作的產生，出於同一規律。

李煜的經歷告訴我們，傑出的藝術常常是人格分裂的結果，甚至是政治荒地上的野花。一切都志得意滿的人，很難在藝術上成功。

李煜的經歷還告訴我們，後人不要因為讀了哪位創作者的優秀作品，就對他的全部行為系統進行不切實際的肯定和衛護。藝術家只是藝術家，讓他們從政很可能導致徹底混亂。我們不能把藝術上的好感和惡感，推衍到其他領域。詩人很浪漫、很自信，以為自己什麼都能做，其實他們真正能做的事業也就是寫詩。

第三十八課

精雅大匯集

◉余秋雨　講完唐代文化的繁盛，再講以後的文化現象，會顯得有點艱難。在太強光亮的對比下，容易使我們對後面的光亮失去驚歎的熱情，因此也會失去公平。

首先承受這種不公平的是宋代。

除了宋詞之外，中國人對宋代的印象往往是混亂的。那簡直成了一個「記憶的沼澤地」。我現在很想聽聽大家對宋代的印象，隨口說吧。

◉王牧笛　整個宋代都讓人感覺比較暗淡。首先，不斷受外族和蠻夷的侵略，定和約呀、送歲幣呀、逃亡流亡的事情很多。就連宋徽宗和宋欽宗這兩個皇帝都被俘虜，而且都死在了北方，這對中原文明是一種空前絕後的恥辱；另外，朝廷也很黑暗，權奸當道，把像岳飛這樣優秀的一個武將給殺了；還有就是文化人的遭遇也特別讓人同情，司馬光、王安石都被牽涉到黨爭中，蘇軾、李清照、陸游、辛棄疾等文化人或者在政治上被排擠打壓，或者因戰亂而顛沛流離。

◉呂　帆　還有被逼上梁山的英雄好漢。不管你叫他黑社會也好，群英會也罷，但重要的是這個「逼」字，就是正常人在不正常的社會裡也沒有辦法正常地生活，這個時代的老百姓一定生活得很壓抑。

◉王安安　還有程朱理學倡導的「存天理，滅人欲」，禁錮人性，禁錮自由。對女人特別苛刻，一方面要她們嚴守禮儀和貞潔，就有女的手跟男的碰到了，回去就不得不把手給砍掉了這樣的事；而另一方面，由於宋代老吃敗仗，人們轉而把拯救國家、抵抗外辱的希望寄託在佘太君、穆桂英等楊門女將身上，男人都不知道幹什麼去了。

◉余秋雨　大家講的都沒錯，但把這些現象當做整個宋代的基礎，卻錯了。

中國思維的一個弊病，就是喜歡憑著局部感性印象作情緒化的判斷，自始至終缺少理性控制，理性控制的前提是宏觀控制。先擦去那些眼淚，收住那些嘆息，壓住那些怒火，把各種事情放到大歷史、大座標中進行縱向比較和橫向比較。只有這樣的比較，才能看清一些基本輪廓。

放到大歷史上看，我們不能不承認，宋代認認真真地建立起了文官制度，這在歷史上是空前的。趙匡胤把兵權和財權收回中央，結束了地方政權的武裝割據，全國由文官來替代武將。那麼，文官從哪裡來？只能從科舉考試中來。因此，科舉制度走向健全。科舉考試的內容也發生了改變。唐代有考經書的，有考策論的，科目衆多，但大家偏重進士一科，喜歡考詩歌，詩寫好了就行。但是到了宋代就倚重實用，雖也考經義，就是儒家經典，但殿試僅考策論，就是社會管理的策論。這一考，就眞的有選拔行政官員的樣子了。

和科舉考試相應的是在全國廣辦學校。國家官學之外，還有地方的私學，如象山書院、嵩山書院、嶽麓書院。為了科舉，上上下下形成了一個整體的氣氛，各地出現了大量的學校。這樣，也就進入了一個文化氣氛濃郁的時代。

宋代給文化人一種空前的優待，這是一件很不容易的事。宋太祖有遺訓，據說當時以鐵券的方式存在太廟裡，說本朝對上諫言事者，一律不殺。這主要是針對文官而言的。比一比宋代前後就會發現，這非常開明，不能小看。

宋代很長，但殺文臣的例子不多。我們所喜歡的那些宋代大文豪，不管做到多大的官，可能經常會被貶謫和流放，但很少被殺，也不會承受司馬遷那樣的酷刑。光憑這一點，我們應該對宋代多一點正面評價。

宋代文官制度，往往把一代文化大師推上最高的行政職位，例如范仲淹、王安石、司馬光等，這在其他朝代也是不可想像的。在其他朝代也有大量文官，但是行政權位和文化品級不成比例，職位高者大多文章平庸，或者文章高者大多職位偏低。除此之外，宋代的文官在待遇上也空前絕後。

文官體制好是好，卻也帶來了一個致命的弊病，那就是不會打仗。文官們從書本上看來的種種謀略，又把宋與遼、金、蒙古的關係搞成一團亂麻。越亂越多餿主意，結果，軍事上已經變得不可收拾。

當然，打仗打不贏，主要原因不在文官制度，而在於戰爭方式。應該明白，在冷兵器時代，農業文明確實很難打得過遊牧文明。幾十萬匹鐵騎浩蕩南下，由農家子弟為主的漢族士兵當然難以抵擋。那麼多亞洲、歐洲國家都無法抵擋蒙古軍，為什麼偏偏要嘲笑宋朝抵擋不住？

總之，我們首先要建立大判斷，而大判斷的前提是大視野。在大判斷、大視野之下，宋代還是挺不錯的。我希望大家從狹隘的軍事思維，擴大到整體文明思維。

◉王牧笛

確實，雖然在政治、軍事上的問題很多，但是宋朝整體的文明程度有了很好的提升，文明成果有很好的積累。所以客觀地說，宋代，創造了包括生態文明、藝術文明等極其豐富的文明。

◉余秋雨

剛剛我講了一句話：「希望大家從狹隘的軍事思維，擴大到整體文明思維。」這個意思我還要闡述幾句。如果站在古代史官的立場上，雇用他們的朝廷興衰是第一標準，因此，必定把軍事勝敗和宮闈爭鬥作為首要內容。遺憾的是，我們後來讀到的史，大多是這一類，因此這也就變成了中華民族的主流歷史觀。但是，如果真正站在全球立場、現代立場來看，第一標準應該是文明的進退、民生的狀況，可惜這方面的敘述在我們的《二十四史》中記述得太少太少。中國古代的戰爭，絕大多數是自家兄弟民族之間的戰爭，一時勝敗確實不應該成為今天我們判別歷史的主要標準。有時少數民族入主中原，還帶來了特殊的生命力，例如公元五世紀的鮮卑族和元代的蒙族、清代的滿族都出現過這種情景。

因此，我們評價宋代，也應該用文明的目光而不要仍然用古代史官的軍事的目光著眼。如果我們認眞地研究中國科技史就會發現，宋代的科技創新能力超過其他很多朝代，湧現出了眾多的科技成果，如火藥的發明、活字印刷的出現。農業耕作方法也有巨大的變化，南方大面積播種了耐旱的稻種，推廣了稻麥兩種制。特別是商業，其發達程度可由張擇端那幅不朽的寫實場景畫〈清明上河圖〉來作證。

文藝創作是宋代更值得講的內容。我心中一直有一個象徵性的圖像：唐代文化像一道壯麗的瀑布，而宋代文化則是承接這個瀑布的深潭。一切藝術門類到了宋代都臻於極致，我們現在的各色收藏家如果弄到了宋代的一點文物遺留，都會心魄俱奪。就連被唐代寫盡了的詩，也在宋代延續出陸游這樣的高峰。當然，若要問宋代文化留在中國文化史上最重要的記憶是什麼，我想一定是宋詞。我小時候就特別喜歡詞，而不是詩，因為詞和音樂緊緊連在一起，長長短短的有一種不受控制的自由魅力。

我想我們還是用對付唐詩的老辦法，請大家從宏觀回到微觀，談談在自己記憶裡印象最深的宋詞。

◉劉　璇　我喜歡秦觀的〈鵲橋仙〉：「兩情若是久長時，又豈在朝朝暮暮。」抒寫了忠貞不渝的愛情，字字珠璣。還有李清照的〈一剪梅〉：「紅藕香殘玉簟秋。輕解羅裳，獨上蘭舟。雲中誰寄錦書來？雁字回時，月滿西樓。　花自飄零水自流。一種相思，兩處閒愁。此情無計可消除，才下眉頭，卻上心頭。」尤其是「花自飄零水自流。一種相思，兩處閒愁」，讓人回味無窮。

◉王牧笛　還有〈聲聲慢〉啊，梁啓超評價「尋尋覓覓，冷冷清清，淒淒慘慘戚戚」時說，那種煢獨恓惶的景況，非本人不能領略；所以一字一淚，都是咬著牙根咽下的。

◉王安安　我喜歡蘇東坡，覺得他的魅力就在於突然間的柔情。比如〈江城子〉裡「十年生死兩茫茫，不思量，自難忘」後，突然有一個明快的「小軒窗，正梳妝」。像「天涯何處無芳草」「多情卻被無情惱」也是傳誦千古的名句。蘇東坡不僅有這些情感豐富的作品，他的〈念奴嬌·赤壁懷古〉更有人生的豪邁：「大江東去，浪淘盡，千古風流人物。故壘西邊，人道是，三國周郎赤壁。亂石崩雲，驚濤拍岸，捲起千堆雪。江山如畫，一時多少豪傑。　遙想公瑾當年，小喬初嫁了，雄姿英發。羽扇綸巾，談笑間，檣櫓灰飛煙滅。故國神遊，多情應笑我，早生華髮。人生如夢，一樽還酹江月。」

◉歐陽霄

我對陸游印象最深的是他的兩句較短的詞「心在天山，身老滄州」。一讀這八個字，那種悲憤、無奈，收復失土無望的絕望心情就能感同身受，非常有感染力。

◉呂　帆

我更喜歡辛棄疾，他既有抑鬱的氣質，「鬱孤台下清江水，中間多少行人淚」，也有「醉裡挑燈看劍，夢回吹角連營」的恣意。

◉余秋雨

秦觀當然不錯，但誰讓你們一口氣排出了蘇東坡、陸游、辛棄疾，這可把秦觀給比下去了。這幾位，再加一個李清照，已經齊齊地把詞的制高點占領了。

對我來說，「大宋」之「大」，一半來自宋詞裡的眼界和氣象。我一直認為，如果說古詩容易束縛現代人的思想，那麼，這個毛病在宋詞裡是找不到的。我更鼓勵年輕人多背誦一點宋詞，甚至超過唐詩。原因是，宋詞的長短句式更能體現中華語文的音樂節奏，收縱張弛別有千秋。

從人格特徵而言，宋代詞人有豪放派和婉約派之分，但不管哪一派，他們都有可愛的劍俠之氣。對於他們，我在後面還會提到。

宋代另一項輝煌的文化成果，就是書畫。

在這裡，我想展示一些比較著名的宋畫。比如請看，范寬的〈谿山行旅圖〉，馬遠的〈踏歌圖〉，李公麟的〈五馬圖〉，以及前面說到過的張擇端的〈清明上河圖〉。這個〈清明上河圖〉前些年在上海展出的時候得排兩個小時的隊才能買到票。買票隊伍裡有幾個癌症老人，大家說你們不要排了，到前面去吧。他們說不，面對〈清明上河圖〉，必須站兩個小時。這事讓我很感動。還有梁楷的〈太白行吟圖〉，你看這幅人物畫筆墨那麼簡單、省儉、奔放，卻充滿了浪漫氣息，想不出還有更好的筆法能夠描繪李白。趙佶的〈芙蓉錦雞圖〉，還有他的另外一些畫也不錯。

宋代的書法藝術，一般概括為「蘇、黃、米、蔡」四人，也就是蘇東坡，黃庭堅、米芾、蔡襄。但現在有不少人認為蔡應該是蔡京，當時只是因為他政治名聲太壞，才調了包。這四個人，書法技術最高的是米芾，但就整體格調而言，還是應該首推蘇東坡。〈黃州寒食帖〉便是最好的證明。讀一般的優秀書法是可以淡化內容的，但面對蘇東坡的書法就不行，非要品味他筆墨間的情致、聲調不可，一品味，那種身處困厄中的文化靈魂又立即將你籠罩。這是黃庭堅、米芾、蔡襄他們所做不到的了。

由此我聯想到一個比喻。我們一般看時裝表演，當然會注意模特兒，但著眼點還在於服裝。但是，也有個別世界級模特兒實在太傑出了，她的體態、神態、步態傳達出一種強大的生命狀態，使人們不能不把注意力的重心從服裝本身移開。如果說，其他書法家的書法像那些模特兒身上的服裝，那麼，蘇東坡則是那種極少數讓人神魂顛倒的模特兒，他的生命狀態已經把外部形式牢牢控制住了。

宋代的那麼多作品加在一起，呈現出一種無與倫比的典雅。典雅兩個字放在很多地方都合適，但要把它作為一個時代的概括並趨於極致，只能是宋代文化。

但是，就像所有的典雅都帶有脆弱性一樣，宋代的典雅也是脆弱的。邊關吃緊，政權危殆，文人從政，力不從心……但我想，在脆弱的大環境中保持典雅，這才是典雅這個詞彙真正的魅力所在。在美學上我們如果能夠認識到這一點，就會進入典雅的本性，那是秋暮涼涼下所固守的那一脈很容易破碎的品質。

我曾經在西班牙看到過一座宮殿，建造之時，周圍已經被敵軍包圍了兩百年，周邊所有的城池都已經被攻克。它只是一座孤城，或者明天滅亡，或者明年滅亡，或者再過十年滅亡，但滅亡是肯定的。所以該城的居民乾脆選擇做藝術家，就像臨死前對自己做最後的化妝。那個典雅是無與倫比的，因為那是一種不依賴實力，不追求喝彩，不期待轟動的典雅。眞正的典雅應該是這樣的，這是美學上完全超越實利、超越反應的一個範疇，一種失去前途的精雕細刻，結果，反而雕鏤出了一種純粹的美學前途。我在《行者無疆》一書中把這種美學現象說成是「死前細妝」，可能太悲涼了一點，那就可以加上我在《霜冷長河》中提出的一個概念：絕地回來。

第三十九課

一些讓人難忘的宋代文人

◉余秋雨

唐代的文人總的說來是自由的，但是突如其來的社會動盪使他們每個人都狼狽不堪，不知所措。而宋代的情況就大為不同了，傑出的文人常常會擔任重要的官職，面對社會接連不斷的動盪，宋代文人似乎早就有多種思想準備，包括捐軀，包括毀滅。

我前面說過，宋代空前絕後地把一些最高等級的文化大師放到了最高等級的行政職位上，這就出現了中國知識分子很少遇到過的高烈度冶煉，也讓中國文化承受了一次奇特的考驗。對於這個題目，我本來覺得可以輕輕放過了，但昨天一想，還應該再談論幾句，因為這在中國文化史上也是一種特殊的範例。

讓頂級文化大師擔任頂級行政職務，這個歷史現象，你們平時想過沒有？對於這幾個文化人，你們有什麼印象？

◉羅璞 就說王安石吧，其實他很有才華，二十一歲就中了進士。由於他文學上的才華以及治國上的才幹，很早就名動朝野。後來成了改革派的中流砥柱和旗手，掀起了一場比較大的政治風潮。

僅憑「春風又綠江南岸，明月何時照我還」，就已經確定他在詩歌領域的地位了，王安石變法就是以他的名字命名的，這個變法在世界歷史的研究者心目當中都有重要的地位，任何一本歷史書都不可能忽略。

◉呂　帆 司馬光不僅會砸缸，還是個很偉大的政治家。他對王安石的變法一直持反對態度，他自己就說「先王之法不可變也」，我們就姑且稱他為保守派吧。另外，司馬光也是非常厲害的史學家，主持編撰了大部頭的《資治通鑑》，我至今還沒看完呢。而相對於司馬光和王安石，蘇軾的政治立場比較擰，林語堂說他專門在政治上唱反調。新黨實行改革的時候，他覺得改革過激了；舊黨上台了，他又覺得推翻了改革措施不好。記得秋雨老師曾經說過，蘇軾是死在政治上，生在文化上，這很貼切。

◉王牧笛 還有一個人我們不能忽視，就是范仲淹。他的「慶曆新政」還在王安石之前。從今天看，他應該算是一個平民偶像吧，從小家庭貧困，後來勤學苦練終於當到了參知政事，相當於副宰相。他的「慶曆新政」主要是針對當時腐朽的官僚政治，可惜過於激烈，這些措施最後被仁宗皇帝給廢除了。

這樣的頂級文化人在從政時有個特點，就是他們在文化上的成就使他們對一系列社會理念很難動搖。他們不像一般的政治人物那麼長袖善舞，左右逢源，因此各種矛盾就比較複雜了。

像范仲淹，他想從原有的官僚體制裡面做改革，憑藉著習慣化了的價值系統來改革，當然很難成功。王安石已經看到了范仲淹的失敗，便要從經濟改革入手。這個大文人實在是一個不錯的改革者，他能夠考慮到「青苗法」，在政府和農民間建立了龐大的債權關係；還有「免役法」，即資金和勞役的替代法，這就更大膽了。這些改革使國家富裕了，卻讓許許多多的地方財團惱火了。要執行這些法令，需要有個強大的官員團隊，這使王安石遇到了很大的麻煩。皇帝一會兒支持他，一會兒聽到好多反對意見，又不支持他，然後想想不對，又去支持他，就這樣折騰來折騰去。

對於司馬光，我們不要簡單地說他是保守派。司馬光知道宋代的問題的確很大，但正因為大，就更要「守常」，對已有的結構不要變動得太激烈，避免讓整個社會產生心理危機，加劇動盪，這是司馬光的思維方式。這樣的思維方式當然與王安石的截然不同，於是兩方面的對立產生了。最後的裁決權，在於皇帝。

司馬光比王安石大兩歲，他們幾乎像兄弟一般地交往過，後來完全是因為在革新觀念上的差異產生了對立，並不存在要把對方消滅的意圖，這就是君子之爭。但很不幸的是，他們同時遇到了一個麻煩，身邊都有一個極被信任的小人，這也是君子常常遇到的困境。王安石身邊的那個人叫呂惠卿，司馬光身邊的那個人比較有名，叫蔡京。這兩個小人把事情全攪渾了，把變法變成了兩個人的情緒爭鬥，雙方都無法實施自己的政治抱負，變成了一筆三翻四覆的亂賬，結果是兩敗俱傷。這就是一切小人事件的共性，又是一切君子之爭的悲劇。

直到支持王安石的皇帝死了，太后當政，保守派得勢，司馬光做了宰相，在很短的時間內就把王安石的變法全部推翻。王安石當時到哪裡去了呢？這個兩度做過宰相的人在南京郊區江寧一個叫白塘的地方住著。但是，有一天，他聽到曾經反對過自己的蘇東坡來了。君子與君子之間，不管政治觀點多麼對立，心頭總有一份潛藏的互敬。王安石決定去見他。蘇東坡從黃州出來之後，已經擁有了〈念奴嬌．赤壁懷古〉和前〈赤壁賦〉、後〈赤壁賦〉這樣傳遍全國的佳作，他的文學造詣太高了，超過當時所有文人。王安石是騎著小毛驢到江邊見蘇東坡的，蘇東坡看自己一路風塵僕僕，衣服打扮也不對，眼前又是昔日高官，便對王安石說，大丞相，我這個不禮貌的樣子非常不符合禮儀。王安石說，禮儀難道是為你我這樣的人設立的嗎？這說明他們兩個都知道彼此是什麼人，那就是可以解除禮儀、觀點、官職還能輕鬆晤談的人。兩個疲憊的文學大師還一起遊玩了好幾天。玩的時候當然不可無詩，一寫詩，兩人的心就更靠近了。

王安石是在抑鬱中死的，那是一〇八六年四月。司馬光下令將其厚葬。沒想到五個月以後，司馬光也死了。一對文化巨星、兩個兄弟一般又仇敵一般的人，就差五個月一起死了。司馬光死後八年，事情又翻過來，說司馬光全錯了，還要把司馬光的屍體從棺材裡邊拉出來。雖然後來沒有做出這麼惡劣的事情，可還是寫成批判碑文到處去宣講。寫批判碑文的，就是那個本來支持司馬光各種政治主張的小人蔡京。於是司馬光的這一派被叫做元祐黨人，成為了被清查的對象。在元祐黨人裡有一個人叫李格非，他的女兒就叫李清照。

范仲淹、王安石、司馬光、蘇東坡等人雖然政治主張不一，但都是為了興利除弊，挽救朝廷。他們都沒有能夠阻止朝廷在戰亂中日漸衰落，而且幾乎無可挽救。在這個失敗的大趨勢中，又是一批傑出文人，用心靈感受了這種漫長的危亡，用文筆記錄了這種強烈的失敗。這是中國文化史上特別搶眼的英雄筆觸，當然，也是特別刺激的淒楚筆觸。他們就是陸游、辛棄疾、李清照、文天祥。

對後世讀者來說，這些人，也組合成了一種非常獨特的文學體驗。我想聽聽你們對這一文學現象的感受，隨便說，談印象。

◉歐陽霄

陸游號放翁，據說是因為他為人狂放不羈，又經常被貶官、放逐，所以朋友們說他頹放，他自己也就自得其樂了。他的人生命運是和政治命運聯繫在一塊兒的，他死前寫了一首〈示兒〉，中有「王師北定中原日，家祭毋忘告乃翁」，念念不忘收復失地，興復中華。

相比而言，在北宋時期，歐陽修就號醉翁，他還能夠迷醉於山水之間，而在江河日下的南宋，文人的命運和政治命運已經沒法分開了。陸游就只能做個放翁了。

◉王牧笛

和陸游一樣，辛棄疾一生也是孜孜以求、身體力行地抗金北伐，二十一歲他就參加了抗金義軍，可報國無門，壯志難酬，到晚年寫下著名的「醉裡挑燈看劍，夢回吹角連營」，也渴望「沙場秋點兵」。在他死的那一年，朝廷終於下詔任用他，可他已到了彌留之際。他是喊著「殺賊、殺賊」而死的，這一年是一二〇七年，距今八百餘年。我覺得在這樣一個場合，應該向這樣的義士致敬。

◉劉　璇

文天祥的命運可謂是最坎坷的了。一二七六年金軍兵臨城下的時候他就被太后派去與金軍談判，被金軍的將領伯顏羈押，逃出後又與當時南宋的大臣張世傑意見不合。後來文天祥領兵到廣東一帶抗擊元軍，但兩年後又被俘，但他誓不投降，四十七歲被處死。文天祥的身世與當時的政治情勢結合起來，可用他的一句詩來形容，就是「山河破碎風拋絮，身世飄搖雨打萍」，而文天祥應對情勢的表現則是「人生自古誰無死，留取丹心照汗青」，體現了他偉大而崇高的民族氣節。

◉叢治辰　我們都知道陸游是愛國詩人，但這種愛國其實貴在堅持。陸游的〈示兒〉所表現出的愛國情操其實並不難得，因為剛到南宋時，大家都有這種情操，可南定日久之後，就滋養了惰怠的情緒，南宋小朝廷的投降情緒就占了上風。以前跟陸游一樣有過這種愛國情操的其他詩人，後來都轉向了山水詩的寫作，只有陸游留下的最後一首詩還是〈示兒〉。我覺得這種自始至終不忘北定中原的情操我們應該銘記。

◉余秋雨　這些文人，想從軍事和政治上挽救一個王朝，但是他們不知道，就在他們奔命呼號的時候，一個偉大的文學王朝被他們建立起來了。

軍事和政治的王朝，看起來是那麼崇高、那麼重要，但是，真正永恆的崇高卻屬於他們自已手下的那個文學王朝。

他們不知道，那倒罷了，問題是，直到今天，連很多文學史家也不知道。

除了你們剛剛列舉的幾位外，我還想提醒你們注意一下李清照。這位大家都不陌生的女詞人乍一看與政治、軍事不應該有太多關係，卻也因為身處多事之秋，幾乎把整個身心都牽連進去了。她與丈夫趙明誠相親相愛，但兩方的父親卻處於政治鬥爭的對立面。趙明誠去世後又有謠言誣陷趙明誠私通金國，結果使李清照此後很多年都要為洗刷亡夫的惡名而長途奔波，直到最後不得已而再嫁，再嫁又嫁錯了人，離婚又要判罪……一系列想不到的麻煩在國破家亡的形勢下糾集在一起向李清照撲來。李清照不知承受了多少無法承受的慘重打擊，但她到最後也未必明白：她為之奔波半生的那種政治名譽並不重要，而最重要的文化名譽卻已經在她的長吁短歎之間完滿建立。也就是說，她在重重困絕之中隨手寫下的那些詞，已成為中華文化的不滅珍寶而光耀千古。很快，中國知道她悲慘經歷的人已經幾乎找不到，而熟讀她作品的人卻成千上萬。時代容不下她，她卻成了時代的代表。從另一個意義上也可以說，時代是多相位的，在文化相位上，時代從一開始就已經悄悄地封她為女王。她的事情，我在一篇談名譽的文章中曾詳細地說過，大家有空可以找來讀一讀。

第四十課

短暫而豐富的九十年

◉余秋雨　講過了宋朝文化的事，我們又要為元朝拂去塵埃了。這是一個短暫的朝代，歷時八十九年，如果回溯到成吉思汗建立大蒙古國一起算，也就一百多年。這個朝代，歷來被看成是中原大地被北方鐵蹄踐踏的時代，因此也是一個暗無天日的時代。然而情況真是這樣嗎？

其實，元代還是有不少亮點的。就像黑夜迷路時首先要尋找燈光一樣，我們要想擺脫歷史中的迷失，也只能抬起頭來尋找亮點。那麼，在我們的心目當中，元朝的亮點和暗點有哪些呢？

◉呂　帆　要說亮點，首先是成吉思汗。他和他的後輩建立了一個東到朝鮮半島，西到多瑙河沿岸，北到北冰洋以南，南到我們的南海、台灣地區的世界上最大的帝國。這樣一個龐大的帝國的締造者，自然是一個非常了不起的人才。而在馬蹄聲起，烽火彌漫的征戰中，成吉思汗和他的後繼者們，用了五十多年的時間，不到四十萬的軍隊，就滅了四十多個國家，征服了七百二十個民族，用時下很流行的話說，彪悍的人生不需要理由。

◉周雙雙 還有就是關於科學技術方面的亮點，比如天文學家郭守敬發明了新曆法，被後人稱為「授時曆」，他還算出了回歸年的時間，也比較科學；還有黃道婆，因為丈夫虐待她離家出走，後來被黎族婦女收留，學了先進的紡織技術，晚年回到自己的家鄉教給了鄉親，發明了一些新的紡織工具。

◉羅　璞 但元朝的民族壓迫政策是很嚴苛的，把人分為好幾等，最上等的是它的統治階級蒙古人；第二等叫色目人，就是當時西域各色名目的人；漢族被分為兩個次等，一個叫漢人，另一個叫南人（以前南宋政權統治下的漢人），地位都很低。還有元代雖然建立了一個龐大的帝國，但是不得不提的是蒙古人的軍事殘暴，抵抗元軍進攻比較激烈的一些城池，被攻陷後都被屠城，這在人類史上是非常殘暴的一筆。

◉余秋雨 按照我們傳統的歷史教科書，宋元遞嬗之間有一些「必須情節」，例如陸秀夫背著小皇帝投海。當然這是象徵性的一環，應該提到，但從更宏觀的世界史觀來看，當時更重要的「特殊情節」倒是發生在合川釣魚城的保衛戰。這場出色的保衛戰是我家祖先余玠將軍定下的方略，因此請允許我多講幾句。這不完全出於私心，因為這場保衛戰既改變了世界文明的格局，也改變了蒙古人在元代的統治文化，都屬於大文化範疇。

成吉思汗是一二二七年在六盤山去世的。按照他的部署，他的部隊先與宋朝聯手滅了金，然後又攻打宋朝。宋朝一敗塗地，卻在現在屬於重慶的合川釣魚城組織了一場頑強的抵抗，時間竟長達三十六年。

這場抵抗改變了世界文明的歷史。當時，整個蒙古軍的大汗蒙哥正是攻打釣魚城的總指揮，因為攻下了釣魚城就能順利地控制長江流域，南下和東下。與此同時，蒙哥的弟弟旭烈兀繼承了成吉思汗浩浩蕩蕩的西征的步伐。在西征的過程當中，把俄羅斯、伊朗、巴格達、敘利亞、波蘭、匈牙利都給占領了，很快又打到奧地利，逼近威尼斯，馬鞭已經遙指埃及。然而，就在這個時候，大汗蒙哥卻在釣魚城下被飛石擊中身亡。聽到這個消息，正在西征途中一路凱歌的旭烈兀掉轉馬頭東還，準備回來即位。結果，留下的少量軍隊已經無法取得勝利，而東還的主力又發現即位的並不是旭烈兀，便滯留不前，蒙古帝國由此產生重大分裂，征服世界的宏圖再也無法實現。這一來，世界上的其他文明，特別是伊斯蘭文明、歐洲文明和埃及文明，免遭根本性的破壞。

這麼一想，釣魚城三十六年的保衛戰實在是作用巨大，即使放到世界文明史上，也不應該被忽視。

在這個過程中，蒙古軍隊本身的文化也發生了很大的轉型。釣魚城的受阻和自身的分裂，使蒙古軍隊中一位重要的政治家的文化觀念受到加倍重視，這位政治家就是耶律楚材。

我們不妨記住這個名字，因為他本身就是一個很深刻的文化現象。在民族身分和政治身分上，他看上去很不穩定，是契丹人，遼國的皇家後裔，卻進入了金朝，後來又被蒙古人所吸納。在遼、金、蒙之間，他兼具身分卻沒有固守。然而，在文化身分上，他卻很堅定，那就是漢文化的癡迷者和弘揚者。他熱愛儒學和佛學，在跟隨成吉思汗的時候就在征途上一路向成吉思汗傳播，漸漸地改變了成吉思汗的思想；在輔佐忽必烈的時候，他更是制定了一系列維護漢文化的政策，並把元代的規章體制盡力挪移到漢文化的核心價值體系之內。因此，這是一個為歷史做出了文化選擇的大人物。他對文化的貢獻，遠遠超過了一般文化人。

在這個意義上，我把耶律楚材這個傑出的政治家，看做是頂級文化人。我認為，他的第一身分和最後身分，是文化身分。我寫過一篇文章叫〈哪裡來的陌生人〉，專寫他的，大家有空可以找來一讀，在那本《尋覓中華》的書裡。

元代在文化思維上的根本性轉型，是一件大事情。接下來，我們才有理由來談一談元代的具體文化現象。首先我要問，在你們心目中，元代最主要的文化現象是什麼？

◉王安安 元雜劇。這是中國戲劇史上的一個重要劇種，有里程碑的作用。在元雜劇之前，中國戲劇還沒有成熟。

◉余秋雨 對，元雜劇。這是我的早期專業，我在二十幾年前就出版過《中國戲劇史》，專門論述過元雜劇，我今天不能多講了，因為一講就有可能陷進去。但是還需要從最粗淺的大輪廓上說幾句。

中華文化在具體的藝術項目上，產生得都比較完備，奇怪的是獨獨戲劇晚熟。早在兩千多年之前，與我們並駕齊驅的古印度和古希臘都有過了輝煌的戲劇呈現，而且都已一一衰亡，但可憐我們中國，屈原沒有看過戲，陶淵明沒有看過戲，連李白、杜甫也沒有看過戲。中國的戲劇姍姍來遲，原因很複雜，我在《中國戲劇史》中專門作過詳細分析。

到了元代，我們卻終於擁有了它，而且擁有得非常富足。原因之一，是作為統治者的蒙古人多數還難於閱讀漢文化的多種典籍，因此舞台演出大為興盛；原因之二，儒家文化並不提倡戲劇扮演，而元代的建立衝破了這種規範；原因之三，元朝建立後曾一度廢止科舉制度，使一批文人不知何去何從，便進入民間娛樂場所從事創作，這使關漢卿、王實甫、紀君祥、馬致遠等優秀劇作家大批湧現。這一下，中國文化在戲劇上的一筆欠債不僅還清了，而且是加倍地償還了。

戲劇的事，我只能說到這裡了。接下來我還想問一句：除元雜劇之外，你們還知道元代的其他藝術創造嗎？

◉王牧笛　那幅有名的〈富春山居圖〉應該也是元代的吧？

◉余秋雨　對，元代。但在講這幅畫之前，還應該介紹一下當時的文化背景。中國繪畫在唐以後，山水畫開始發展，但是一開始是比較寫實的。這個寫實不是西方式的寫實，而是中國式的寫實，後來便越來越像寫意。到了元代，在一個叫黃公望的人手裡，山水畫終於成為中國畫的各科之首，成了主流。這種山水畫也就是文人畫，從此入主畫壇，黃公望也正式成為中國畫裡一個里程碑式的人物。他的代表作，就是你所說的〈富春山居圖〉。這幅畫描繪的是浙江富春江一帶的景色，為了感受畫中意境，我曾經專門到那一帶遊歷。前年一位台灣企業家還在那裡建造了一個名為「富春山居」的休閒度假村，整個意象便取自於那幅畫。

說到〈富春山居圖〉我不能不提一下它在後世遊蕩的坎坷命運。因為整個過程，充分體現了中國文化傳承的某種神祕性、偶然性和悲劇性。在黃公望身後，這幅畫先被一位畫家收藏，多少年後又落到了董其昌的手裡。再經過多少年以後，又落到了江蘇宜興一個姓吳的人家。姓吳的收藏家太喜歡這幅畫了，以至於他臨死的時候要求用這幅畫來殉葬，其實也就是在靈堂焚毀。正當家人把〈富春山居圖〉投進火盆的時候，他的侄子來了，一把搶出了〈富春山居圖〉。他覺得老人家已在彌留之際，什麼也看不清了，那就換另外一卷畫去殉葬吧。可惜搶出來的畫卷中間一條已經被燒，於是這卷畫就一分為二變成了一長一短的兩幅畫。一百多年以後，乾隆皇帝得到了一幅〈富春山居圖〉，是長的那半幅，一看之下非常興奮，題了兩百多個字，說這幅畫如何如何好。過不多久，乾隆得到一幅幾乎同樣的畫，其實這後到的一幅是眞品，而先到的那一幅是贗。但是乾隆搞不清，他身邊的官員也搞不清，乾隆就又寫題跋，說這幅畫可以亂眞，也不容易，於是兩幅畫就一起在宮裡藏著了。而短的那半幅也經歷了複雜的流浪命運，直到上世紀三十年代，到了上海的收藏家吳湖帆手裡。有一次吳湖帆在上海的南京路理髮，剛理到一半，一個文物商人找到了他，拿出一件東西給他看，吳湖帆一眼就看出那就是短的那半截〈富春山居圖〉，他連髮都沒理完，就衝回到嵩山路的家裡拿錢，買了下來。這小半截畫就這樣被吳湖帆先生收藏了，直到上世紀五十年代被浙江博物館收購。藏在清宮裡的那半幅，在內戰後期被運去台灣，現藏於台灣的故宮博物院。

你看，一幅被火燒過的〈富春山居圖〉，一半在台灣，一半在浙江。這件事，仔細一想很有重量，至少說明了中國人在兵荒馬亂中對文化的虔誠。這些年我和一些朋友都在努力促成一件事，就是讓這兩幅畫能夠在同一個地方一起展出。我們等待著這種可能。

第四十一課

文化集權下的沉悶

◉余秋雨

我們在前面為宋代和元代說了不少好話，這與傳統的歷史觀念很不一樣。接下來我們要做另外一番相反的文章了。

由於時間近，資料多，人們對明、清兩代的事情了解得多一點。寫書、演講、拍電視劇，也常常以明、清故事為題材。社會上經常會遇到一些「名門之後」，不管眞不眞，說起來也都是明、清兩代名臣、名士的「餘蔭」，卻很少扯到唐、宋，更不會上溯秦、漢。結果，一來二去，明、清通過大大小小的很多渠道滲透到我們今天的生活，我們中有不少人也只從明、清來了解中國歷史。

這種情景，在我看來，是悲哀的。一個古老文明必然會承受時間的篩選，但是篩選可分為「正面篩選」和「負面篩選」兩類。「正面篩選」是讓多種文明元素面對不同的時空淘除暫時性、速朽性成分，留下精金美玉；「負面篩選」則是以低智方式留下了那些喧騰一時的故事、譁衆取寵的話題，反而冷落了眞正的文化珍寶。這兩種篩選，與社會階層的高低並沒有關係，請看中國普通的百姓也都知道屈原和李白的重量，而那些明、清時代的宮廷煙雲，反而是一些文化人在翻弄。

這就牽涉到文化人的歷史責任了。優秀的文化人會像農民守護水渠一樣，年年月月維護著「源頭活水」的暢通和潔淨，提防污濁的加入，堵塞半途的滲漏。

現代學術機制有一個重大弊病，那就是鼓勵「枝節性的角落沉迷」，以為越是冷僻越能顯示學問。固然有一些冷僻角落很可能關涉歷史的經脈，即使是細節也不能忽視，但也有更多的學者都是眞正地陷落在無聊的學術泥淖中，不僅自己陷落，還吸引著學生和讀者陷落。其實，如果有太多的文化人對中國文化隨意肢解，斷其神脈，驅其魂魄，那麼，這也必將是中國文化主體的陷落。

中國文化在明、清兩代，也有不少成果，但就整體而言，創造勢頭嚴重減弱。這有多方面的原因。第一個原因是，一種「同質文化」已經繁榮了太久太久，其間的優秀人物已經湧現得太多太多，免不了元神耗散、精魂衰退。它本來應該走入生命的暮年，或者完成一次根本的轉型。但是在明、清兩代，中國文化還維持著原先的基本格局而沒有潰散，也沒有出現根本性轉型的契機。因此，衰落成為一種必然。

第二個原因是，自朱元璋開始，實行了一種帶有恐怖色彩的文化專制主義，典型事例是「文字獄」。乍一看「文字獄」並不普遍，但它卻構成了一種極為普遍的驚嚇。朱元璋在文化上的自卑轉化成了對文化人的巨大不信任，「文字獄」正是體現了這種心理，儘管他對每一個案件的具體指控連自己也未必相信。用現在的話來說，他是故意「找碴」。在這個過程中，他縱容和鼓勵了那些以告密、毀人、上綱上線為職業的文化打手。這是一場災難的形成，到了清代雍正、乾隆年間，「文字獄」達到了登峰造極的地步，再加上無限誇張的「科場案」，文化人簡直沒法活了。在這種氣氛中，文化創造怎麼談得上呢？

就在這個時候，歐洲終於從中世紀的長夜中醒來了。由於長夜太長，他們對黎明的認識反而特別深刻，於是多頭並進，把歐洲全面推向進步。中國則相反，在歐洲陷入中世紀的時候，中國反而走了一個相反的方向，建立了從隋唐到宋元的燦爛文明，一直沒有長夜的體驗，因此也沒有黎明的興奮、覺醒的震撼、訣別的思索、轉型的勇敢。雖然明代還在很多方面堪稱不錯，但在方向上卻已走向保守、停滯、封閉、自滿、狹隘、僵化。清代改變了很多統治方式，卻沒有轉變這一勢頭，所以結果只能被歐洲比下去。那時的世界，已是一個「地理大發現」後的世界，先進與落後有了一些「硬指標」。到十八世紀末，中國古代的「好日子」，大體已經過完。到十九世紀，中國將會遭受深重的世界性痛苦。

因此，我還要大家討論一下明清兩代在文化上的衰勢，因為這很重要，直接影響到現代。

◉劉　璇

我印象最深的還是秋雨老師所說的「文字獄」，當時因言獲罪的例子有很多，比如徐述夔寫了「清風不識字，何故亂翻書」，在他死後遭剖棺戮屍之禍，全家被滿門抄斬，故交都被牽連。翰林官庶吉士徐駿的父親徐乾學是顧炎武的外甥。雍正八年，仇家揭發徐駿把「陛下」寫成「狴下」，還有「明月有情還顧我，清風無意不留人」的詩句，於是就以大不敬罪被斬立決。龔自珍寫了一首詠史詩，其中「避席畏聞文字獄，著書都為稻粱謀」說的就是當時的文字獄太厲害，很多人寫書不過是為了討生活、謀俸祿。當時的知識分子是很可悲的。

◉呂　帆

從漢朝「罷黜百家，獨尊儒術」開始，儒家在官方意識形態中獲得了崇高的地位，但此後較長時間道教、佛教獲得了很大發展，形成了儒、釋、道三足鼎立的局面。但明清時代釋、道兩家已少有創獲，儒家也漸歸沉寂。特別是八股文的流行和官方對程朱理學的推崇使得整個學術思想界很壓抑，很沉悶。

◉叢治辰

我想談兩件大事，一個是硬的，一個是軟的。朱元璋本身是一個很多疑的人，由於元末宰相專權，臣操威福，因此他對丞相制很不滿，他不信任手下，要把重大權力抓在自己的手裡。在胡惟庸被搞掉後，從此就再沒有設過宰相，而且不准後代子孫再設宰相。進而又發展出了一個龐大的行政司法系統，這又為我們後來講的文化專制主義提供了一個政治制度的保障，這是硬的方面。另一個發生在清朝，非常隱蔽。我們總在說乾隆皇帝搞《四庫全書》非常偉大，但大家可能不了解，因為我們中文系做古典文獻，有這門學問，據我了解，實際上幾乎任何一本書的四庫本都不是最好的本子。因為乾隆皇帝在整理搜羅天下圖書的同時，也在毀禁一些書，剛開始蒐集的時候，所有明朝人寫的關於滿族、清朝的著作全部都被毀掉，後來就變成了歷代關於胡人的，比如說關於蒙古，關於金的，話說得不好的資料也全部被毀掉，再後來就更加喪心病狂，所有稍微有點牽連的也都被毀掉。這個雖然不流血，但是流毒可能更加深廣。而且「文字獄」在清代也達到了頂峰，讀書人噤若寒蟬。

◉王安安

我想提一下順治年間對江南知識分子階層和士大夫階層的三次比較重大的打擊。這就是秋雨老師前面提到的科場案。第一次是順治十四年時，發生了順天、江南、河南、山東、山西「五闈弊案」，最後江南闈十六房主考全部斬立決，數十人被判死或貶徙寧古塔。眾多江南知識分子備受打擊。

順治十八年（一六六一）江寧巡撫朱國治誣陷蘇州、松江、常州、鎮江四府和溧陽縣「抗糧」不交者一萬三千多人，衙役二百五十多人，要求朝廷嚴辦。結果現任官降二級調用，士紳被黜籍者有一萬多人，三千多人被捕。考中的進士、舉人、生員被罷免了，斯文掃地，學校一空。

我很高興，你們掌握的材料不少。我希望大家對明、清兩代的文化專制主義有更深刻的認識，因為這是中國文化的一個巨大沼澤地。中國文化在近代和現代的悲哀，都與這個沼澤地有關。

◉余秋雨

我想告訴大家兩點：第一，明，清兩代的文化專制主義，在中國古代史上是空前的。秦始皇雖然也做過「焚書坑儒」的事，但那畢竟只是一個孤立的事件，不像明、清兩代，構成了對文化人的整體重壓和整體消解；第二，文化專制主義的最壞成果，在於全社會對文化人的遭難習以為常；在於文人中揭發、告密、批判者異常活躍，並永遠不會受到懲處；在於文化人頻頻遇害卻不知由頭，投訴無門，永無昭雪之日。這種氣氛，造成了文化創造勢頭的僵滯和終止，造成了文化人尊嚴的潰散，造成了中國文化自己衛護機制的失落。

這就像現代醫學中所說的「免疫機制的消失」，結果十分可怕。中國文化幾千年的最大病症，就在這裡。

但是，中國文人還是有一種危難中的堅守，中國文化還有不少抵制破壞機制的生命力。明清兩代仍然產生了不少文化成果，而且有不少還是前無古人的。

我非常希望在座的同學們來為明、清兩代的文化成果投個票，看看在明清五百年當中哪些文化成果最值得我們年輕一代重視。為了節省時間，我昨天晚上把我認為比較重要的十一個項目列了出來，大家來投個票，看哪一個比較重要。

第一個文化成果，是在哲學上程朱理學的發揚，心學的創立。心學的創造者是王陽明；

第二，編撰了《永樂大典》、《古今圖書集成》和《四庫全書》；

第三，小說創作繁榮，出現了《三國演義》、《水滸傳》、《西遊記》和《紅樓夢》；

第四，戲劇創造也不錯，出現了《牡丹亭》、《長生殿》、《桃花扇》，崑曲延續了兩百年；

第五，京劇產生；

第六，出現了以李贄、徐渭、金聖歎、八大山人、揚州八怪等具有奇特生命狀態的文化人；

第七，出現了黃宗羲、顧炎武、王夫之這些具有啓蒙傾向的思想家；

第八，出現了以考據為治學主幹的乾嘉學派；

第九，出現了旅行家、地理學家徐霞客；

第十，出現了《農政全書》、《天工開物》等實用型的科技著作；

第十一，通過傳教士和其他途徑，西方文明大規模傳入。

（同學們進行投票，由王牧笛、王安安統計。）

◉王牧笛 秋雨老師，投票結果出來了。

第一是心學的創建，哲學上的；

第二是小說的繁榮；

排在第三位的是黃宗羲、顧炎武、王夫之的啓蒙思想；

排在第四位的是《永樂大典》、《四庫全書》等的編撰；

第五是京劇的產生；

排在第六位的是崑曲劇本的創作；

排在第七位的是西方文明的傳入，西學東漸；

第八是那些具有奇特生命狀態的文化人的出現；

排在第九位的是一些實用性的科技著作如《天工開物》等的出現；

第十是出現了以考據為治學主幹的乾嘉學派；

排在十一位的是徐霞客。

◉余秋雨 你們的投票結果使我深感安慰。在一些最關鍵的選擇上，你們與我基本一致。

首先，論中國文化在明、清兩代的最高成果，我也贊成把王陽明和曹雪芹放在最前面。但是，我可能會把他們兩人的次序作一個交換，把曹雪芹放在前面。這兩個人都是文化創新的大人物，但是，真心以藝術形象深入人心的創新，是由曹雪芹完成的。創新是否被廣泛接受，是辨別它成敗的重要標準。當然，除了接受標準之外，還有一個等級標準。曹雪芹和王陽明都處於文化的最高等級上。因此，我們下一次會專門討論他們。

這裡有一個區別需要說明。你們投票選出的是「小說的要素」，而我則只把曹雪芹放在最前面，因為《紅樓夢》和其他幾部小說，完全不在一個等量級上。

黃宗羲、顧炎武、王夫之等人的社會思想評論難能可貴，但是今天我們不能不放在更廣闊的對比座標上來評價。與他們同時，歐洲的近代思想家已經出現。相比之下，他們就成了能「按脈斷病」卻不能「開藥治病」的一群人。

京劇和崑曲的排列，我也希望把崑曲放在前面。這不僅是因為崑曲比京劇更有歷史，而且是因為崑曲在湯顯祖、孔尚任、洪昇等人手中更有文化高度。京劇的唱腔和表演很優秀，但文化內涵薄弱，思想傾向封閉，文學等級較低。

對於以朝廷的權力編纂辭書，我不像社會上一般評價的那麼高。那只是一種特殊的文化保存方式，在當時，卻幾乎無法為社會所用，更沒有歐洲狄德羅「百科全書派」那樣的精神引領作用。相比之下，我反而更加看重「西學東漸」。

第四十二課

五百年斯文所寄

◉余秋雨　上一次我們用投票方式，對明、清兩代的文化現象進行了重要性的排隊，大家比較看好的是哲學和小說。這是文化創建的兩端：抽象層面和世俗層面。哲學像天，小說像地，上下呼應，自有氣象。

我在上次提到，對於明、清兩代的這兩個文化現象需要再討論一番。先從你們投票所選中的「小說的繁榮」說起，如何？

◉王牧笛　我用一兩句評一下。《三國演義》寫「義」，歷史可以這樣寫，竟然遮蔽了正史本身；《水滸傳》寫「忠」，寫的是水波蕩漾的古代浪漫；《西遊記》寫「誠」，天下第一名猴苦練七十二變，笑對八十一難；

《聊齋誌異》寫「怪」，人鬼情未了；《儒林外史》寫「諷」，知識分子的時代悲涼；《紅樓夢》寫「情」，「滿紙荒唐言，一把辛酸淚」；《牡丹亭》展示的是愛與文明的衝突；《長生殿》寫宮廷的愛情曲；而《桃花扇》寫末世百象圖。

◉王安安

我贊成上次秋雨老師發表的意見，在明、清兩代衆多的小說中堅定地把《紅樓夢》排在第一，因為它第一次把女子作為人來寫，並且寫了這些美麗的人的毀滅。之前的作品中女子很少有眞正的性格，只有一個目的和她去追求這個目的的動機。但《紅樓夢》裡的女子是人，有性格，是複雜的，最後的破滅讓人產生同情並喚起了自身的感動。《西遊記》我也喜歡，但我發現《西遊記》的不足是它幾乎都是來了個什麼神仙就把險情解決，最後流於一種看熱鬧的感覺，對它的興趣就降下來了，所以很多人說，最好看的是孫悟空大鬧天宮的那一段，自從跟唐僧取經後，眞正的孫悟空作為一個人物的那種漂亮的東西就沒有了。

◉呂　帆

我同意安安的看法，《西遊記》最好的地方在於它的遊戲性，大鬧天宮就是一個猴子的玩鬧，跟我們喜歡張無忌在光明頂上大戰幾大門派一樣。另外可能受白先勇先生青春版《牡丹亭》的影響，讓我也喜歡《牡丹亭》。首先《牡丹亭》作為案頭文本可讀性非常強，「良辰美景奈何天，賞心樂事誰家院」，可以當文學作品欣賞、誦讀；第二是聲台形表俱佳，看上本時我買的二十塊錢的票，中本八十，下本就變兩百，因為想近距離觀賞。最後就是劇作的內涵，在這樣一個物欲橫流的時代，能有一種愛到深處可以讓人由生變死，由死而生的感動很珍貴。有首歌唱「死了都要愛」，但死了以後還怎麼愛我們就不太清楚了，《牡丹亭》可以給年輕人很多啓示。

◉叢治辰

小說出現的先後排列其實就體現了它是逐漸世俗化的過程，是世俗的記憶。《三國演義》、《水滸傳》都沒有深入世俗生活細節。林庚先生說《西遊記》是世俗社會勝利的一個東西，孫猴子就是世俗社會的市民，豬八戒是農民的代表，世俗社會開始出現了。秋雨老師沒有提到《金瓶梅》，從《金瓶梅》到《儒林外史》再到《紅樓夢》，小說才開始深入到日常生活中的細節，個人交往、人性才有細微的嶄露，是一個慢慢深入人心，深入世俗的過程。

有一部短篇小說集《聊齋誌異》是我們山東人寫的。我覺得它是一個集大成者，也是開創者，它集合了唐傳奇、誌怪小說所展現的光怪陸離，同時也開創了一些筆記體小說的傳統。挽救了世界文學的博爾赫斯最喜歡讀的就是這部短篇小說集，他從這裡面看出了完全不同於西方理性傳統的時空觀，現實和虛構之間的關係，我們可能還沒有好好地繼承我們的傳統。

◉余秋雨

對於明、清兩代的小說，我曾說過《紅樓夢》比其他幾部小說高出許多，現在再放在一起排個次序：第一名《紅樓夢》；第二名《西遊記》；第三名《水滸傳》；第四名《三國演義》；第五名《聊齋誌異》；第六名《儒林外史》。

《紅樓夢》是個說不完的話題。其他幾部小說，還沒有擺脫黑格爾在《美學》裡說的「歷史的表面現象的個別定性」，而《紅樓夢》擺脫了，直接探詢著人性美的存在狀態和幻滅過程。這就使它進入了世界性的最佳作品之列。它不僅不粘著於歷史眞實，而且也不粘著於一般理念。例如，表面上，它是支持賈寶玉和林黛玉的戀情的，但它又那麼雄辯地證明，這兩個人根本沒有、也永遠不可能為婚姻做好準備。又如，所有的親人都愛護著他們，但所有的愛護都成了傷害，最大的熱鬧成了最深的寂寞……這一系列的悖論，是對人類生存狀態的總體發現，卻又都沒有結論。這是其他作品完全無法比擬的天才之作。遺憾的是，後人研究《紅樓夢》，幾乎都落到它所努力擺脫的層面上去了，轉來轉去都在說「歷史的表面現象的個別定性」，這讓我很生氣。

《西遊記》排第二，是因為它在本質上是一個寓言。那個師徒組合，那條漫漫長途，那些妖魔鬼怪，全是象徵性的存在。寓言，對於人類和文學而言，既是起點，又是終點。我曾在《藝術創造論》一書中說過，如果抽離了寓言象徵，絕大多數現代派文學都會讀不下來。因此，《西遊記》具有充分的現代性。

《水滸傳》比《三國演義》好，是因為它寫了人的命運，而且把人的命運當做了主幹。宋江會去看父親，李逵會去看母親，武松有哥哥，林沖有妻子，這些關係都成了情節核心，但《三國演義》沒有。雖然《三國演義》也寫到了人，但目的是寫事。因此，四部小說中，最差的是《三國演義》。《水滸傳》的問題是缺少延續之力，當好漢們一一上了山，故事就結束了。這是思想局限，更是藝術局限。水泊梁山，不應該僅僅被占領，它有可能成為一個精神祭壇。當然，這是民間小說達不到的高度。真正有高度的，唯有《紅樓夢》。

關於崑曲劇本的創作我很同意把《牡丹亭》放在前面，其他兩個作品其實還是依附於歷史故事，儘管寫得不錯。茅盾先生認為《桃花扇》是中國古代最好的歷史劇，我不同意。我認為第一還是《牡丹亭》，理由就是它以前所未有的方式刻畫了一種情，可以出入生死，傲視世俗，也傲視理學。它甚至把出入生死的過程也非常具體地描摹出來了，讓所有的觀衆看到了人世間的無限可能性，儘管知道它不會是眞的，但是願意欣賞它。吸引大家涕淚交加地欣賞一種明明白白的不眞實，這是中國審美水平的一種突破。

中國人在審美領域裡有一種不安全感，因此常常用「眞實」作為「著落點」，為此不惜製造大量的「偽眞實」、「偽歷史」。直到今天，這種審美惰性還在大規模延續。審美是一個完全區別於眞實和歷史的特殊空間，它需要被特別喚醒，並放在它自己的空間裡予以保護。在戲劇上，《牡丹亭》獨領風騷。

講了小說和戲劇這兩項最通俗的文化項目，我想與大家一起冒一個險，騰空而上，說一說哲學。

我喜歡在文化交談中的這種隨意跳躍。如果一直盯在一個個專業話題上不越邊界，就太局促了。跳躍本身，就是思維快感的來源。

◉王牧笛 這很刺激，卻有點困難，我來充當實驗品吧。我覺得朱子和王陽明是中國哲學的高峰。朱子的中心思想是個理，理說到底是萬物之所以成為萬物的根據。比如秋雨老師面前的杯子，首先是存在一個杯子的理，再加上作為質料而存在的氣，才結合成這個杯子。理和氣的關係於朱子是人騎馬，理是主宰者，氣是材料的賦予者，理與氣的聚合產生了周遭萬物和世界，這在哲學上是本體論，朱子通過理學給先秦諸子的學問奠定了一個形而上學的基礎。

有了本體論自然還有認識論，有了理，有了氣，還有格物致知，是精神修養的方法，第一個是致知，第二個是用敬。因為氣和理一個具體，一個形而上學，所以我們要通過具體的東西去格物才能夠認識理。王陽明很有趣，他格了七天七夜的竹子，通過格具體的物，要窮他的理。但普通的格物方法不行，還要用敬，沒有用敬的話，對於物的處理方法只是簡單的智能訓練，只有用敬才能上升到聖人境界，拂去珍珠的塵埃，見到本來的光彩。

朱子的學問蔚為大觀，我試舉一兩個經典的。萬理的總和叫太極，他認為每一個物上面都分有著太極，這比柏拉圖要高明，他的「善」沒有解決「一」和「多」的問題，而朱子用了一個佛教的比喻就是月映萬川，月亮會照在每一個水面上來解決「一」和「多」的分際。

◉**呂　帆**　我再說說倫理觀。朱子強調理是至善，它高高在上並有道德含義，就是儒家一直強調的禮、義、仁、智，但高高在上的理其實每個人都可以得到，它貫穿於各個人的身體力行，所以從這個意義來講，天、地、人三者在同一軸線上，可以貫通一氣，這是先儒了不起的理念。另一方面，從人至天，怎麼樣去達到至善之性？需要人自己的努力和超脫，就像搆東西，有人搆到了八成，有人搆到了十成，有人只搆到一成，所以理貫穿到人身上以後，會產生氣質的偏差，所謂的君子、小人從此而分。理是至善，我們古儒有這個理想，很不容易。

◉**歐陽霄**　王陽明的心學繼承了陸九淵並發展到高峰，他也認為心即理。還用杯子來舉例，朱子還認為有一個客觀的杯子在，杯子有杯子的理，但王陽明不認為有客觀的杯子的理在，他覺得理在自己的心裡，心和理合一。理是什麼？理是心的一種結構，所以就不存在外化於自己的杯子了。王陽明格竹子七天七夜，格到自己大病一場，覺得這樣格竹不行，就在靜坐的過程中來格物，其實這時就不再是格外界的物，而是正心。王陽明的學說最後成為一種正心的學問，凡事反省內求了，這大概是他最主要的特點。

◉王牧笛 我補充一下，傳說陽明跟一個得道禪師對話，聊累了休息，王陽明突然問，禪師你現在還有家嗎？禪師說有啊。陽明說你家裡還有誰？禪師說我母親還在。陽明問，你想念你的母親嗎？禪師靜默了很久才說，我怎能不想她呢？禪師潸然淚下，第二天就打包還俗，看母親去了。這說明通常在我們看來高高在上的人有著同樣的心、同樣的性，而這個心性，對你我來說，對整個世界來說，都是一致的。這雖是個小故事，但可以反映出王陽明怎樣通過心和性看待世界。

◉余秋雨 像你們這樣講，別人是聽不明白的。閃光點很多，卻概括不起來。

書生智慧，在中國不是少了，而是多了，而且是一種超濃度的多。因此一直有人試圖把它們統合起來。由於智慧與智慧之間互不服氣，因此統合者常常會借助於超驗的力量，例如漢代的董仲舒就試圖以「天人感應」來作為「獨尊儒術」的背景，結果走向了反理性的虛妄之途，而真正的儒家還在隨著社會的政治風向而命運起伏不定。魏晉名士們想以道家來刺激儒家，卻也沒有產生堅實的思想成果。從北魏到隋唐，佛教興盛，韓愈等人試圖為儒家張本，成效不大，反而出現了儒、佛、道互滲互溶的趨向。於是，最終出現了宋明理學，以朱熹為核心，整合成了一個以儒學為本的龐大思想體系。

朱熹以一種宏偉的理論氣概，使原本處於散落狀態、感覺狀態的儒學，具有了嚴密的哲學邏輯，這顯然是受了佛教的影響。他試圖確立中國學理的單一本體，劃分出「形而上」和「形而下」的區別，然後統貫天地萬物。他認為世界的本原便是「理」，一切都由此出發。結果，因它，構成了千年儒學的完整形態。

遺憾的是，朱熹構建這一理論之時，社會現狀與他的理論體系產生了極大的矛盾，因此他不得不又衍生出「存天理、滅人欲」的社會理念，制定出一系列行為規範，成了中國人的精神桎梏和行為鐐銬，符合了政權統治者的利益，卻成了社會進步的阻力。在學術的真實性體驗上，他用「格物致知」的方法試圖溝通「物」、「知」、「理」之間的渠道，也只是一種空幻的設想，難以產生真正的認識論成果。

到了明代中期的王陽明，已經看出朱熹的問題所在，便不再在幾重難以溝通的概念間勉強連結，而明確提出「心外無物」、「心外無事」、「心外無學」，連那個至高無上的「理」，也都是心的化身。因此，不必辛辛苦苦又怨聲載道地去「存天理、滅人欲」了，只要「致良知」就可以了。朱熹認為，人的「行」是發自內心的，而「知」卻要向外求取，到了王陽明這裡，哪裡還要到心外去求知？一切都本於心，因此自可「知行合一」。這顯然是對宋明理學的一大推動，因此也可以獨立地稱之為「心學」。

如果硬要比較，就我本人而言，當然更喜歡王陽明的「心外無事」、

「心外無學」、「致良知」、「知行合一」等說法，因為我的人生實踐證明，這些概念幫我度過了很多社會災難，並有所作為。但是，如果從純粹哲學的高度上來分析，這裡所說的「心」、「良知」等概念還是朦朧迷離的。對這個問題的分析，我建議大家讀一讀李澤厚先生的著作，如《宋明理學片論》、《己卯五說》、《實用理性與樂感文化》等。就我涉獵所及，他講得最為深入。

朱熹和王陽明這兩位哲學家都很了不起。我曾在一篇寫嶽麓書院的文章中記述過朱熹晚年受迫害，與他最信任的學生蔡元定訣別的感人情景。我又在一篇寫家鄉的文章中評價過王陽明先生的驚人生命力。王陽明作為一個世界級的大哲學家，居然又成了明代最能打仗的將軍之一，這在人類文化史上都找不到第二人。這實在是一個讓人讚歎不已的健全生命。我仰視他，並不僅僅因為他是我的同鄉。

在文化專制的大背景下有這麼健全的文化生命，這一事實，常常使我產生自勉的激情。

第四十三課

遠方的目光

◉余秋雨

我們之前一直避開了一個非常重要的話題，那就是西方文明的傳入。梁啟超把這件事情說成是中國歷史進入第三階段的分水嶺。哪個階段？即中國之中國，亞洲之中國，世界之中國。西方文明的傳入，使中國變為世界之中國。

其實從元、明、清一直到近代，中國遇到的重大麻煩和重大進步，大都和西方文明有關，直到今天也還是這樣。

中華文明受到另一種文明的審視，這在古代早就頻頻發生了。尤其是唐代，光是長安城就擁塞著多少遠方的目光？但是，這種目光有深淺之別、寬窄之別、長短之別；而這種目光是否有記述，是否有影響，更是決定了它們不同的重要性。

對中華文明來說，最重要的遠方目光，來自兩個著名的西方人。一是十三四世紀的馬可．波羅；二是十六七世紀的利瑪竇。

可以想像，他們對中國非常好奇。這種好奇，也引發了我對他們的好奇。我一次次去威尼斯，就是為了尋找馬可．波羅的遺跡。我甚至還趕到了葡萄牙，去訪問利瑪竇的一所母校，遺憾的是，那所學校的校長已經弄不清楚這位重要的校友了。

我很想說說馬可．波羅，因為正是這個人的記述，刺激了不少歐洲冒險家，促成了他們的地理大發現，改變了世界歷史。這種改變的起點是中國，或者說，是中國文化與一個威尼斯人的相遇，因此我們不能小看。

說到馬可．波羅，我想大家一定都知道，直到今天，中外學術界還有一些人認為馬可．波羅沒來過中國，他的遊記只是來自於哪個阿拉伯商人口中的隨口閒聊，或者只看了一些旅行資料。他們指出了馬可．波羅敘述中的一些破綻。當然，這類觀點也遭到了很有力的反駁。馬可．波羅的問題在國外國內都開過一些研討會，有不少教授很動感情地投入爭論。在座各位可能也看過這方面的書，哪一位知道懷疑派的論點？

我個人非常懷疑馬可．波羅中國之行的眞實性，因為在浩如煙海的史料中並沒有找到關於他的任何記載，甚至馬可．波羅在遊記中曾記載自己在揚州地區當過一個不小的官，但沒有其他的史料可以旁證這條信息。所以有學者提出質疑。

◉**王牧笛** 但史料是有間接記載的，上世紀四十年代，楊志玖先生在《永樂大典》找到一條公文，一二九一年波斯使者從泉州順海路回國，這和馬可．波羅遊記中他隨波斯使者回國是吻合的。而當時來華傳教的外國人多如牛毛，中國史料都沒有記載，而不單單是馬可．波羅一人。

◉**呂　帆** 可是馬可．波羅忽略了很多不應該忽略的東西，比如長城、茶葉、印刷術，還有婦女裹足這樣特別的習俗。如果他沒有記載，我們很難說他到底是不是來過中國。

◉**王安安** 但他的眞實性同樣是很驚人的，沒有親臨過現場肯定是寫不出來的。比如王著刺殺阿合馬事件比當時的文告還詳細，對江蘇鎭江的基督禮拜堂的記載也能從地方誌中找到。同時數據的準確度也是驚人的，比如杭州有十二種行業，一萬兩千商戶，又說當時西湖周圍達到了三十英里。

◉**劉　璇** 如果親臨了大事件的話，他不應該記錯，他記載的炮攻襄陽事件和他實際上到那個地方的時間是錯亂的，所以這件事情可能就不是眞實存在的。

◉**叢治辰** 記載完全可能出錯，因為馬可．波羅是口述，而由他人記錄。我的個人觀點就是疑史不如信史。

對於馬可・波羅到底有沒有來過中國的問題，我倒是認認眞眞地研究過。研究的結果是：中外的懷疑派首先是把他的身分看錯了。

大家看到有這麼一本有名的《馬可・波羅行紀》，就先入為主，把他看成了古希臘的希羅多德，中國古代的徐霞客。其實，馬可・波羅並不是一個學者，他壓根兒沒有承擔過考察、記述、寫作的任務。最後出了書，是一個偶然事件，而他在旅行過程中是不存在任何學術計畫的。他就像我們常見的那些走過很多路的採購員、出差者，一路上且走且看，到什麼地方空閒了遇到什麼人便暢談一番，其中少不了漏記、錯記或誇張、吹噓的成分。他很可愛，因為可愛，說話更容易缺少嚴謹的科學性。因此，一切破綻都不是否定他來過中國的理由。更何況，他是口述，記錄人是否聽明白、是否記清楚，都還會有一系列的問題。

我相信他來過中國。只憑幾個細節就可證明，因為他所說的很多事件，當時都還沒有文告公布，尤其像鎮江禮拜堂所發生事情的資料，即使在以後，連中國學者也不可能從其他途徑知道，除非是親歷。我想，大家只要仔細讀讀他的書就可感受到他那愉快、眞誠、驚喜的目光。字裡行間，沒有故意作假的印痕。

利瑪竇是在馬可・波羅三百年之後來中國的。這三百年，歐洲發生了翻天覆地的變化。這種變化裡邊也包含著馬可・波羅的因素，但這種變化卻可以使利瑪竇不必再用馬可・波羅的眼光了。如果說，馬可・波羅的眼光主要是一次次驚歎，那麼，利瑪竇的目光是一重重理解。作為一個眞正的學者，他用嚴謹的方式一步步逼近中國文化，滲入中國文化，然後進行深刻的對比。利瑪竇在中國住了很長時間，最後是在中國去世的。前年我在聯合國召開的世界文明大會上作專題報告，針對西方文明對中華文明的不理解，我提出，利瑪竇到中國來之後接觸中國文化的態度、程序、方法，直到今天，也是不同文明之間互相了解時應該參考的。那麼，我們現在就來談談利瑪竇初來中國時的一些情景吧。

◉王安安　利瑪竇剛來中國時為了獲得信任，就特地選了身和尙服。隨著他傳教區域範圍的擴大，接觸到了上層社會的官員才發現，穿和尙服的人地位比較低，地位高的穿的都是儒士服裝，所以後來他就換成了儒士服。而且利瑪竇在傳教士中應該是修正主義分子，他既堅持自己的傳教使命，又有意無意地迎合了中國的心態。比如，他用中國觀念來解釋西方宗教，還尊奉孔子，這在後來的西方教廷是不容許的。他還繪製世界地圖，圓形的，但把中國放在了中間，迎合了當時天朝上國的一種心態，他很聰明。

◉呂　帆　利瑪竇來的時候好像已經約略知道科技是第一生產力，發展才是硬道理，他是帶著很多先進的知識儲備來的，這樣和徐光啓也有一個談得來的話題。所以我覺得西方先進的科學技術是敲開我們官僚仕層階級一塊精神的敲門磚。

利瑪竇來中國的目的是宗教使命，而結果卻是文化交融，範圍很大，當然也包括宗教。

他對中國文化的貼近，首先是技術層面上的，例如把中文學得很好，能看很多中國典籍，交很多中國朋友。接下來，他就深入研究精神趨向了。例如，他來中國的時候，大明王朝還有氣勢，一些同行的歐洲人就認為中國有可能侵略歐洲，但利瑪竇沒有匆忙作這種判斷，而是堅持不懈地觀察和分析幾十年，最後才得出結論，按照中國文化，中國不可能憑著國力遠征歐洲。這種態度，令人感動。

比較重要的是，一六〇〇年，十七世紀的第一個春天，利瑪竇在南京遇到了徐光啓，兩個重要文明的代表人物見面了。徐光啓儒學出身，又做著官，他們見面以後，兩人在一起翻譯了六冊的《幾何原本》，使中國開始懂得了西方數學，這是一件大事。然後，徐光啓受洗加入了天主教，虔誠信奉，一直做禮拜。這給我們一種信息，就是當時中國的高層官員如果按照利瑪竇的路子接受西方文明，未必有太大的障礙，也可能出現日本接受西方文明的平和方式。徐光啓去世的時候，皇帝罷朝一日，對這個大臣表示深刻的悼念，然而由於他是天主教徒，他的墓碑是拉丁文的碑文。過了不久，他的墓就搬到了他的家鄉，上海城外的一個地方。後來家人也搬到那兒去守墓，姓徐的家庭集合在一起，那個地方就叫徐家匯。

兩百年後，兩種文明終於沒有像徐光啓和利瑪竇那樣結合在一起，而是打仗了，結果西方文明勝利。一些歐洲人從香港和廣州北上，看中了一座城市。這座城市背後是長江，能夠貫通中國腹地，前面是太平洋。那就是上海。他們覺得這個地方比廣州還好，準備過日子。但就在他們東逛西看的時候，突然發現上海有一個地方早就有禮拜堂了，還不斷舉行著天主教的禮拜活動，那就是徐光啓的後代住的地方。西方人就在那裡造教堂，造學校，造藏書樓，等等，於是出現了「徐家匯文明」。徐家匯文明是現代上海文明的中樞。

我在一篇叫〈上海人〉的文章裡面把徐光啓說成是第一個眞正意義上的上海人，因為他與利瑪竇等人一起，提供了西方文明和中華文明在非戰爭的情況下友好交往的可能。

這也就是說，從文化和文明的視角來看，有一些血跡淋漓的生死搏鬥，本來是可能避免的。民族主義、鐵血軍事，未必是歷史的必然。

第四十四課

走向現代的困惑

◉余秋雨

從馬可．波羅到利瑪竇，世界朦朦朧朧地看到了中國，中國也朦朦朧朧地看到了世界，但是終於走向了悲劇性的拐點——兩種文明產生了嚴重的軍事衝突，而且中華文明一敗再敗。到這時，悠久的中華文明不得不放下架子，認眞面對強大的西方文明，心態非常複雜。崩潰、沮喪、氣惱、仇恨，包裹著更加變態的自大、保守、固執，使中國的集體精神一下子陷入污泥深潭。任何再輝煌的回憶反而加深了失敗的體驗，結果，連秦、漢、唐、宋也一起失落，大家都處於一種「前不見古人，後不見來者，念天地之悠悠，獨愴然而涕下」的心情之中。

中國人在十九世紀後期遇到的災難，首先是軍事的，因此我們直到今天也習慣於從軍事失敗的角度去看。有些學者的思想比較深刻，認為在軍事失敗背後，是政治失敗和文化失敗。但是在我看來，說文化失敗有點不準確。中華文化畢竟已經延續了幾千年，在別的文明一輪輪相繼滅亡和中斷的過程中一直維持著自己的生命，到十九世紀，還沒有充分的理由判定它已經面臨滅亡。但是毫無疑問，這種過於長壽的文化在生存狀態上確實出現了一系列難以逾越的障礙。在沒有逾越的時候，看上去像是不可逾越。

中華文化在當時的生存狀態，可以用「僵滯」一詞來概括。一切都源於陳規，一切都不能改變，即使知道出現了大災難也不知如何應對。這種文化生態，感受最深的是第一批外交官和留學生。他們處於兩種文化尷尬相遇的前沿。

我曾查閱過中國首任駐英、法公使郭嵩燾的一些資料，覺得很能說明問題，不妨在這裡說幾句。

郭嵩燾一八七五年準備出使的時候，中國上層文化界都在阻止他，理由是，與洋鬼子打交道，就不是正派人。連他的很多朋友都認為，做外交官就是半個漢奸。這不僅僅是無知，比之於七世紀大唐長安出現過的世界多種文化密集交融的景象，這實在是中華文化的一場滑坡式的倒退。

郭嵩燾強烈地感受到了這種倒退，因此特意寫了一本書叫《使西紀程》來介紹西方文明，沒想到這本書裡提到的一些翻譯名詞，引起了中國上層文化界一致而又強烈的反彈。那些名詞，是中國原有詞組裡所沒有的，卻反映西方文明新成果，例如「赤道」、「經度」、「緯度」、「國旗」、「新聞」等，由郭嵩燾首先寫出來，就成了對中國語文大逆不道的背叛。著名學者李慈銘認為，用中國字寫下這些詞彙，「凡有血氣者無不切齒」。這實在是一種完全失控的憤怒。另一位高官張佩綸，也就是作家張愛玲的祖父，也極為保守，認為郭嵩燾這樣的「悖謬之人」，「勢必混亂人心」。郭嵩燾的「悖謬」，除了上面所說的那些翻譯名詞如赤道、經度、緯度外，還表現在生活方式上。他的副手劉錫鴻曾經揭發他十大罪狀，其中最嚴重的無非是在國外參加一些活動時遵循了西方的「尊位」習慣；又如，連郭嵩燾對軍士表示尊重、與外國商人握手、在風中參觀炮台時披了一件英國大衣、用外國銀器裝著外國糖果待客，等等，都成了他被撤職的原因。中國文化，在這裡成了極度敏感、極度小心眼的戒律，顯得那麼令人厭煩。唐代玄奘翻譯佛經發明和提出了多少聞所未聞的詞彙和概念？明代徐光啓翻譯《幾何原本》時又發明了多少用漢文寫出的數學命題？為什麼到了十九世紀晚期反而不可以了？這證明，當時的中國文化已經太弱太弱，弱得連一丁點兒文化自信都沒有了。但是，既然有過了玄奘和徐光啓，那就能反過來證明，中國在十九世紀晚期表現出來的不良文化生態，不能代表中國文化的本性。

郭嵩燾在歐洲外交界大受歡迎，他溫文爾雅的君子風度成了歐洲人重新認識中國文化的人格媒介，由此進一步證明，中國文化在人格追求上的範型，在十九世紀晚期並沒有消失它的魅力。只可惜，當時的國內政治體制所導致的整體文化生態已經腐朽，使郭嵩燾立即成為圍啄的對象。這實在是中國文化的自身悲劇。郭嵩燾終於被撤職了，作為中國文化有可能與西方溝通的代表者，愴然回國。在倫敦的三十幾個國家的外交使團怎麼也捨不得他。

郭嵩燾回來以後沒地方去，只能回家。一八七九年他終於回到了故鄉長沙。讓人詫異的是，連故鄉也徹底排斥他。上自長沙的巡撫大人，下至所有的官員對他完全不予理會。而且，長沙的街上竟然出現了「大字報」，上面寫著，我們拒絕勾結洋奴的漢奸。郭嵩燾就在這種恐怖的氣氛中鬱鬱寡歡，很快去世了。嚴復給他寫了一副輓聯，其中一句是「惟公負獨醒之累」，指出郭嵩燾的悲劇，在於大家都睡著的時候，只有他獨個兒先醒了。這種「獨醒」，必然會成為一種沉重的負累。

在我看來，郭嵩燾事件不是外交事件，而是文化事件。

幸好，就在郭嵩燾去世二十年後，辛亥革命爆發，一切就不一樣了。

現在中國學術文化界有一種說法，認為辛亥革命和後來的五四運動把中國傳統文化割斷了。我覺得持這種觀點的人不用功，想當然，把辛亥革命前的中國當做了唐代或宋代。其實，如果沒有辛亥革命和五四運動，中國文化眞的完了。因為十九世紀的中國文化，已在最腐朽的政治—文化生態牢籠中奄奄一息，不拆除這種牢籠，再有多少文化英才也只能像郭嵩燾那樣屈死鄉野而罵名喧騰。變革，乃至裂變，是中國文化要想繼續生存的必然選擇。中國文化終於作出了這種選擇，是它仍然蘊藏著高貴生命力的證明。

我想請大家討論一下，在辛亥革命之後，中國文化有哪些事，值得我們記憶？

◉王牧笛　甲骨文的破譯發現了歷史上的商代，敦煌莫高窟的發現，意義都很大。還有西方文化，比如油畫、話劇、外國音樂等的傳入。

◉呂　帆　廢除科舉，開始使用白話文。一些新式學校也大量出現，國民受教育程度有很大的提高。還有像胡適、嚴復這些新學者的湧現，民主與科學的提倡，與北京大學有著千絲萬縷的聯繫，我們每個人都或多或少地受到這兩位先生遺風的影響。另外就是在這種思潮影響下，我們有很多留學生出去學習了新知識，回國報效。

◉余秋雨　好，我們還是投個票吧，大家把辛亥革命前後的文化事件按其重要性寫在紙上，然後統計一下，列出一個排名次序來。

◉王牧笛　秋雨老師，投票的結果出來了。排名第一的是創辦《新青年》，提倡科學民主；

排名第二的是推廣白話文；

第三是大量興辦新學校；

第四是破讀甲骨文，一個偉大的商代浮出水面；

第五是發現敦煌石窟；

第六是廢除科舉；

第七是派遣留學生；

第八是以胡適為代表的新派學者的出現；

第九是魯迅、郭沫若、周作人、冰心、徐志摩、林語堂等作家的出現；

第十是引進油畫、話劇和外國音樂。

◉**余秋雨**

感謝你們羅列得那麼齊全，可見你們對這個中國文化的重要轉型期還是很關心的，而不是像有些學者，眼睛裡只有古文和外文。

排名次序，也大體合適。這些事情，是一種系統聯動，每一項分開來看似乎都有點匆忙和粗糙，但加在一起卻阻止了中國文化的整體潰敗趨勢，開始了對新文化的尋求。

讓我們對當時的文化學者表示深深的敬意，而不要站在今天的文化高度去嘲謔他們，指責他們。應該明白，他們雖然有不少局限，但在整體上比今天的中國知識分子高尚得多，勇敢得多，也深厚得多。他們在國恥的焦躁中沒有選擇躲避，而是立足文化從事改革。他們幾乎沒有獲得當時政府的支援，反而常常受到政客的迫害。在軍閥混戰、兵荒馬亂的局勢中，他們很少有時間和空間進行創建，他們沒有歐洲啓蒙主義時期、浪漫主義時期那些思想家的榮耀，幾乎一直處於顛沛流離的不安之中，但他們居然做出了那麼多重要的事情。有的事情，是在他們毫無思想準備的情況下突然出現的，例如甲骨文和敦煌藏經洞的發現，他們也都一一到位，立即從事研究，並獲得可觀成果。

他們實在太不容易了，這些我們祖父、曾祖父一輩的學者。

在你們所排列的這些成果中，有兩點不太起眼，我需要說一說。一個就是推廣白話文，這是中華文化在自身形式上的一種新生。雖然以前也有白話文，但不是主體語文，而文言文又連帶著那麼豐厚的歷史傳統，那麼美妙的文學沉澱，那麼精妙的音律蘊涵，可以想像，一旦要被替代會遇到多大的文化阻力和技術問題，而這件事又牽涉到整個社會，在沒有政府號令的情況下勢必步履維艱。但是，無法想像的奇蹟發生了，白話文的推廣居然取得了成功，從語法的創建、範文的寫作、教育的接納、傳播的普及，全靠一些文人一一做成。這麼一件大事，做成的時間並不太長，實在讓人驚歎。

普及白話文並不是廢止文言文。一切傳統的文化經典仍然很好地保留著，但中國文化必須建立能夠表述現代科技、國際時訊、民間心態的文本，那就不能不推廣白話文了。總的說來，這件事做得很漂亮。被你們排列第九位重要的那些作家，最重要的貢獻也在於早早地建立了白話文的審美自信，這比他們傳達的思想更有效。

另一個不太起眼卻很重要的文化亮點，是中國現代學者在不太長的時間內破讀了剛剛發現的甲骨文。這件事我在今年開課之初曾仔細講過，現在課程臨近結束之時又不能不提到，實在是一種天意，因此，還想再說幾句。破讀甲骨文是一個不可思議的文化奇蹟，證明中國文化人不僅有面向現代的勇氣，還有面向遠古的能力。連孔子、司馬遷都沒有見過的甲骨文，突然出現在兵荒馬亂的現代，這是對一個民族數千年文化貫通性的一大考驗。能不能破讀，便是這種文化有沒有中斷的試金石。考驗通過了，一個偉大的商代清晰地呈現在眼前，比諸子百家想像的更加真切。歷史的魂魄和歷史的韌性一起回來了，中國文化人終於比過去任何時候更清楚地知道：我們是誰。

因此，我多次說過，中國在二十世紀前期所做成的兩件文化大事——推廣白話文，破讀甲骨文，證明中國文化並沒有失去生命，甚至也沒有失去高貴。

中國文化毛病很多，到了現代更多。我們惋嘆過明、清兩代只出了曹雪芹和王陽明這樣寥寥幾個文化創造者，但到了近代、現代、當代，連出現曹雪芹這樣的小說家、王陽明這樣的哲學家的希望都沒有了。在這樣一片令人沮喪的格局中，即使僅僅推廣了白話文、破讀了甲骨文，沮喪之氣也會消失大半。更何況，你們投票選出的項目遠不止這兩項。

至於中國文化的優點和缺點，我已在鳳凰衛視《秋雨時分》欄目中整整講了一年。每天都有，因此很長，我們就不再重複討論了。

——全書完——

國家圖書館出版品預行編目（CIP）資料

中華文化：從北大到台大／余秋雨著 . -- 第一版 . -- 臺北市 :
遠見天下文化 , 2010.10
面；公分 . -- (風華館；064)
ISBN 978-986-216-621-5（精裝）
1. 中國文化
541.262 99019298

風華館 LC064

中華文化：從北大到台大

作 者／余秋雨
主 編／項秋萍
責任編輯／陶蕃震（特約）
封面暨美術設計／19玖IX｜張治倫工作室 王虹雅、郭育良（特約）

出版者／遠見天下文化出版股份有限公司
創辦人／高希均、王力行
遠見・天下文化・事業群 董事長／高希均
事業群發行人 CEO／王力行
出版事業部總編輯／許耀雲
版權部協理／張紫蘭
法律顧問／理律法律事務所 陳長文律師
著作權顧問／魏啟翔律師
社 址／台北市104松江路93巷1號2樓
讀者服務專線／（02）2662-0012
傳真／（02）2662-0007；（02）2662-0009
電子信箱／cwpc@cwgv.com.tw
直接郵撥帳號1326703-6號　遠見天下文化出版股份有限公司

電腦製版／東豪印刷事業有限公司
印 刷 廠／柏皓彩色印刷有限公司
裝 訂 廠／精益裝訂實業有限公司
登 記 證／局版台業字第2517號
總 經 銷／大和書報圖書股份有限公司　電話（02）8990-2588

出版日期／2010年10月29日第一版
2015年1月20日第一版第6次印行

定價480元
ISBN：978-986-216-621-5（精裝）
書號：LC064